RECHERCHES

SUR

LES EFFETS HYGIÉNIQUES ET THÉRAPEUTIQUES

DES

BAINS DE MER

TROISIÈME ÉDITION.

Imprimerie de Ducessois, 55, quai des Augustins.

RECHERCHES

SUR

L'USAGE ET LES EFFETS HYGIÉNIQUES ET THÉRAPEUTIQUES

DES

BAINS DE MER

PAR

A. M. GAUDET,

Médecin-inspecteur des Bains de mer de Dieppe,
Docteur en médecine de la Faculté de Paris, Membre correspondant de
l'Académie royale des sciences, belles-lettres et arts de Rouen,
etc., etc.

*Marina aqua, et magnâ et variâ quidam
vi pollet; sed imp riti facilè ipsâ perperàm
uti possunt.*
R. RUSSEL.

Troisième Édition.

PARIS

LIBRAIRIE MÉDICALE DE JUST ROUVIER,
RUE DE L'ÉCOLE-DE-MÉDECINE, 8.

1844

INTRODUCTION

Il nous a paru à propos de faire connaître ici les principaux établissements de l'Europe consacrés aux bains de mer, ainsi que les plus importants des ouvrages où ils sont étudiés au point de vue médical. L'Angleterre, l'Allemagne et la Hollande nous ont devancé de beaucoup dans cette étude; leurs côtes sont couvertes d'établissements destinés à recevoir les baigneurs, et leur littérature médicale s'est enrichie à cette occasion de travaux d'observation d'une valeur réelle. Sous ce double rapport, la France se présente encore aujourd'hui avec une infériorité marquée.

L'Angleterre est la première en date dans l'histoire des bains de mer, et doit sans aucun doute cet avantage à sa position insulaire. Les points de son littoral les plus fréquentés par les baigneurs sont les côtes du sud, de l'ouest, de l'est et quelques plages de l'Écosse. On estime à plus de soixante les résidences maritimes visitées chaque année dans toute l'étendue de la Grande-Bretagne, et on reporte la date de la fondation des premiers bains jusqu'au milieu du dernier siècle. Parmi ces nombreux établissements se distinguent ceux de l'île de Whigt, de Brighton, de Margate, de Ramsgate, de Deal, de Tenby, d'Harwick, de Weymouth, etc.

R. Russel est le plus ancien des observateurs anglais, qui ait marqué dans la littérature médicale relative aux bains de mer. Son livre[1], destiné à établir l'efficacité de l'eau de mer prise à l'intérieur comme moyen thérapeutique, renferme des observations précieuses. On y voit, au milieu d'une nosologie surannée, qu'il faisait boire cette eau dans toutes les maladies où il croyait le système glandulaire primitivement affecté, dans la phthisie pulmonaire, les bronchites chroniques et les catarrhes de toutes les muqueuses, le carreau, les diarrhées, les engorgements ganglionnaires, le goître, les tumeurs non suppurées des articulations, les caries scrofuleuses sans ulcères, les angines habituelles, l'ozène, la lippitude et le gonflement labial, les différentes espèces de maladies cutanées, et dans quelques autres cas sans relations avec la pathologie des glandes, tels que la jaunisse, l'esquinancie, l'érysipèle, le ténesme, les coliques néphrétiques, la chorée, l'éclampsie, la paralysie, etc. Le bain de mer n'était qu'un accessoire, un conclusum dans le traitement de Russel. La *cure* des glandes en particulier n'était terminée dans la mer, que si l'ingestion de l'eau salée les avait déjà amollies. Ce médecin trouvait dans celle-ci un effet laxatif et un effet anti-scrofuleux à la fois, qu'il secondait puissamment par l'usage externe et interne du *quercus marina* (varech), par l'application topique de la cendre des plantes sous-marines, de l'éponge et de la pierre-ponce. Ainsi, déjà il vérifiait à son insu les propriétés de l'iode, qui est, comme on sait, l'élément actif du varech et des autres végétaux marins, en administrant ceux-ci dans l'adé-

---

[1] De tabe glandulari, sive de usû aquæ marinæ in morbis glandularum (Londres, in-8.)

nite scrofuleuse. Dans les maladies étrangères aux scrofules, l'*infarctus* intestinal, l'ictère, etc., il demandait spécialement à l'eau de mer une action laxative, et, dans les affections herpétiques, il préparait les malades à son usage et à celui des bains de mer par un traitement interne.

Après Russel, l'eau de mer ne perdit rien de sa vogue en Angleterre, et les bains de mer chauds et froids se répandirent dans l'opinion des médecins anglais et dans les habitudes nationales avec des progrès croissants jusqu'à la fin du dernier siècle. C'est pendant cette période que l'usage et les effets de l'air marin, de l'eau et des bains de mer furent signalés au monde savant dans une foule d'ouvrages spéciaux et de recueils périodiques, et que les matières médicales du temps donnèrent place à ces agents thérapeutiques, dont chaque jour dévoilait la puissance [1]. Il faut donc accorder aux médecins anglais, l'honneur d'avoir fait connaître à la fois le remède et la plupart des maladies auxquelles il convient. Ils ont les premiers étudié et apprécié les bains de mer dans les principales circonstances de leur application et de leur mode d'action et dans une partie de leurs effets thérapeutiques. Au milieu de la synonymie adoptée par l'humorisme de cette époque ou par les opinions personnelles des observateurs, on reconnaît

---

[1] 1º Obss. on the effects of sea-water in the scurrvy and scrophula. (Lond. 1770, in-8.)
2º R. *White*. The use and abuse of sea-water. (1775, in-8.)
3º *Kentish*. Essay on sea bathing. (Lond. 1786, in-8.)
4º *Monro, Anderson, Hunter*, etc.
5º *Cartheuser*. De viribus aquæ marinæ medicis. (Francof, 1783, in-4.)
6º J. F. *Goldhagen*. Dissertatio de aere marino ejusque efficaciâ. (Hal. 1787, in-8.)

dans leurs ouvrages, qu'ils recommandèrent tout d'abord les bains de mer dans le plus grand nombre des états morbides qui servent le mieux de nos jours à montrer leur efficacité, et parmi lesquels les rhumatismes et les scrofules tiennent le premier rang. La confiance inspirée par les bains de mer avait porté la liste des maladies auxquelles ils s'adressent, bien au delà du nombre de celles que nous reconnaissons aujourd'hui. C'est ainsi qu'une observation plus sévère en a fait retrancher l'hydrophobie, le scorbut, l'érysipèle, la gale, l'hydropisie qui succède aux fièvres éruptives, etc.

Buchan, médecin écossais, s'est livré à des recherches sur les bains de mer[1]. Valétudinaire lui-même, il a fréquenté, pendant seize années, ceux de ses compatriotes qui venaient chaque automne se baigner à la mer, principalement dans l'île de Thanet. Il a le mérite en Angleterre d'être l'auteur le plus moderne sur la question spéciale des bains de mer. On s'aperçoit, en le lisant, qu'il a vu peu de faits particuliers, ou du moins qu'il s'y est peu adonné, mais que ceux qu'il a vus, ont été généralisés par lui avec une grande justesse. Buchan n'a pas étudié les bains de mer, comme un médecin qui les conseille, qui en observe et en surveille chaque jour les différents effets; il a surtout donné un soin extrême à l'histoire physique de l'eau de mer et à quelques-uns des détails relatifs à son mode d'action sur l'organisme. En rectifiant sa terminologie, nous dirons qu'il a vu guérir et soulager par les bains de mer, divers états généraux de faiblesse, le vice scrofuleux, le rachitisme, les convulsions de

---

[1] Practical Observations concerning sea-bathing, etc., (1804, 1812, 1818, 3ᵉ édition.)

l'enfance, la danse de Saint-Vit, l'épilepsie avant la puberté, la terminaison de la coqueluche, la facilité des affections catarrhales, le mal de gorge et l'ophthalmie chroniques, la métrorrhagie, le facile avortement, les accès des affections hystériques, les affections nerveuses et hypocondriaques, l'hypocondriacisme, les palpitations, les céphalalgies nerveuses, la paralysie récente, la transpiration trop abondante, les indigestions, la constipation, les fièvres intermittentes rebelles, le rhumatisme chronique et les suites du traitement mercuriel.

Sir A. Clarke a consacré quelques lignes à la question des bains de mer, dans un essai sur les différentes espèces de bains [1]. Il offre le singulier exemple d'un praticien qui condamne les bains de mer dans le traitement des scrofules, parce que les forces vitales et la réaction sont en défaut dans cette maladie; durant le temps de la puberté, parce qu'ils en retardent la venue et qu'ils arrêtent l'accroissement du corps, et dans les dermatoses, parce qu'ils agissent comme un moyen répercussif qui forcerait la *matière* portée sur la peau par les efforts de la constitution, à se jeter sur quelque partie intérieure. Ces opinions ont du être considérées comme une *excentricité* dans la Grande-Bretagne, où sont nés Floyer, R. Russel et Buchan, où l'efficacité des bains froids fournis par la mer et l'eau simple dans ces états physiologiques et pathologiques, a été constatée pour la première fois et où ces agents thérapeutiques sont devenus d'une pratique populaire. Sir A. Clarke n'admet l'emploi des bains de mer que dans

---

[1] An Essay on warm, cold and vapour bathing with practical observations on sea bathing, etc. (Fifth edition. London, 1828.)

les périodes moyennes de la vie, pourvu qu'il n'existe chez les individus aucune prédisposition *aux maladies de la peau.*

Nous ne devons point passer sous silence un ouvrage qui n'appartient point directement à notre sujet, mais qui s'y rattache par un côté important, lequel est traité par son auteur de la manière la plus complète et la plus philosophique. Ce livre du D⁻ James Clark, en déterminant les caractères physiques des climats les plus tempérés de l'Angleterre et de l'Europe, et en établissant comment les lieux sont, selon leurs modifications particulières, favorables ou contraires aux différents états morbides, étudie et apprécie les effets de l'atmosphère maritime dans les maladies chroniques des bronches et des organes digestifs surtout, avec une justesse d'esprit qui peut servir d'exemple en pareille matière. L'étude des climats, au point de vue de leurs propriétés médicales, est une partie considérable de la prophylaxie et de la thérapeutique, que nous avons trop négligée en France, et qui mérite surtout de fixer l'attention des médecins appelés à pratiquer leur art dans les classes riches [1].

La fondation du premier établissement de bains de mer en Allemagne, remonte à la fin du dernier siècle. Lichtenberg, médecin, « devait, dit-il, les jours les « plus sains de sa vie, au séjour qu'il avait fait à « Margate. » Revenu dans sa patrie en 1793, il publia dans l'almanach de poche de Göttingue, une note avec ce titre : « Pourquoi l'Allemagne ne pos-

---

[1] The influence of climate in the prevention and cure of chronic. diseases, etc. (London, 1830, in-8.)

« sède-t-elle pas un établissement de bains de mer?» Il proposait Cüxhaven et Neuwerk sur les côtes de la mer du Nord, comme des lieux éminemment propres à recevoir, à l'instar de l'Angleterre, des établissements destinés à l'administration des bains de mer, et terminait en invitant Woltmann, ingénieur habile de Cüxhaven, à donner son avis sur ce sujet. Woltmann essaya de démontrer les inconvénients attachés à ces localités, et mit en avant l'idée d'ouvrir des bains de mer sur les côtes de la mer Baltique. Grâce au zèle et au crédit du Dr S. G. Vogel, cette proposition reçut un commencement d'exécution à Doberan, dès l'année suivante (1794).

Doberan, bourg, situé dans le grand duché de Mecklembourg-Schwérin, est donc l'établissement le plus ancien et encore aujourd'hui le plus renommé de toute l'Allemagne; il fut amené à son état actuel sous la direction de Vogel, qui est à juste titre considéré, dans son pays, « comme le Nestor des médecins de bains de mer. » Doberan ouvre l'ère des établissements qui ont été établis sur les côtes d'Allemagne depuis un demi-siècle.

La mer Baltique possède aujourd'hui :

Travemünde, faisant partie du territoire de la ville libre de Lubeck, dont l'établissement fut fondé en 1800.

Colberg et Rügenvalde dans le gouvernement de Cœslin (Poméranie prussienne), qui furent fondés, l'un en 1802, l'autre en 1815.

Puttbus, dans l'île de Rügen, du gouvernement de Stralsund, qui date de 1816.

Apenrade et Kiel, tous deux dans l'ancien grand duché de Holstein (Danemarck), qui furent ouverts. le premier en 1813, le second en 1822.

Swinemünde, situé dans le gouvernement de Stettin (Poméranie prussienne), qui a un établissement depuis 1823.

Warnemünde, dans le duché de Mecklembourg Schwérin, à deux lieues de Doberan, ouvert en 1821.

Zoppot, à un mille et demi N. de Dantzick, qui remonte à 1821.

Kranz, dépendant de la ville de Fischhausen, dans le gouvernement de Kœnisberg (Prusse).

Les bains de la Mer du nord sont :

L'île de Norderney, dans le royaume de Hanóvre (Ancienne Ostfrise), qui fut le premier établissement formé sur cette mer, et fut fondé à la fin du dernier siècle (1797).

Cüxhaven, sur le territoire de la république de Hambourg, qui fut ouvert en 1816.

Wyk, dans l'Ile de Föhr, sur la côte occidentale du Holstein, qui fut fondé en 1819, et qui se distingue par un climat des plus sévères causé par la prédominence du N.O.

Ragast, près de Varel, dans la principauté de Knyphausen, qui date de 1820.

L'île d'Helgoland, sous la domination anglaise, située vis-à-vis l'embouchure de l'Elbe et du Weser, ouverte depuis 1826.

L'île de Wangeroog, dans le duché d'Oldenbourg, ouvert en 1804.

La Hollande a aussi Scheveningen, près de la Haye, fondé en 1818, et Zandvoort, situé à un mille S.O. de Harlem.

La Belgique offre Ostende, sur la côte occidentale de la Flandre.

Grâce à l'esprit d'observation qui caractérise les

Allemands, chacun de ces établissements a possédé, dès sa naissance, une littérature médicale particulière.

On doit au Dr S.-G. Vogel le premier ouvrage *ex professo* qui ait paru en Allemagne, sur les bains de mer [1]. Ce travail fut composé avec les matériaux épars dans les ouvrages et les recueils anglais de cette époque, et avec les premiers essais d'observation auxquels Vogel put se livrer dans l'établissement qui venait de s'ouvrir sous ses auspices. Débutant dans une carrière nouvelle, il avait à demander à l'Angleterre seule, déjà initiée depuis longtemps aux procédés matériels propres à l'administration des bains de mer, les notions et les modèles dont il avait besoin, et à les décrire longuement et avec soin. L'Angleterre lui a fourni de même les règles qui servent à guider la conduite du médecin dans l'emploi des bains de mer, aussi bien que la liste des maladies qui sont appelées à constater l'efficacité de ce moyen curatif, en sorte qu'on peut regarder cette première production de Vogel, comme une histoire très-complète de la pratique et des opinions médicales, telles qu'elles existaient de son temps en Angleterre, en matière de bains de mer. Ce qui appartient, à proprement parler à l'auteur, ce sont les recherches d'analyse chimique qu'il a faites sur l'eau de mer, et qui jouissent encore aujourd'hui de quelque estime, et la tâche vaine qu'il a entreprise de mettre l'eau de la Baltique au-dessus de celle de la mer du Nord, par la raison qu'elle est, dit-il, d'une température plus élevée et qu'elle contient moins de sels.

[1] Über den Nutzen und Gebrauch der Seebäder. (Stendal, 1794.)

Après ce premier essai, le Dr Vogel publia presque chaque année les résultats de sa pratique médicale aux bains de mer de Doberan. Il fit paraitre encore un manuel à l'usage des baigneurs [1], où la partie médicale n'occupe qu'une place secondaire. Cet opuscule renferme néanmoins des notions fort justes sur les bains de mer chauds, considérés comme des moyens préparatoires ou supplétifs des bains en pleine mer, et donne sous forme d'énumération une liste assez complète des cas où ceux-ci ont manifesté leur efficacité. Voici ces cas : les maux de gorge, les catarrhes, les maladies du canal intestinal, l'épilepsie, les scrofules, l'âge de la puberté, la finesse (morbide) de la peau, les maladies cutanées, tous les états morbides qui ont pour principe ou pour cause la faiblesse et le relâchement, tels que l'hypocondrie, l'hystérie, les stases, les flux de sang et de glaires, les écoulements anormaux de tout genre, la disposition aux fausses couches, la constipation, les dérangements de l'esprit, les digestions pénibles, la disposition continuelle au refroidissement et à leurs suites, la goutte et les rhumatismes, le défaut de résistance à la fatigue et à toutes les influences nuisibles, l'épuisement et toutes les anormalités des fonctions génitales, la paralysie d'un ou de plusieurs membres, etc. En lisant cette nomenclature, on reste frappé de trois circonstances principales, qui se retrouvent dans tous les écrits allemands qui ont traité des bains de mer après Vogel : 1° le silence absolu qui est gardé sur l'action thérapeutique des bains de mer dans les différentes maladies de l'utérus; ce

---

[1] Handbuch zur richtigen Kenntniß und Benutzung der Seebadeanstalt zu Doberan. (Stendal, 1819, in-12).

qui tient sans doute à l'état de la science et de l'art médical en Allemagne, où une lacune semble exister sur ce point de la pathologie; 2° la part circonscrite qui est accordée à l'enfance dans les maladies qui réclament les bains de mer. A part la danse de Saint-Guy et les scrofules, qui comprennent tous les états morbides liés au tempérament lymphatique, il n'est guère fait mention dans cet ouvrage de l'influence prééminente des bains de mer à cet âge, sous le rapport de l'hygiène et de la thérapeutique; 3° la confiance clairement énoncée dans les effets curatifs des bains de mer contre l'épilepsie.

Le D' A. W. Neuber a publié soixante-quatorze observations recueillies de 1819 à 1821, aux bains de mer d'Apenrad[1]. Vingt-trois appartiennent à des affections nerveuses, qui sont classées d'après la nosologie suivante : faiblesse nerveuse générale, faiblesse nerveuse avec trouble prédominant dans le plexus solaire, hystérie générale, hystérie avec faiblesse pulmonaire, hystérie avec crampes d'estomac, hystérie avec désordres dans les opérations intellectuelles. Neuf cas se rapportent à l'hypocondrie et à la mélancolie; six à des céphalées, avec ou sans vertiges; quatorze à la maladie scrofuleuse; quatre à la chlorose et aux dérangements de la menstruation; quatre à la goutte. Le reste des faits particuliers se partage entre l'épilepsie, les douleurs des yeux, la faiblesse nerveuse de la vue, la dureté de l'ouïe, la luxation spontanée de la cuisse par cause rhumatismale, les maladies de la peau, la paralysie et la gibbosité. Ces observations laissent

---

[1] Beobachtungen über die Wirksamkeit des Apenrader Seebades. (Schleswig, 1822, in-8).

beaucoup à désirer sous le point de vue pratique des bains de mer, lesquels ont été souvent administrés indistinctement à la température froide ou chaude, chez le même baigneur et dans les mêmes maladies. Non-seulement les phénomènes physiologiques de l'agent employé n'ont point été étudiés dans leur marche par le Dr Neuber, mais ils ont été encore obscurcis et neutralisés par une polypharmacie déplorable. Néanmoins, les conclusions tirées des effets thérapeutiques obtenus, ont été admises par lui avec une précipitation peu philosophique.

Le Dr Pfaff a mis, comme chimiste, une rigueur vraiment scientifique à n'admettre que des idées justes sur l'histoire physique et chimique de l'eau de mer, et il a pris non moins de soin de redresser la foule des erreurs répandues sur ce sujet par ses compatriotes [1]. Comme médecin, il s'est montré beaucoup moins exact dans ses déductions; ainsi il cède aux entraînements d'une partialité évidente, quand, à l'exemple de Vogel, il donne la préférence aux bains pris dans les mers qui contiennent le moins de sel et qui atteignent les degrés les plus élevés de l'échelle thermométrique. Cette doctrine nouvelle est destinée, à son insu peut-être, à réhabiliter la baie de Kiel, qui ne contient que la moitié des sels trouvés sur les côtes de la mer du Nord et qui a pu s'élever quelquefois à 23° 75 C. pendant le mois d'août. Néanmoins, il est le seul des observateurs allemands qui ait apprécié avec quelque justesse, mais trop brièvement d'ailleurs, la basse température de l'eau de mer, comme un élément d'action d'une cer-

---

[1] Das Kieler Seebad dargestellt und verglichen mit andern Seebädern an der Ostsee und Nordsee. (1822. Kiel. in-12.)

taine importance, au point de vue des phénomènes réactifs qui ressortent de son impression et à celui de la propriété fortifiante consécutive qu'elle manifeste sur la constitution en général et sur le système nerveux et la peau en particulier; mais l'action sédative du *froid*, si majeure dans une foule de cas morbides, est omise par lui comme par tous les écrivains de l'Allemagne. Il énonce fort bien les rapports consensuels qui s'établissent entre toutes les parties du corps et le système cutané, quand ce système a été modifié, suivant un rhythme tonifiant, par le bain de mer froid. Il reconnaît l'efficacité des bains de mer dans l'affaiblissement général causé par la vie sédentaire et par l'abus des travaux de l'esprit, dans les formes variées de l'hystérie, de l'hypocondrie et des crampes, dans l'épilepsie quelquefois, la danse de Saint-Vit, les palpitations nerveuses, l'âge de la puberté et les troubles de la menstruation, les congestions vers la tête et l'épistaxis chez les jeunes gens et non chez les gens âgés, dans la disposition aux catarrhes et aux rhumatismes, les esquinancies fréquentes, le début des accès de goutte et ses intervalles de liberté, les fleurs blanches, les maladies scrofuleuses, le rachitisme, etc.

Le Dr Carl Mühry, professeur à l'école chirurgicale de Hanôvre, après avoir recouvré la santé pendant deux années de suite (1834 et 1835) aux bains de l'île de Norderney et visité la plupart des autres établissements de la mer du Nord et de la Baltique, a fourni le tribut de ses remarques à la littérature médicale des bains de mer [1]. Son livre, qui parait estimé en

---

[1] Über das Seebaden und das Norderneyer Seebad (Hanover. 1836, in-12)

Allemagne, s'étend longuement sur les principes de météorologie, de cosmographie et de physique céleste, d'où dépend la formation des climats et de l'air qui règne sur les côtes maritimes, et détermine assez bien les effets immédiats et consécutifs des bains de mer, au point de vue de leur comparaison avec les bains froids ordinaires; mais ne renferme aucune règle sur leurs modes d'administration, sur leur emploi thérapeutique et sur les nombreuses modifications qu'ils peuvent subir sous ces deux rapports. L'énumération des états morbides qui réclament les bains de mer, comme un agent prophylactique et thérapeutique, y est assez complète, et fait voir que le Dr Mühry, dont l'observation personnelle est très-bornée, a fait profiter son sujet des matériaux recueillis avant lui. Ce médecin, à l'exemple de la plupart de ses compatriotes, ne s'est livré à aucune recherche sur la température de la mer de Nordeney et de l'air atmosphérique sus-marin. La raison de cette omission est facile à trouver chez le Dr Mühry et chez tous les observateurs allemands. En étudiant les éléments d'action des bains de mer, leur attention est restée concentrée sur le dynamisme combiné des principes salins et des mouvements de la mer; l'élément du *froid*, ainsi que nous l'avons dit déjà, a presque entièrement été négligé par eux.

Ce n'est pas sans étonnement qu'on voit la France, avec le vaste développement de ses côtes, rester inactive en face de ce mouvement qui portait les esprits vers l'étude et la pratique des bains de mer, en Angleterre, depuis le milieu du dernier siècle, et en Allemagne, depuis la fin de la période séculaire. Si nous avons été si longtemps à suivre ces deux pays dans la voie où ils sont entrés, il faut le déplorer pour le bien de la science et de l'humanité, et en chercher la cause dans nos rivalités avec l'Angleterre, dans nos bouleversements politiques, et plus tard dans les guerres qui ont divisé la France et l'Europe.

Depuis longues années, la côte de Dieppe était déjà fréquentée par de rares valétudinaires ; mais elle n'a vu la foule qu'après la fondation de son établissement, laquelle fut due à des circonstances particulières. En 1822, une personne royale, étant venue se baigner à Dieppe par l'ordre de ses médecins, apprécia les agréments de sa plage et de ses environs, recueillit de bons effets de ses bains et promit d'y revenir. Les habitants de la ville et de l'arrondissement, stimulés par une administration éclairée, élevèrent à grands frais le bel établissement qui existe aujourd'hui, et la princesse revint en effet plusieurs fois : telle fut l'origine des premiers bains de mer de la France.

Maret, de l'Académie de Dijon [1], fut le premier médecin français, qui parla des bains de mer.

Le Dr Lefrançois, médecin de Dieppe, soutint une thèse qui renferme d'excellents préceptes et qui a servi de matériaux aux compilateurs qui sont venus après lui [2].

L'ouvrage du Dr Assegond [3] est une compilation bien faite de tout ce qui était connu de son temps en France sur l'usage et les effets des bains froids d'eau

---

[1] Mémoire sur la manière d'agir des bains d'eau douce et d'eau de mer, etc. (Paris, 1769. in-8)
[2] Coup d'œil médical sur l'emploi externe et interne de l'eau de mer (in-4. 1812).
[3] Manuel hygiénique et thérapeutique des bains de mer. (in-12. 334 p.)

simple et d'eau de mer. Cet auteur, qui ne paraît pas avoir observé par lui-même, a fait preuve d'une érudition choisie, en mettant à contribution Russel, Lefrançois, Mourgué, et d'un arrangement logique qu'on voudrait trouver dans tous les livres pareils au sien; par ces qualités, il se fait lire avec plaisir et profit.

Le Dr Blot ne semble posséder qu'une observation personnelle très-restreinte. Son court manuel [1] est également une compilation, où il règne dans les idées un vague, qu'augmente encore une laborieuse rédaction.

Le Dr Mourgué, le premier des médecins inspecteurs de Dieppe, a fait paraître le premier cahier d'un journal qu'il se proposait de publier plus tard [2]. Il donna, en 1828, un second travail où se trouve exposée l'utilité des bains de mer dans certaines lésions dépendantes des scrofules et du rachitisme [3].

Le successeur du Dr Mourgué, M. le Dr J. Guérin a publié (*Gazette médicale*) deux articles destinés à montrer l'efficacité des bains de mer, dans les suites souvent si graves du choléra.

Depuis dix ans que nous occupons la place de médecin inspecteur des bains de mer de Dieppe, nous avons tenu compte chaque année de tous les faits que nous avons pu nous approprier dans notre sphère d'action officielle, sur les différents modes et les diffé-

---

[1] Manuel des bains de mer, leurs avantages et leurs inconvénients. (1828, in-12, Caen.)

[2] Journal des bains de mer de Dieppe, ou Recherches et observations sur l'usage hygiénique et thérapeutique des bains de mer. (1823, in-8. Dieppe.)

[3] Considérations générales sur l'utilité des bains de mer, dans le traitement des difformités du tronc et des membres. (in-8. Paris.)

rentes circonstances de l'administration des bains de mer, et sur leurs effets hygiéniques et thérapeutiques.

Nous avons publié les observations qui nous ont été fournies par la première année de notre inspection médicale (1834) [1], et nous les avons refondues dans les recherches nouvelles qui ont paru en 1836. L'année suivante, nous avons lu à l'académie royale de médecine un mémoire *sur le mode d'emploi et les effets hygiéniques et thérapeutiques des bains de mer dans les maladies des femmes et des enfants* [2]. Depuis ce temps, chaque été a réuni sur la plage de Dieppe une foule croissante, venant demander la santé aux bains et à l'air pur de la mer, et chaque été nous a apporté des données pratiques nouvelles sur l'emploi des bains de mer et a établi de plus en plus à nos yeux les ressources que leur doit la médecine. Ces récentes acquisitions nous permettent de publier aujourd'hui une troisième édition de *nos recherches;* leur nombre et leur importance serviront à nous justifier, si nous avons cru faire une chose utile.

Pendant un quart de siècle et plus, les esprits ont abandonné l'étude des agents thérapeutiques et ont dirigé toute leur énergie vers les découvertes du diagnostic et de l'anatomo-pathologie, ou vers les luttes soulevées par les idées systématiques. Il n'y a qu'un

---

[1] Recherches sur l'usage et les effets des bains de mer, comprenant l'histoire abrégée des faits principaux qui ont été observés à Dieppe pendant l'année 1834. (Paris, in-8, 84 pages.)

[2] Notice médicale sur l'établissement des bains de mer de Dieppe, suivi du rapport fait à l'académie royale de médecine, dans la séance du 29 avril 1837, par MM. Guersant, Lisfranc et Bousquet.

petit nombre d'années qu'on s'enquiert avec émulation des nouveaux moyens de guérir; sous ce rapport du moins, nos recherches viennent en leur temps.

Nous destinons donc notre travail à présenter un *specimen* plus complet des modes d'emploi et d'action, dont les bains de mer sont susceptibles dans une foule d'états pathologiques. Nous n'avons pas craint d'encourir le reproche d'être minutieux sans nécessité, en insistant particulièrement sur la distinction des caractères constitutionnels et symptomatiques, et sur toutes les circonstances propres à l'usage et aux effets de ces bains dans chacun des cas particuliers qui ont passé sous nos yeux. Nous avons adopté cette marche, parce que notre but a été de donner la forme la plus pratique à notre sujet, de faire connaître aussi exactement que possible les ressources que les bains de mer peuvent fournir à l'hygiène et à la thérapeutique, de répandre les procédés de leur administration, en un mot de pouvoir servir de *guide* aux praticiens qui enverront leurs malades se baigner à la mer. Qu'on sache qu'un trait de la constitution individuelle ou qu'un symptôme prédominant dans la maladie, modifie souvent le mode d'emploi, ainsi que le *modus agendi* des bains de mer, et l'on concevra comment nous avons dû étudier avec détail, multiplier peut-être les individualités morbides, déterminer et apprécier avec soin dans chacune d'elles les applications qui sont propres à l'agent thérapeutique et suivre pas à pas les effets manifestés par lui, et comment, au milieu de la masse de faits que nous possédions, nous avons préféré donner à ce livre une forme analytique plutôt qu'une forme didactique. *Longum iter per præcepta, breve autem per exempla.*

Nous nous estimerions heureux, si ce sujet ainsi traité servait à combler quelque peu la lacune qui existe en France, dans l'histoire médicale des bains de mer, et s'il nous était donné plus tard d'enrichir de nouveau celle-ci des matériaux que notre position nous permettra de recueillir.

RECHERCHES

SUR L'USAGE ET LES EFFETS

DES BAINS DE MER

PREMIÈRE PARTIE.

CHAPITRE I.

CARACTÈRES PHYSIQUES ET CHIMIQUES DE L'EAU DE MER.

Ces caractères ont été plus particulièrement fournis par l'eau de l'Océan. Les différences qu'ils présentent dans l'eau des autres mers de l'Europe, la Méditerranée, la mer du Nord et la mer Baltique, sont assez notables sous le point de vue comparatif, et ne seront pas négligées par nous.

1° L'eau de la mer est un liquide plus dense que l'eau commune, comme le prouve sa pesanteur spécifique qui est à la sienne, d'après MM. Gay-Lussac et Despretz, : : 1,0289 : 1,000.

2° Elle a une transparence qui n'est jamais égale à l'eau de source et qui n'est pas la même, si on l'étudie au large ou près du bord.

3° Elle a une saveur amère et salée prononcée (Bitterness).

4° Elle est tantôt calme, tantôt agitée à des degrés variés qui s'expriment ainsi : *houles, lames, vagues ;* chacun de ces degrés offre lui-même des différences d'intensité ; il est faible, assez fort, très-fort.

5° Elle est soumise chaque jour aux phénomènes du flux et du reflux, d'après des lois qu'il n'est pas de notre objet de faire connaître. Les conditions de la mer dans ces deux états, constituent des éléments d'action relativement aux bains, qui changent suivant les lieux et qui ne sont pas tous bien appréciés.

6° La température de l'eau de la mer varie, comme celle de toute autre masse d'eau. Le calorique s'accumule plus lentement dans la mer que dans l'air, et l'abandonne plus difficilement : ce qui tient à ses éléments salins ou en d'autres termes à sa densité.

Toutes les recherches qui ont été faites jusqu'ici sur la température de la mer sont incomplètes. On sait seulement qu'elle suit dans ses différences annuelles, les variations de la température atmosphérique, ou en d'autres termes les variations de l'influence solaire sur l'écorce du globe; que ses *extrema* sont relatifs à la latitude des lieux ; qu'elle décroît de la surface aux couches profondes de la mer, etc.[1]. Quant aux recherches, qui ont eu pour objet la tem-

---

[1] Voici quelques nombres tirés des observations thermométriques faites à différentes profondeurs, dans les mers de l'hémisphère méridional, par MM. Dumont-Durville et Dupetit-Thouars.

Surface de la mer	23°,06 C.
130 brasses	13°,01
500 —	5°,01
1100 —	2°,55
3800 mètres	1°,96

pérature de l'air atmosphérique de son voisinage, elles n'ont été entreprises que dans le but de déterminer l'une des causes les plus importantes de la formation des climats maritimes, mais non dans un point de vue de comparaison avec la température de la mer.

Nous avons observé jour par jour les températures de la mer et de l'atmosphère, pendant les mois de juillet, d'août et de septembre des dix années qui viennent de s'écouler (1834-1843). Les observations relatives à la première, ont été faites dans toute l'étendue du rayon de la mer pratiquée par les baigneurs. Les résultats de la seconde ont été obtenus à l'aide d'un thermomètre placé en face de la mer, à quinze mètres du point le plus élevé de la marée et à deux mètres du sol. Les deux températures ont été prises presque au même moment, et depuis huit heures jusqu'à onze heures du matin. Des lectures du thermomètre ont encore été faites, mais d'une manière moins suivie, depuis deux jusqu'à cinq heures de l'après-midi.

La température de la mer examinée sur les tableaux que nous en avons dressés, sous le point de vue de sa marche et de ses relations avec la température atmosphérique, montre pendant l'été de chacune de nos années, comme on va le voir, une constance et une uniformité dans l'ascension et l'affaiblissement de ses chiffres, qui sont dignes d'être remarquées.

La mer augmente progressivement de température durant le cours entier du mois de juillet, suivant une proportion qui ne s'élève jamais à plus de 1,25 C. dans un jour, et se maintient le plus ordinairement à 0,25, ou 0,50, avec quelques rares oscillations en *arrière*, qui ne dépassent pas ces derniers chiffes. Ainsi, pour ne citer qu'un exemple pris au hasard, la température de la mer qui était de 16° 50 C., au premier juillet (1838), s'était élevée à 19° C. le 30 du mois, en n'atteignant que 0° 75° dans ses fluctuations journalières en *avant* et en *arrière*. Cette progression de juillet a lieu jusqu'à un certain point indépendamment des circonstances météoriques. La température de l'atmosphère, au contraire, se montre soumise à toutes les perturbations de celles-ci, et a pu osciller quelquefois de 7° 50 C. dans la même journée.

En août, la température de la mer ne monte plus avec la progression du mois précédent; elle atteint son *maximum* de la saison et s'y maintient, en se conservant aussi presque indépendante des conditions perturbatrices de l'atmosphère, excepté dans de rares *extrema*. Ainsi, pendant le mois d'août (1838), elle ne se balança qu'entre 18° 75 et 20° C. La température de l'air dans sa liaison avec les conditions météoriques, offre de continuelles fluctuations dans ses chiffres; elle a oscillé une année (1839) de 13° 75 C. à 24° C.

La température de la mer diminue graduellement dans tout le cours du mois de septembre, suivant une proportion journalière fort analogue dans ses chiffres, à celle de sa marche ascensionnelle pendant le mois de juillet. Ainsi, en 1838, cette décroissance graduelle, du premier au dernier du mois, a été de 19° 25 C. à 16° 25 C. La lenteur de cet abaissement ne permet pas de l'attribuer entièrement aux perturbations atmosphériques, qui sont portées dans ce mois à leur *maximum* de fréquence et d'intensité, et qui impriment à la température de l'air les fluctuations les plus extrêmes de la saison.

Dans toutes nos années, les vents qui abaissent le plus promptement et le plus sûrement la température de la mer, sont ceux d'O. et S.O. accompagnés de pluie; après viennent le N.O. et l'O.N.O., soufflant violemment avec pluie et mer forte. Une nuit et une journée marquées par ces conditions, font descendre l'eau de la mer de 0,25 à 2° 50 C. Les vents qui font remonter la température de la mer, sont le S. et le S. E. Douze heures de S. communiquent 1° 25 C. à la mer. Deux jours de N. O. l'ayant fait baisser de 17° 50 C. à 15° C., deux jours de S. la relevèrent à 17° 50 C. Des oscillations aussi extrêmes, sous la dépendance des vents dominants, sont assez rares dans nos tableaux, pour que nous devions les regarder, comme une exception dans les lois qui président à la marche de la température de la mer.

La température de la mer, considérée *in globo* pendant les dix années de nos observations, n'a varié que de 15° C. à 20° C., tandis que celle de l'atmosphère de la plage a parcouru une échelle beaucoup plus étendue entre ses *extrema;* elle a oscillé depuis 10° C. à 28° 1 C. La température de la mer la plus basse s'est rencontrée en 1842, où elle est descendue à 11° 10 C., et s'est élevée à 19° 5 C. Ce *minimum* extrême ne s'est offert qu'un jour et ne s'est jamais reproduit dans aucune autre année, en sorte que nous avons dû négliger d'en tenir compte ici, et accepter de préférence le *minimum* (15° C.) qui vient immédiatement après lui, et qui reparaît plusieurs fois dans la série des relevés thermométriques de la mer.—La température de l'atmosphère de la même année s'est abaissée à 10° 5 C., et s'est relevée à 28° C.

Les *maxima* de la température de la mer se sont

représentés à chacun des mois que nous avons étudiés, tandis que les *minima* n'ont été observés qu'au mois de septembre de chaque année. Ces *maxima* ont été aux *maxima* de la température de l'air : : 20 : 27 ; les *minima* ont été : : 15 : 20 [1].

Les observations thermométriques ont été répétées à différentes heures de la journée et de la nuit ; il en est résulté que le *minimum* de la température de la mer, pour chaque jour, s'est rencontré le matin avant onze heures, et son *maximum* depuis midi jusqu'à cinq heures du soir, La température atmosphérique, observée sous le même point de vue, a donné lieu à la même résultante ; mais il y a eu cette différence entre les deux températures, comme nous l'avons déjà dit, que la première n'a varié généralement que par fraction de degré, tandis que la seconde a visité plusieurs degrés. Les variations de la température de la mer se sont montrées peu sensibles du soir au matin : son refroidissement nocturne n'a pas dépassé 0° 50 C., à moins de perturbations considérables dans l'atmosphère. La température de l'air subit constamment un abaissement qui dure toute la nuit et se relève dans la matinée, pour atteindre son *maximum*, au moment où le soleil a dépassé le zénith.

Il résulte encore de nos tableaux, que la température moyenne atmosphérique de la plage de Dieppe est de 17° 5 C., pendant les trois mois de l'été, et que celle de la mer est de 18° 2 C.

Enfin la mer, examinée tous les jours pendant les quatre mois d'hiver de 1835-1836 (décembre à mars), a donné pour moyenne 4° 10 C.

[1] Vid. L'appendice.

Hunter trouva, en juillet et août, la température de l'eau de mer, sur les côtes d'Angleterre, un peu au-dessus de 17° 25 C., et il observa qu'elle montait parfois jusqu'à 22° 25 C. Buchan fit la remarque, à Margate, qu'au temps où le flux arrive à deux ou trois heures après midi, la température de la mer dépasse de 6° 25 à 7° 50 C. celle du matin : ce qu'il attribue justement à la chaleur du sable acquise pendant le reflux, sous l'influence des rayons solaires.

Selon les observations de Vogel, la température de la mer à Doberan, pendant la saison des bains, varierait de 21° 10 C. à 10° C., dont le degré moyen est 16° 10 C. En 1816, qui fut une année exceptionnelle par son inclémence, cette température n'a changé qu'entre 11° 65 C. et 15° 55 C., savoir : 11° 65 C. le 25 juin, et 15° 55 C. le 12 juillet; le degré moyen serait donc descendu à 13° 75 C.

Le Dr Pfaff donne comme les températures moyennes de la mer de Kiel, observées pendant une saison de bains :

18° 80 C. pendant la deuxième quinzaine de juin,
17° 90 C. pendant le mois de juillet,
20° 00 C. pendant le mois d'août.

La température la plus haute (24° 35 C.) eut lieu les 24 et 25 d'août; la plus basse (12° 50 C.) le 10 juillet. La moyenne pour toute la saison fut de 19° 35 C. La chaleur maritime gagnait ou perdait jusqu'à 3° 75 C. dans l'espace de douze heures; ainsi elle montait ordinairement de sept heures à une ou deux heures, de 2° 50, de 3° 75 et même de 5° et baissait jusqu'à sept heures du soir de 2° 50, au plus 3° 75, et par conséquent se trouvait à peine, à cette dernière heure, de 2° 50 plus élevée qu'à l'heure correspondante du matin.

D'après cet observateur, la température de la mer montrait, jusqu'à un certain point, une sorte d'indépendance de la température de l'atmosphère, laquelle, pendant les douze heures du jour, se livrait à de très grandes oscillations, et put descendre, pendant quelques jours, jusqu'à 11° 25 C. ou 12° 50 C., tandis que la mer conservait 13° 75 C. et 15° C.

Selon le Dr Sass, la température de la mer varie, à Travemünde, durant les mois d'été des années ordinaires, entre 12° 50 C. et 23° 75 C. (18° 60 C. en moyenne), se maintient le plus souvent entre 16° et 20° C., atteint son *maximum* de chaleur dans le courant du mois d'août et au commencement du mois de septembre, et pourtant a déjà atteint 15° C. avant la mi-juin et surtout au mois de juillet. Pendant la chaleur excessive de l'été de 1826, la température de l'eau de mer s'élevait souvent à plus de 25° C., tandis que pendant l'été désastreux de 1817, elle n'était que de 8 à 10° C.

La température moyenne de l'air de Cüxhaven, du 25 juin au 10 septembre, est de 22° c.; celle de la mer de 16° C.

L'étude comparative de l'Océan et de la Méditerranée, sous le rapport de leur température propre et de celle de l'air qui règne sur leurs bords, et par suite sous le rapport de l'efficacité relative de leurs bains de mer, manquerait des matériaux nécessaires à celui qui voudrait l'entreprendre. Les connaissances sur ce sujet se bornent à savoir, que la température de la Méditerranée est de 4° 35 C. plus élevée que celle des régions de l'océan Atlantique situées à son occident, et que la moyenne température de l'air qui règne sur ses côtes, à Marseille par exemple, pendant les mois les plus chauds, est de 22° 55 C. Le Dr Mürhy cite l'observation d'un baigneur qui trouva, pendant l'été de 1834, l'eau des bains de Trieste à 30° C. Cette élévation des températures maritime et atmosphérique, qui sont à nos yeux les deux plus puissants modificateurs physiologiques de ceux qui se baignent à la mer, explique suffisamment l'infériorité que la Méditerranée manifeste dans la nature et l'intensité de ses effets hygiénique et thérapeuthique, et, sur ce point, les faits dont nous sommes témoin chaque année viennent appuyer le raisonnement.

5° L'eau de la mer est un composé salin, dont l'histoire chimique est loin d'être achevée. On sait qu'elle contient d'autant plus de parties salines qu'elle est plus éloignée de la terre, que les mers équatoriales renferment le plus de sels : ce qu'on attribue à l'énorme évaporation de sa surface, sous l'influence de leur température climatérique ; que la Méditerranée en offre plus que l'Océan, et que la Baltique n'a que la moitié des principes salins constatés dans la mer du Nord ; mais on ignore si, dans ces différentes mers, elle est plus chargée de sels dans sa profondeur qu'à sa superficie, etc.

L'analyse chimique de l'Océan Atlantique a fourni les éléments suivants, sur un litre d'eau : (B. Lagrange et Vogel.)

Chlorure de sodium.	26,646
— de magnésium.	5,833
Sulfate de magnésie.	6,465
— de chaux	0,150
Carbonate de magnésie et de chaux. .	0,200
Proportion de gaz acide carbonique. .	0,230
	39,544

M. Laurent, qui a analysé l'eau de la Méditerranée puisée sur les côtes de Marseille, a obtenu ces résultats :

Chlorure de sodium.	27,220
— de magnésium.	6,140
Sulfate de magnésie.	7,020
— de chaux.	0,150
Carbonate de chaux et de magnésie. .	0,200
Acide carbonique.	6,200
Iode.	traces.
	40,940

Il faut ajouter à ces substances la potasse trouvée par Wollaston et Marcet, et le brôme par M. Balard.

D'après ces analyses et d'après tant d'autres qui ont été faites, il demeure prouvé que la quantité des principes salins trouvés dans les différentes mers se montre très-variable. En Europe, d'après les recherches de MM. Laurent, Gay-Lussac, Despretz, Black, Kirwan, Thompson, Murray, Vogel, Neuber, Pfaff, etc., les eaux de la Méditerranée et de la Baltique sont les deux *extrema* de la masse saline obtenue par l'évaporation.

Sur 100 parties :

La Méditerranée contient, en sels,	4,1. C.
L'Océan atlantique,	3,8.
La Manche,	3,6.
La mer du Nord (Allemagne),	3,3.
——————— (golfe d'Édimbourg),	3,0.
La Baltique, dans la baie d'Apenrade,	2,2.
———— près de Doberan,	1,6.

Si on descend vers l'équateur, et qu'on compare ensemble les mers qui appartiennent à l'hémisphère méridional et celles qui font partie de l'hémisphère septentrional, on trouve que le *quantum* salin qu'elles contiennent est : : 29 : 27.

6° On nous a signalé différentes fois l'état électrique de la mer comme un élément d'action qu'il fallait étudier dans ses effets sur les baigneurs. Mais d'abord, il faudrait constater l'existence des phénomènes électriques dans l'eau de la mer, pour connaître toutes leurs modifications, et déterminer s'ils varient selon les diverses conditions de la température et du mouvement de l'Océan, si leur intensité est la même en pleine mer ou près du rivage, etc. Après ces recherches, qui appartiennent aux physiciens, resterait l'appréciation des influences qui s'exercent sur l'économie en contact avec l'état électrique de la mer. Supposons la première question complétement résolue, peut-on espérer de s'élever de là à la solution de la seconde? Non assurément. L'électricité, comme corps impondérable, est connu par beaucoup de ses phénomènes, mais nous sommes dans l'ignorance la plus profonde sur le rôle qu'elle joue dans les actes physiologiques de l'organisme.

Les médecins allemands admettent volontiers, le Dr Neuber entre autres, parmi les causes de l'influence salutaire des bains de mer, les courants électriques et magnétiques; mais le Dr Pfaff, plus rigoureux, traite cette opinion d'espèce « de superstition médicale, » en faisant observer avec raison, qu'il n'y a pas une seule expérience qui prouve que le principe électro-magnétique agisse avec plus de puissance sur l'eau de la mer que sur l'eau des rivières, des étangs, etc.

CHAPITRE II

DIFFÉRENTS MODES D'ADMINISTRATION DE L'EAU DE MER.

Les différents modes d'administration de l'eau de mer, sont : à l'extérieur, le bain froid pris à la mer, le bain de baignoire à différentes températures, l'affusion froide sur une partie ou sur la totalité du corps, les douches descendantes, les pédiluves, les lotions et les applications ; à l'intérieur, la boisson, les lavements, les injections, les douches ascendantes, rectales et vaginales.

§ 1. Bains de mer proprement dits.

La manière de mettre le corps en contact avec l'eau de mer, d'administrer *le bain de mer*, en un mot, n'est point aussi indifférente qu'on pourrait le supposer d'abord. Plusieurs manières de se baigner sont usitées ; les unes ont plus d'avantages que les autres, et il en est qui ont des inconvénients réels : il est donc utile de les étudier.

A. Le mode d'administrer le bain le plus souvent employé, sans contredit l'un des meilleurs, qui n'est guère applicable, que si la mer est calme ou ses vagues peu fortes, est celui-ci : Le guide prend le baigneur sur les bras, le porte dans la mer jusqu'à une certaine distance, et, lui plongeant la tête la première, le fait passer tout entier sous l'eau, ou en d'autres termes, lui fait parcourir un certain espace *entre deux eaux*. Cette manœuvre qu'on appelle une *immersion*, est répétée un plus ou moins grand nombre de fois, selon l'indication. L'immersion effraie beaucoup de personnes et fait éprouver à quelques-unes, surtout à celles qui sont sujettes à de l'essoufflement, à des étouffements, à de l'oppression, un trouble général dont elles se remettent avec peine. Dans ce cas, l'immersion doit être remplacée par l'une des autres méthodes.

B. Une seconde manière, qui se rattache à la précédente, qui exige aussi dans son emploi de certaines conditions de la mer, mais qui n'a pas comme elle l'avantage de causer à celui qui la subit, un certain degré de crainte et de saisissement, consiste, après avoir déposé le baigneur dans l'eau, à le renverser sur le dos, et pendant qu'il reste allongé, *faisant la planche*, à appuyer sur ses épaules pour immerger son corps tout entier, et à répéter cette immersion autant que le besoin l'exige.

C. Dans les troisième et quatrième modes de se baigner, lesquels se pratiquent trop souvent, et qu'il faut regarder comme vicieux dans plusieurs cas, le guide conduit et fait entrer lentement et progressivement le baigneur dans la mer, jusqu'à ce que l'eau soit parvenue à une certaine hauteur de son corps, ou bien, ce qui vaut mieux, il le porte jusqu'à une certaine distance et le dépose dans l'eau, en l'immergeant ainsi tout entier, moins la tête. Là, il demeure immobile pendant la durée du bain, ou de temps en temps il se bouche les oreilles, se baisse et plonge la tête jusqu'à son entière immersion, ou bien seulement il se contente d'asperger d'eau les parties qui sont restées à découvert. Nous avons vu les rhumatismes musculaires, les névralgies faciales, etc., s'exaspérer par ce procédé et guérir par l'immersion totale et subite du corps. Si on doit consentir à sanctionner ce mode de prendre le bain, c'est tout au plus chez des femmes timorées ou des sujets oppressés, que l'immersion totale et instantanée du corps trouble au plus haut degré.

D. Si la mer est très-agitée et si les vagues sont hautes et fortes, toutes ces méthodes d'immersion se résolvent en une seule. Le baigneur, maintenu par son guide, présente à la vague qui arrive sur lui, la partie latérale ou mieux encore la partie postérieure du tronc, en est submergé un instant, jusqu'à ce qu'une nouvelle vague vienne de nouveau passer au-dessus de sa tête. C'est là le véritable *bain à la lame*, lequel réunit tous les avantages qu'on peut demander au bain de mer. Quand le nombre des immersions a été suffisant, le baigneur en évite de nouvelles, en s'élevant par un saut rapide au-dessus de chacune des vagues qui se succèdent vers lui.

Si le bain de mer est administré avec ces dernières conditions aux enfants gibbeux par carie des vertèbres, les chocs trop rudes de la lame développent dans les parties déformées, des douleurs souvent très-vives. On leur épargne cet accident, en les faisant porter par le guide, qui les présente à la vague par les pieds et non par la partie postérieure du tronc. On doit, pour la même raison, recommander aux femmes qui ont un déplacement ou un engorgement utérin, ou une métrorrhagie, actuellement accompagnés de phénomènes d'irritation locale, de soustraire l'abdomen à l'action mécanique de la vague. Certains individus névropathiques de la tête se trouvent étourdis pour plusieurs heures, s'ils n'ont pas soin de la préserver de cette action. Il est même certains cas, où de tels bains ne doivent pas être administrés, chez les jeunes personnes épuisées par une menstruation trop abondante, par exemple.

E. On peut faire encore quelquefois une application rationnelle de l'eau de mer, considérée comme une masse liquide en mouvement, en exposant sur la plage de jeunes sujets affectés de carie scrofuleuse du pied, de manière que celui-ci reste soumis un certain temps au choc de la vague qui vient battre la grève.

F. Tout ce qui vient d'être dit sur les différentes manières d'administrer les bains de mer, s'applique principalement aux enfants et aux femmes qui, à la fois faibles, craintifs et privés des ressources de la natation, et aux hommes qui, débiles et souffrants ou ne sachant pas non plus nager, ont besoin de pratiquer la mer à l'aide d'un guide. Quant à ceux qui sont doués d'assez de force et sont capables de se livrer à la natation, ils remplissent le temps du bain par tous les mouvements propres à cet exercice pris à la mer, à moins que certaines indications particulières ne les astreignent à prendre le bain à la lame, tel qu'il a été décrit.

Nous avons l'habitude de conseiller la natation aux femmes, aux jeunes personnes surtout. Malheureusement, cet exercice, pour lequel elles se passionnent vite, devient une cause d'accidents journaliers, parce qu'il les entraîne à séjourner outre mesure dans la mer. Nous ne défendons absolument la nage qu'aux scrofuleux, qui ont les articulations profondément altérées, aux rachitiques gibbeux, aux chlorotiques et aux femmes affectées d'une grave lésion dans la position de l'utérus.

§ 2. Bains de mer chauffés à différentes températures.

Sans nous arrêter longtemps à l'historique des bains de mer chauds, disons que leur usage est né en Angleterre et remonte à l'époque, où les bains de mer froids furent considérés comme un moyen hygiénique et thérapeutique de quelque valeur. Ajoutons encore que leurs différents modes d'administration, ainsi que la détermination de leurs effets, ont varié suivant les progrès de l'observation et la prédominance de telle ou telle doctrine médicale. Ainsi, le Dr Vogel [1], qui venait de puiser dans la pratique des médecins anglais, toutes ses connaissances sur la question des bains de mer chauds et froids, et que l'on peut regarder comme le représentant des opinions qui régnaient parmi eux à la fin du dix-huitième siècle, méconnaissait entièrement le *froid*, cet élément dynamique par excellence des bains à la mer, et croyait que l'eau de mer chauffée ne perdait rien de ses propriétés fortifiantes.

Nous administrons aujourd'hui les bains de mer chauds, d'après des données qui ressortent de leurs modes particuliers d'agir, de l'âge, de la maladie et des particularités du climat où nous sommes appelés à les diriger. Ainsi, nous donnons le plus souvent à ces bains la température de 31° à 32° C., qu'on abaisse de jour en jour jusqu'à celle de 25° C.; quelquefois le

---

[1] Loc. cit.

baigneur entre dans l'eau à 34°C., et la fait descendre séance tenante, à ce terme de 25°C. A ce dernier degré, le bain n'est pas praticable pour tous, et à des degrés inférieurs à lui, il est rare qu'il puisse être supporté. Certains vieillards rhumatisés doivent s'arrêter à 35°, 33° ou 32° au plus bas.

Le sentiment du froid causé par les températures inférieures, amène, chez quelques individus, des coliques, une légère diarrhée et un mouvement fébrile. Les bains trop chauds ont aussi leurs inconvénients particuliers; ils occasionnent sûrement de la céphalalgie et même des phénomènes de congestion à la tête, et quand ils sont donnés, comme un moyen de transition, pour arriver aux bains de mer froids, ils mettent la peau dans un état d'expansion contraire au but qu'on se propose.

La durée des bains de mer chauds se fixe progressivement depuis quinze minutes jusqu'à une demi-heure ou trois quarts d'heure, chez les grandes personnes, et depuis dix jusqu'à quinze minutes, chez les enfants. Nous avons rarement vu les individus de tout âge prendre sans accidents des bains d'une heure, pendant plusieurs jours de suite.

Les effets nuisibles des bains trop longs, comme ceux des bains trop chauds, se montrent surtout, quand vient le moment de commencer les bains de mer froids. Il n'est pas rare pourtant que les individus ressentent de prime abord ces phénomènes de nocuité, avant même d'arriver à se baigner dans la mer. Dans ces cas, il se présente, chez les enfants, des accès de fièvre caractérisés par une tendance à la périodicité, et, chez les personnes d'un âge plus avancé, tantôt des états d'hypérémie générale qui aboutissent à la fièvre et s'accompagnent de perturbations vives des organes digestifs, tantôt des douleurs de tête de nature congestive ou nerveuse. Un homme de soixante ans, gros mangeur, d'encolure apoplectique, eut, après avoir pris plusieurs bains démesurément longs et peut-être trop chauds, un *raptus* sanguin vers la tête qui entraîna une perte de connaissance complète, d'où il ne sortit que par une saignée copieuse.

Le nombre des bains de mer chauds nécessaire pour constituer une saison, varie de quinze à vingt-cinq. Les baigneurs peuvent commencer cette saison dès le lendemain de leur arrivée, à moins qu'on ait des raisons particulières de laisser pendant quelques jours, en contact avec l'air des côtes, certaines organisations rendues susceptibles par l'âge, la maladie, etc.

Les bains chauds se donnent tous les jours, le matin à jeun dans la plupart des cas. Une prudence dictée par des particularités connues de l'organisme, exige parfois qu'on ne les laisse prendre que tous les deux jours. Des rhumatisants, qui ont de légitimes raisons de redouter l'air frais du matin, doivent remettre leur bain aux heures de l'après-midi. Il est de bonne pratique, chez ces sujets, de conseiller une heure de lit en sortant de la baignoire, au lieu d'une promenade, comme c'est la règle générale.

Les bains chauds sont parfois associés aux douches, aux affusions froides sur la tête et aux pédiluves d'eau de mer, dans le but de combattre quelques phénomènes cérébraux habituels. Des effets d'excitation locale et générale ne sont pas rares dans l'action combinée de la douche et du bain chaud ; on doit mitiger celui-ci par une addition d'eau commune et de substances mucilagineuses, quand on a lieu de les redouter.

L'usage exclusif des bains de mer chauds est exigé, toutes les fois que certaines conditions de l'atmosphère, de l'âge, de la maladie, d'un traitement antérieur, de la susceptibilité et de l'état moral, empêchent les baigneurs de pratiquer la mer.

Ainsi, on administre exclusivement les bains de mer chauds :

1° Aux enfants qui n'ont pas atteint leur deuxième année, qui toussent, qui, par suite de faiblesse native ou morbide, n'ont aucun caractère de réaction cutanée et se présentent avec un teint blafard, des chairs flasques et des membres grêles.

2° Aux vieillards, surtout à ceux qui sont très affaiblis par les progrès de l'âge, par une grave affection chronique ou par des chagrins prolongés, et à ceux qui sont aux prises avec un rhumatisme musculaire. Comme on le sait, les gens âgés ne sont pas fortifiés par les bains de mer froids ; car ils ne réagissent pas suffisamment contre l'impression de froid que ces bains produisent. Les eaux salines chaudes les tonifient, au contraire, parce qu'elles leur laissent la somme entière de chaleur animale, qui, une fois perdue chez eux, ne peut être réparée qu'avec difficulté.

3° Aux individus qui, effrayés au plus haut degré des bains de mer froids, ne peuvent se décider à les tenter ; tel est le cas de quelques jeunes chlorotiques et de quelques femmes dyspeptiques très affaiblies au moral et au physique.

4° A ceux qui reçoivent des premiers bains de mer froids, une impression telle, qu'on est obligé de les leur faire cesser. Quelques enfants nerveux et quelques femmes affectées de lésion utérine ou de névralgie périphérique ou viscérale, nous ont fourni des faits de ce genre.

5° A ceux pour lesquels on redoute les effets de cette

impression, eu égard à leur constitution et à la nature de leur maladie. Les individus suprêmement impressionnables et tourmentés par les variétés de la névropathie, les jeunes femmes enceintes, celles qui toussent ou sont rhumatisées depuis une dernière couche, les jeunes filles faibles et non menstruées sont dans cette catégorie.

Les effets physiologiques des bains de mer chauds sur l'enveloppe cutanée des enfants, sur le système nerveux et la muqueuse utéro-vaginale des personnes d'un autre âge, sont parfois aussi complets que ceux des bains de mer froids, et ont beaucoup d'analogie avec eux. Ainsi, on observe non rarement, chez les enfants, des plaques d'urticaire, la rougeur et le sèchement des vésicatoires et un certain degré d'excitation morale; chez les individus nerveux, de l'insomnie et des étouffements; chez quelques femmes, une sensibilité hypogastrique accompagnée d'écoulement leucorrhéïque et des perturbations variées du système nerveux; chez les sanguins qui ont passé l'âge adulte et qui ont de faciles congestions à la tête et chez ceux qui ont quelque lésion du cerveau, des signes congestionnaires de la face, tels que la rougeur du visage, des étincelles, des étourdissements, etc.; enfin chez tous les baigneurs, une augmentation de la perspiration cutanée.

On parvient quelquefois à neutraliser complétement les phénomènes d'excitation sanguine propres aux bains de mer chauds, en les administrant à basse température, à courte durée, et en leur associant les affusions céphaliques d'eau froide. Quand des effets physiologiques d'une autre nature, ont acquis assez d'intensité pour qu'on doive les combattre, on fait interrompre les bains un jour sur deux, sur trois, et même on les fait suspendre pour quelques jours.

Les bains de mer chauds manifestent à un certain degré l'efficacité hygiénique et thérapeutique propre aux bains de mer froids.

L'observation nous prouve chaque année, combien ils prêtent de résistance à la peau contre le froid extérieur. Cette action particulière, qui les rapproche des bains froids, les distingue éminemment des bains d'eau simple à température égale, lesquels laissent, au contraire, les individus sans défense contre les influences nuisibles de cet agent.

Quelques bains de mer chauds suffisent pour changer déjà l'*habitus* extérieur, et pour vasculariser le visage des enfants faibles ou nerveux, lesquels comptent parmi les sujets les plus sensibles à leur *modus agendi*. Douze bains amenèrent, chez un petit nerveux, un degré de sthénie morale et physique, qui se continua durant tout le temps de son séjour à Dieppe, et qui, dans la mesure où elle se maintint, eut les résultats les plus favorables sur la santé générale. Ils ont une influence salutaire et spéciale, on peut dire, sur les sécrétions morbides qui tiennent à un état de relâchement des membranes muqueuses, comme on l'observe journellement chez des enfants qui, ayant des évacuations alvines trop liquides et trop répétées, languissent par le fait de ces déperditions exagérées.

Ce dernier mode d'action des bains de mer chauds, s'observe aussi dans les périodes plus avancées de la vie, pourvu que l'affection intestinale à laquelle elle s'adresse, participe du caractère de relâchement et d'atonie que nous venons de signaler. Une dame avait un état diarrhéique, qui datait d'une *fièvre muqueuse*, et qui s'exaspérait facilement sous l'influence d'une émotion morale, de l'impression du froid, de l'usage des aliments relâchants, etc.; une saison de bains de mer chauds fit succéder une véritable constipation à l'état habituel des sécrétions intestinales, et sembla encore assurer la guérison, en provoquant un mouvement hémorrhoïdal très-prononcé.

La stimulation propre aux bains de mer chauds, s'exerce aussi avec avantage sur les différents états d'inertie de la muqueuse digestive. Ils ont excité, à notre connaissance, l'appétit entièrement aboli chez des femmes qui avaient contracté l'habitude des condiments liquides et solides, ou qui étaient en proie à des accès hystériques liés à l'âge critique, et ils ont fait disparaître plusieurs fois l'*infarctus* habituel des entrailles. Une saison de Vichy avait réussi dans certaines affections de l'estomac ou du foie, mais ils avaient laissé persister de la sensibilité au côté droit, de la faiblesse musculaire et un état de constipation rebelle. Les bains de mer chauffés, unis aux douches, ont fait cesser la douleur de l'hypocondre, dans quelques-uns de ces cas, et ont accru la force des membres et des puissances auxiliaires de la défécation.

Les effets toniques de ces bains sur le système des membranes muqueuses, se manifestent également chez les femmes très-débilitées, dans certaines leucorrhées atoniques et très-anciennes.

C'est chez les vieillards, sans contredit, que les résultats thérapeutiques des bains de mer chauffés se montrent avec évidence et amplitude. Ces bains leur sont administrés avec un grand bénéfice, contre l'œdème des jambes qui succède aux rhumatismes, et contre le gonflement des parties molles ou des articulations, contre la claudication et la diminution des forces générales, qui sont les conséquences ordinaires des fractures, des luxations et des entorses des membres abdominaux. Un vieillard de 78 ans, d'un caractère très-énergique, entièrement perclus par suite d'une luxation coxo-fémorale non réduite, laquelle n'était peut-être qu'une fracture du col fémoral méconnue, et privé de ses forces et de son énergie morale par son inaction prolongée, fut remarquablement retrempé par une saison de bains de mer chauffés. Ces bains améliorent encore d'une manière marquée l'organisme des vieillards, quand il a été ébranlé par des secousses morales ou par une opération chirurgicale, ou affaibli par la vie sédentaire. A cet âge, ils conviennent aussi dans les douleurs rhumatismales et nerveuses des parois thoraciques, et dans le rhumatisme viscéral de nature mobile, protéiforme, qui fait croire si souvent chez ceux qui en sont affectés, à l'existence de lésions organiques, malgré le caractère de facile déplacement qui le distingue.

Les vieillards qui paient leur tribut à l'hiver, par des phlegmasies des membranes muqueuses des voies aérifères, par le refroidissement des pieds et par un malaise excessif, surtout à l'occasion des températures les plus basses de cette saison, acquièrent une résistance souvent très-grande contre l'hiver qui suit une saison de bains de mer chauffés. M..., d'une constitution faible, d'une maigreur prononcée, très-craintif à l'endroit de sa santé, sujet à des angines et à des bronchites pendant l'hiver, qui le tenaient éloigné du monde et le claquemuraient dans un appartement très-chauffé, vient prendre des bains de mer chauds depuis six ans. On voit, pendant leur durée, le calibre du pouls augmenter et l'estomac acquérir plus d'énergie. Après chaque saison, les forces sont notablement accrues, et une résistance marquée est opposée aux influences de l'hiver qui suit. Cette année, en particulier, les bains de mer chauds ont donné encore à M... une plus grande somme de réaction contre les inconvénients de la saison rigoureuse, et lui ont permis de se livrer à son goût pour la société.

Certaines démangeaisons de la peau, de nature prurigineuse, qui tourmentent si souvent l'âge avancé, sont efficacement modifiés par les bains de mer chauffés. Un négociant, touchant à la vieillesse, fut guéri une première fois de cette incommodité, et deux ans après, il obtint le même résultat.

Chez tous les individus d'âge, soumis avec continuité à l'action des bains de mer chauds, on observe généralement un peu d'insomnie ou d'agitation nocturne, mais cet inconvénient est compensé par les caractères extérieurs de la santé, par l'accroissement des forces générales, par la diminution des souffrances, par l'activité de l'appétit et des digestions, et par une perspiration de la peau inaccoutumée. Ce bénéfice s'étend jusqu'à affaiblir les préoccupations hypocondriaques, qui sont habituelles à un grand nombre d'entre eux, et jusqu'à leur redonner la confiance en eux-mêmes qu'ils avaient perdue.

Après avoir étudié les effets hygiéniques et thérapeutiques des bains de mer chauffés, dans leur emploi exclusif, il est utile d'en dire quelques mots, quand ils sont considérés comme un moyen de transition, pour arriver aux bains de mer froids, ou comme un subrogat momentané de ceux-ci.

C'est une habitude consacrée à Dieppe de débuter

par quelques bains de mer chauds dans la plupart des cas. Cette pratique est souvent au moins inutile; mais il est telle circonstance qui se répète chaque jour, où elle est de prudence et même d'obligation. Dans ce cas, le nombre des bains préparatoires varie le plus souvent de deux à six. On ne peut énumérer toutes les circonstances qui réclament l'application de cette règle; voici seulement les plus importantes à connaître.

Les enfants lymphatiques excitables, les enfants nerveux, tous les jeunes sujets à peine arrivés au premier septenaire de la vie, qui sont faibles et impressionnables à la fois, ou qui relèvent de quelque grave maladie, les hémiplégiques, les femmes qui sont plongées dans un degré marqué d'atonie nerveuse, celles qui sont sujettes à des attaques d'hystérie, ou qui présentent des accidents épilepsiformes dépendant d'une névropathie ganglionnaire, celles qui sont affectées de névralgie faciale, de nature rhumatismale, celles qui sont dyspeptiques à un haut degré, celles qui sont très-affaiblies par des fausses couches successives, les leucorrëiques débilitées, les personnes de poitrine délicate et irritable et qui ont le timbre vocal couvert d'un voile, doivent ouvrir la saison par quelques bains de mer chauffés, purs ou mélangés avec l'eau commune.

Quelques individus sont très-sensibles à l'humidité atmosphérique engendrée par les vents d'ouest, qui dominent si souvent sur la côte de Normandie. On ne leur permettra pas de débuter par le bain à la lame, tant qu'existent de telles circonstances météoriques; il y a nécessité de les faire commencer par les bains de mer chauffés. Cette méthode est même rigoureusement applicable à la généralité des baigneurs qui arrivent dans l'arrière-saison, où règnent le plus souvent ces conditions de l'atmosphère.

Les bains chauds deviennent encore un moyen de transition, chez quelques-uns de ceux qui redoutent les bains froids à l'excès. Le contact de l'eau de mer, à une température moyenne, sert d'auxiliaire alors aux autres influences qui agissent à leur insu sur les personnes craintives. Ainsi, elles arrivent souvent, par la vue de la mer, par l'habitude de respirer chaque jour l'air marin et par l'exemple des autres baigneurs, à surmonter, au bout de quelque temps, une partie de leur répugnance et à désirer de se baigner à la mer.

La température de la mer varie assez rapidement quelquefois, d'un degré à deux degrés d'un jour à un autre, par exemple; une telle variation est indifférente au plus grand nombre des baigneurs, mais elle est l'occasion pour quelques autres, de sensations pénibles et nuisibles à la fois. Il est convenable de faire revenir ces personnes aux bains chauffés et de se diriger, pour reprendre ou cesser les bains froids, d'après les oscillations ultérieures de cette température.

Les bains de mer chauds, qui sont considérés dans leur administration, comme des moyens préparatoires devant mener aux bains froids ou des succédanés devant remplacer temporairement ceux-ci, sont descendus aussi bas que possible (27° à 22° C.), et il n'est pas rare au baigneur de trouver l'impression de la mer moins froide que celle d'un bain de cabinet descendu à ces températures. Un adulte, à peau perspirale, pusillanime au dernier degré à l'égard de toutes les impressions qui lui venaient de l'air atmosphérique, fut agréablement surpris de supporter la sensation de son premier bain de mer froid, avec aussi peu de peine qu'il endurait la température très-abaissée de sa baignoire.

§ 3. Affusions d'eau de mer froides.

L'usage des affusions d'eau froide remonte à Hippocrate et se continue dans les temps postérieurs de l'antiquité grecque. Depuis le milieu du siècle dernier, il a été expérimenté de nouveau, et les médecins de l'Europe et de l'Amérique du nord, et parmi eux, Currie, médecin Anglais[1], ont eu de nombreuses occasions de constater ses bons effets dans les maladies aiguës de l'encéphale et de ses annexes, dans les fièvres avec prédominance des symptômes nerveux et dans les fièvres éruptives.

L'emploi des affusions envisagé comme une adjonction utile aux bains de mer froids ou chauds, n'est point connu dans les pays de l'Europe où ceux-ci sont le plus en vogue, soit qu'ils en ignorent l'importance pratique, soit que les modes particuliers d'administration de ces bains ne leur en permettent pas l'application. Les médecins anglais et allemands, paraissant redouter beaucoup moins que nous les congestions immédiates du bain de mer, ont passé sous silence cet agent si puissant chaque jour entre nos mains, et Vogel regarde même les simples ablutions de la tête comme inutiles avant le bain, excepté chez les personnes pléthoriques.

Les affusions d'eau de mer indiquées en France par les Drs Lefrançois et Mourgué, ont été depuis généralisées par M. J. Guérin, avec un succès souvent répété par son successeur.

[1] Medical reports on the effects of water, etc., by James Currie.

L'opération des affusions consiste à verser avec une certaine lenteur, sur la tête nue ou recouverte d'un serre-tête de taffetas ciré, une quantité déterminée de seaux d'eau de mer. Il y a quelques cas où il est préférable de s'abstenir du bonnet de taffetas, lorsqu'il s'agit, par exemple, de combattre les congestions actives de la tête et certaines céphalées de nature nevro-rhumatismale.

Les affusions s'administrent isolément, soit dans la baignoire vide, soit à l'air libre, ou associées aux bains à la lame et aux bains de mer chauffés. Dans le dernier cas, les affusions se divisent entre les premiers, et les derniers instants du bain, et se composent d'une suite de seaux versés sur la tête du baigneur et remplis chaque fois au robinet d'eau froide qui alimente la baignoire. Dans les affusions isolées qui se pratiquent sur le bord de la mer, le patient se tient debout, agenouillé ou assis, et reçoit sur la tête le nombre prescrit de seaux d'eau ; s'il doit à la fois prendre le bain et recevoir les affusions, celles-ci se partagent entre le moment qui précède l'entrée dans la mer et celui qui succède à la sortie.

Les affusions isolées et celles qui précèdent le bain froid sont accompagnées d'un saisissement général et d'un sentiment de froid très-considérable, surtout chez les personnes nerveuses ; celles qui suivent le bain leur causent beaucoup moins d'impression. — Quelques individus ne sont que faiblement sensibles aux unes et aux autres.

L'administration et le nombre des affusions sont réglés, d'après les données et les circonstances suivantes :

1° Les affusions ne doivent jamais être accordées

sans une indication particulière fournie, soit par l'état antérieur ou présent de la santé des individus, soit par quelque modification morbide résultant des effets du bain de mer.

2° Malgré l'existence des indications les plus positives, il est un certain nombre de personnes, auxquelles les affusions causent une impression trop vive pour qu'on doive les leur continuer : quelques nerveux ne s'habituent jamais aux affusions.

3° On doit mesurer graduellement la quantité des affusions, en commençant par une ou deux et en n'allant pas au delà de seize à vingt. Il y a, parmi les médecins, des partisans absolus des affusions en grand nombre ; sur cette question, comme sur tout ce qui regarde les différents modes d'administration de l'eau de mer, rien d'absolu ne peut être établi. Comme les affusions multipliées fatiguent au plus haut degré la majeure partie des baigneurs, on ne doit généralement dépasser les proportions moyennes, que dans les cas rares où l'on a à opérer sur la tête des individus vigoureux, une décentralisation profonde ou une sédation puissante.

4° Les affusions administrées dans les cabinets de bains doivent être moins nombreuses que celles qui se pratiquent à l'air libre, en raison de l'immobilité gardée par celui qui les reçoit et en raison de l'inégalité de température, qui existe entre l'eau qu'elles versent et l'eau que contient la baignoire.

Les cas particuliers qui réclament l'usage simultané des affusions et des bains de mer, sont : les maladies où l'on a à combattre les concentrations cérébrales de nature sanguine ou nerveuse, telles que les chutes anciennement faites sur la tête, l'habitude des *raptus* sanguins des yeux et du cerveau, les amauroses incomplètes, les névroses des sens, les céphalées fixes ou erratiques, périodiques ou irrégulières, toutes les variétés de l'hémicrânie, les divers degrés de la paraplégie et de l'hémiplégie, les névroses de l'appareil ganglionnaire associées à des phénomènes dépendants de l'axe cérébro spinal ; chez les enfants en particulier, la prédominance du volume et de l'action du cerveau sur les autres organes, et surtout la circonstance anamnestique d'accidents aigus survenus vers l'appareil encéphalique.

Dans tous ces cas, les affusions produisent des résultats qu'on attendrait en vain des bains de mer seuls. Rien n'est aussi commun que de voir les personnes congestionnées de la tête par des causes très-diverses, se rendre, d'après leurs sensations, un compte fidèle des effets des bains, selon qu'ils sont pris avec ou sans affusions. Celles-ci laissent souvent aux névropathiques du cerveau, une sensation de bien-être dont ils aiment à parler.

Un certain nombre de personnes, par le seul fait du bain de mer, ou parce qu'elles sont entrées trop lentement dans l'eau, ou qu'elles y sont demeurées trop longtemps, éprouvent à la tête un degré de congestion sanguine. Ordinairement replètes, pléthoriques, sujettes aux céphalalgies ou ayant éprouvé dans le passé des maux de tête et des étourdissements, à la suite d'une chute, on les voit prises, pendant plusieurs heures, chaque fois qu'elles sortent de la mer, de céphalalgie, d'étourdissements accompagnés quelquefois d'une congestion faciale très-marquée, d'autres fois d'une certaine excitation des phénomènes moraux et intellectuels. Excepté dans de rares circonstances où nous nous sommes trouvés obligés, pour les combattre, de recourir à une émission sanguine secondée par l'usage d'un purgatif, les affusions suffisent presque toujours à empêcher le retour de ces accidents.

Il n'y a qu'un très-petit nombre d'individus caractérisés d'ordinaire par une constipation opiniâtre, que rien ne semble pouvoir préserver du *raptus* sanguin de la tête pendant l'usage du bain de mer. Les affusions et la rapidité du passage dans l'eau sont impuissantes à neutraliser cet afflux sanguin, à l'instant où la réaction se développe.

Dans plusieurs des maladies qui, à notre avis, réclamaient de toute nécessité les bains et les affusions réunis, le nombre de celles-ci a dû être augmenté dans la même proportion que la durée de ceux-là était diminuée, ou le bain de mer a dû être suspendu et remplacé par l'usage exclusif des affusions. De telles modifications ont été dictées par les circonstances suivantes : 1° Les bains avaient augmenté une céphalalgie habituelle; 2° dans une hémicrânie périodique, la réaction qui suivit les bains les plus courts, était insuffisante, à cause de l'âge et de l'état moral où se trouvait actuellement le baigneur; 3° dans une lésion de la vue, les bains de mer avaient encore davantage brouillé les objets. Dans ces cas, les affusions seules n'eurent aucun des inconvénients des bains associés à elles, et amenèrent même souvent une fraîcheur agréable, là où les bains avaient été sans réaction. Les affusions seules ont été encore administrées avec avantage, comme un moyen perturbateur, chez des individus nerveux qui avaient naguère expérimenté les bains de mer à leur grand détriment et qui étaient actuellement en proie à une crise de nature nerveuse ou à une névrose du cerveau.

Certaines idiosyncrasies semblent se refuser à toute application des affusions. Ainsi, nous avons rencontré de temps en temps des baigneurs auxquels les affusions et les immersions semblaient devoir être conseillées par force majeure, qui suivaient leur instinct en s'en abstenant, et qui étaient justifiés par le succès. De vives congestions céphaliques ne cessèrent, chez une personne, que le jour où elle eut l'idée de prendre des bains, non-seulement sans leur associer les affusions, mais encore sans se mouiller la tête; elle se contentait, en entrant dans l'eau, de s'ablutionner l'épigastre avec une éponge. La pratique des affusions donna lieu, dans un cas de rhumatisme névralgique, à des douleurs péricrâniennes qui se dissipèrent par l'emploi pur et simple du bain de mer. Quelques individus, éminemment nerveux, ont éprouvé, après les affusions, une réaction difficile, avec refroidissement des pieds d'abord, puis avec étourdissements, s'ils persistaient. Ce genre d'accident était accompagné quelquefois d'un trouble de la vue et d'une altération apparente de la transparence de la cornée, que nous ne pouvons mieux comparer qu'aux effets de la belladone à trop haute dose, à la contraction de l'iris près, qui n'existe pas ici.

Quelques modes d'application particuliers sont encore propres aux affusions. Ainsi, après le bain de mer, on peut faire affusionner chaque jour avec avantage les articulations *nouées* par le rachitisme ou relâchées par les scrofules, aussi bien que les demi-ankiloses qui succèdent à une carie fistuleuse maintenant cicatrisée; on a soin seulement que les parties malades reposent sur un coussin de paille pendant l'opération. On fait assez souvent jeter, avec des précautions et dans une direction oblique, un petit nombre de seaux d'eau de mer, sur la colonne vertébrale des jeunes filles qui viennent de subir un traitement orthopédique, sur l'épigastre de quelques gastralgiques et sur les lombes de quelques leucorrhéïques exemptes actuellement de toute excitation utéro-vaginale.

§ 4. Douches descendantes d'eau de mer, à toutes les températures.

Les douches d'eau de mer ont été appliquées avec un succès marqué, comme un auxiliaire des bains de mer, sur les articulations engorgées et indolentes, par suite d'hydarthrose, d'anciennes entorses, de rachitisme et de scrofules; sur les membres claudicants, par suite d'anciennes lésions traumatiques; sur les extrémités inférieures, chez les jeunes personnes, qui les ont sans cesse dans un état de refroidissement; sur la colonne vertébrale et les membres des individus affectés de paraplégie, d'hémiplégie, de rhumatisme musculo-fibreux, de lombago chronique, ou de ces douleurs auxquelles on a donné le nom de *coup de fouet;* sur la partie postérieure et médiane du tronc et sur les membres abdominaux, chez les enfants et les jeunes filles qui présentaient une laxité anormale avec ou sans déformation, de l'appareil ligamenteux et fibro-cartilagineux des vertèbres, ou bien une certaine faiblesse musculaire des lombes ou des membres; sur l'hypogastre, la région sacrée et le périnée, dans des cas de blennorrhée, de *profluvium seminis*, d'anaphrodisie et d'incontinence d'urine; sur des portions du canal intestinal habituellement dilatées par des gaz; enfin, sur la région hépatique, dans certaines affections du foie.

Les succès de certaines douches prises aux Eaux minérales salines, par les hémiplégiques, se sont répétées à Dieppe avec la douche d'eau de mer. Par son action, nous avons vu quelques-uns de ces malades recouvrer de jour en jour leur énergie musculaire. Plusieurs d'entre eux sont venus achever fructueusement avec elle, un traitement commencé l'année précédente aux Eaux minérales naturelles, ou dans les établissements d'Eaux minérales artificielles. D'un autre côté, l'application des douches d'eau de mer s'est montrée nuisible sur des articulations affectées de fistules scrofuleuses et sur l'abdomen, dans des cas de constipation opiniâtre, en y développant des phénomènes d'irritation locale.

Généralement, la durée des douches d'eau de mer ne dépasse pas un quart d'heure à vingt minutes, et chez les enfants en particulier, elle est limitée à cinq ou dix minutes; au delà, elle produit chez eux des effets d'excitation nocturne. Les douches se comptent par six, douze et dix-huit, et se prennent tous les jours, en concurrence avec les bains chauds ou froids, ou tous les deux jours, en alternant avec les derniers. Leur température est relative à la nature des bains qui les accompagnent. Si elles sont associées aux bains chauffés, leur chaleur doit être en équilibre avec la leur, si aux bains froids, elle doit lui être supérieure, excepté chez quelques femmes affectées *d'acne rosea* et chez quelques jeunes déviées qui ont conservé beaucoup de forces. Au degré d'un bain de mer chaud, la douche paraît toujours froide; au degré de la mer, elle est insupportable pour la plupart des individus. Nous ne l'avons jamais administrée entièrement froide, c'est-à-dire à la température du réservoir (18° à 21 C.), sans qu'il en résultât quelque accident. Il ne s'agit ici, bien entendu, que de la douche dirigée sur une large surface du corps; car pour une partie isolée, l'extrémité des membres par exemple, la température est entièrement indifférente sous le point de vue que nous traitons. Nous n'appliquons jamais non plus la douche d'eau de mer à des températures supérieures (31° C. et au-dessus), que dans les rhumatismes musculaires gagnés récemment sous l'influence d'un refroidissement, et dans ce cas, nous avons soin de soustraire la peau à l'action de l'air marin, pour le reste de la journée. Une douche très chaude produit un état de dilatation et d'expansion de la peau, non seulement en mettant en contact avec elle un liquide d'une température plus ou moins élevée, mais encore en développant une atmosphère de vapeurs, dans laquelle le corps reste plongé tant que dure l'opération. Qu'on songe maintenant que l'air extérieur, auquel la surface cutanée va s'exposer, est généralement d'une température basse et pourvu, en outre, par ses oscillations fréquentes d'une action réfrigérante et d'une certaine virtualité non encore bien appréciée, très-propres à offenser un organisme mal préparé à le supporter.

La douche en pluie ou en ondée, à diverses températures (Shower-Bath, Hydroconion), si usitées en Angleterre dans les névroses et les aliénations mentales, nous a été d'une utilité incontestable dans plusieurs hypocondries, où prédominait un mouvement congestionnaire de la tête.

Une action qui se rapproche des douches, c'est la percussion *de la lame* qui vient battre incessamment les bords de la mer. On se trouve bien de faire exposer à ces chocs les membres scrofuleux, avant ou après le bain de mer, pendant les jours les plus chauds de l'été.

§ 5. Douches et bains de vapeur d'eau de mer.

Les premières sont administrées à des personnes qui nous arrivent avec une hydarthrose par cause rhumatismale, avec une névralgie sacro-sciatique, etc., dans lesquelles les bains de mer ont réveillé un certain degré d'acuité. Les seconds servent à débarrasser quelques baigneurs de l'un de ces rhumatismes musculaires qui se contractent si facilement, à la suite d'une exposition imprudente aux vents marins ou de bains pris intempestivement.

§ 6. Lotions, applications et pédiluves d'eau de mer.

Les anciens appliquaient déjà sur les glandes les sels alcalins tirés par l'incinération, des écailles d'huître, des os de sèche, de la pierre-ponce et de l'éponge. R. Russel, dans les mêmes cas, ajoutait à l'usage topique de l'eau de la mer, les frictions de varech (seawreck), encore humide ou trempé dans l'eau salée.

Nous employons aujourd'hui les lotions d'eau de mer froide, contre l'inflammation chronique des glandes de Méïbomius; les applications, contre les ulcères fistuleux des caries osseuses et contre les glandes cervicales ulcérées, et les pédiluves, contre les congestions faciales et céphaliques et les retards menstruels occasionnés par l'usage des bains de mer. Nous avons surtout donné une grande extension aux pédiluves quo-

tidiens pris après chaque bain de mer, dans le but :
1° d'activer la réaction cutanée; 2° de décentraliser les organes viscéraux.

§ 7. Usage intérieur de l'eau de mer.

Cet usage, dont Pline a parlé, dont R. Russel a tiré un si grand parti, comme moyen dissolvant et apéritif, et dont Buchan a constaté l'efficacité chez les individus caractérisés par l'embonpoint et l'obtusité nerveuse, mérite d'être repris par la pratique médicale. R. Russel le vantait principalement dans les affections où il croyait les glandes primitivement altérées. Quand on cherche à découvrir comment il comprenait son *modus agendi*, on voit avec surprise qu'il ne le regardait pas le plus souvent comme de nature dépurative ou altérante. Il accordait bien quelquefois à l'eau de mer, la propriété d'augmenter le *ton* des solides et de neutraliser *la corruption* des liquides ; mais, quand il guérissait les glandes externes par son administration intérieure et journalière, poussée jusqu'à l'effet purgatif, il croyait agir particulièrement sur les glandes intestinales et combattre les premières par un véritable antagonisme. De nos jours encore, l'eau de mer à l'intérieur est généralement répandue en Angleterre, quoiqu'elle n'y soit pourtant qu'un moyen accessoire de l'emploi des bains de mer. Les praticiens allemands lui attribuent aussi une action éminemment dissolvante.

L'eau marine est un laxatif doux, bien assorti à l'usage externe qu'en font les baigneurs. Il ne répugne pas d'admettre, d'après ses caractères chimiques, qu'elle est douée de propriétés *altérantes* qui viennent, dans beaucoup de cas, en aide aux bains de mer. Ce mode d'agir spécial ne doit-il pas surtout se rencontrer dans les maladies scrofuleuses ?

Malgré sa saveur saumâtre et pleine d'amertume, on le croirait à peine, l'eau de mer n'est jamais rejetée par le vomissement, et n'inspire bientôt plus aucune répugnance au buveur. Bergmann est un de ceux qui ont déjà remarqué ce fait.

Nous donnons à boire l'eau de mer aux personnes habituellement constipées, ou qui le sont devenues, comme il est ordinaire de le voir, sous l'influence des premiers bains; aux personnes auxquelles ceux-ci causent des congestions céphaliques, ou bien à celles qui sont naturellement congestionnées de la tête ou souffrantes d'hémorrhoïdes, aux individus affectés de goutte rose et d'autres maladies de la peau, aux jeunes filles chlorotiques et surtout aux enfants scrofuleux.

Les adultes ont besoin de prendre un verre et demi à trois verres d'eau de mer pour obtenir des garde-robes; un verre est nécessaire aux jeunes gens; les enfants sont relâchés avec deux ou quatre cuillerées. En Angleterre, l'eau de mer se donne, depuis R. Russel, à une quantité qui va de quatre onces à une livre de douze onces; là, comme en France, les doses déterminées sont rapprochées ou éloignées selon le besoin, et sont en général administrées avant le bain du matin.

§ 8. Lavements d'eau de mer.

Un demi-lavement gardé pendant quelques minutes, est un évacuant presque sûr des voies intestinales. Des constipés d'habitude ont obtenu par ce moyen des selles spontanées pendant plusieurs jours, quand l'usage intérieur de l'eau marine s'était montré insuffisant.

§ 9. Injections, douches ascendantes, rectales et vaginales, d'eau de mer.

Les injections et les douches vaginales sont utilement pratiquées dans les variétés de la leucorrhée, dans les déplacements de l'utérus et dans les engorgements du col de cet organe, pourvu que les parties ne soient actuellement le siége d'aucun travail phlogistique, auquel cas on les mitige par un liquide mucilagineux. Les douches rectales ont servi à vaincre quelques constipations opiniâtres, accompagnées d'un grand malaise général.

§ 10. Bain de sable marin.

On emploie sur les bords de la Méditerranée les bains de sable marin chauffé au soleil : ce genre de bain n'a pu être pratiqué sur les côtes de Normandie, à cause du peu d'élévation de la température atmosphérique. Il serait possible cependant, nous en sommes persuadé, de tirer un parti fort utile du sable de mer chauffé artificiellement; nous avons eu une seule fois l'occasion d'observer les effets de ce moyen thérapeutique. Un adulte, de visage cachectique, avait un épanchement péritonéal circonscrit, situé au côté gauche du nombril; il en était résulté, bien que le malade conservât un appétit actif, un grand épuisement des forces et de la maigreur; la langue était rouge et sale, les digestions gazeuses, les urines rares et les reins complétement insensibles à l'action des diurétiques. Trente-six bains de sable chauffé au four, pris pendant une demi-heure, activèrent les fonctions digestives, augmentèrent les forces générales et améliorèrent aussi le *facies* d'une manière évidente.

Cette application du sable marin ne pourrait-elle pas aussi devenir utile dans les engorgements scrofuleux non ulcérés des articulations ?

CHAPITRE III

CIRCONSTANCES PRINCIPALES DE L'ADMINISTRATION DES BAINS DE MER.

La pratique rationnelle des bains de mer suppose qu'on a acquis des notions suffisantes sur tous les points suivants : 1° sur l'âge où l'on peut se baigner ; 2° sur les époques de l'année où l'on doit venir prendre les bains ; 3° sur le moment de débuter dans la mer; 4° sur l'heure de la journée la plus favorable aux bains ; 5° sur la durée du bain; 6° sur l'hygiène à suivre avant, après le bain et durant le cours de la saison; 7° sur le nombre de bains qui constituent celle-ci; 8° sur les cas où il faut suspendre les bains temporairement ou absolument.

Ces diverses circonstances, que nous allons faire connaître avec détail, en évitant toutefois ce qui n'aura pas une évidente portée pratique, renferment toutes les conditions propres à l'administration des bains de mer. Elles sont la méthode, la règle à suivre, pour que ces bains produisent la somme des résultats qu'on doit en attendre : l'omission de l'une d'elles peut compromettre le parti qu'on peut espérer de l'observance de toutes les autres. Chaque jour pourtant, nous en sommes témoin, ces règles sont négligées par entêtement, par confiance exagérée en soi, ou encore par la contagion des exemples qu'on a sous les yeux.

§ 1. Age.

Les bains de mer sont rigoureusement praticables, depuis la première année de l'existence, jusqu'à soixante-dix ou soixante-douze ans.

Les petits enfants qui ne marchent pas et qu'on ne fait que tremper dans la mer réagissent très-bien, une fois qu'ils sont chaudement enveloppés dans des vêtements de laine ; c'est ainsi que nous avons fait baigner avec fruit un enfant de 11 mois, né rachitique, et d'une maigreur très-prononcée.

Les septuagénaires réagissent complétement aussi après le bain de mer, s'ils ont la peau colorée et s'ils ont quelque embonpoint ; chez un homme de cet âge, intact dans ses forces, qui vient de se baigner, ce n'est pas la réparation du calorique qui est le point difficile, mais bien l'action physiologique du bain lui-même, laquelle se résume en des effets généraux toniques et excitants à la fois. Ceux-ci, en portant au delà de la mesure désirée le rhythme des fonctions, surtout de celle de la circulation, peuvent amener des signes de congestion funeste, si on ne met pas une surveillance extrême à les combattre. Un septuagénaire, nervoso-sanguin, coloré, ayant les dents belles et la chevelure assez abondante, saignant fréquemment du nez, habitué aux bains de la Seine, put bien, dans des conditions physiologiques si rares à son âge, se baigner à la mer avec immunité d'accidents ; mais combien d'autres vieillards, même moins âgés, chez lesquels les bains de mer congestionnent les caroncules et les conjonctives, et occasionnent successivement des étincelles devant la vue, des étourdissements ! etc. Mieux vaudrait administrer les bains de mer à l'homme âgé, qui présenterait un certain déficit dans l'état général des forces ; les bains de mer seraient destinés du moins à venir en aide à celles-ci, sans soulever ces ferments d'excitabilité sanguine si familiers dans les dernières périodes de la vie.

Il faut, en général, proscrire les bains de mer dans l'âge avancé, chez les hommes maigres, nerveux, dont la circulation est languissante, ou qui ont eu des souffrances arthritiques ; car leur peau ne réagit pas, et le sentiment de répugnance qu'ils apportent en face de la mer, est un enseignement vrai et qu'il faut écouter.

§ 2. Époques de l'année.

La plupart des médecins jugeant que les bains de mer n'ont tous leurs avantages qu'à l'époque des grandes chaleurs, pendant les jours caniculaires de l'été, ont l'habitude de les conseiller à leurs malades depuis le 15 juillet jusqu'au 1er septembre, rarement au delà. Nous avons tâché d'étudier aussi les bains de mer sous ce point de vue, en comparant nos observations particulières dans tous leurs détails, et en tenant compte de la différence des effets produits, selon que les sujets qui ont passé sous nos yeux, s'étaient baignés pendant les mois de juillet et d'août, ou pendant le mois de septembre, nous croyons être autorisés par les faits à établir, sur ce point, les considérations suivantes :

1° Pendant les jours caniculaires, l'eau de la mer, comme on l'a vu, parvient à son plus haut degré de température. Cette condition rend alors les bains éminemment convenables aux enfants et aux personnes très-débilitées, qui n'ont à opposer qu'une faible somme de résistance vitale aux effets physiologiques des bains de mer, surtout à la soustraction du calorique cutané.

2° Dans le mois de septembre, l'abaissement de la température de la mer paraît augmenter l'efficacité des bains, pour ceux qui ont le pouvoir de réparer une grande perte de chaleur animale, et pour ceux qui ont besoin surtout d'une grande *sédation*. C'est le cas des individus que caractérisent l'embonpoint ou la pléthore sanguine, et qu'affectent les névroses non accompagnées de beaucoup d'affaiblissement. Plusieurs de ces baigneurs, après avoir fréquenté les bains de mer pendant plusieurs années ou après avoir pris dans la même année les bains de septembre et ceux des mois précédents, sont arrivés, par leurs propres sensations, à reconnaître la supériorité des uns sur les autres; l'eau leur est beaucoup plus froide en septembre, mais les effets toniques et sédatifs qu'ils en reçoivent sont beaucoup plus prononcés. Le raisonnement permet de réduire ce fait d'expérience en une proposition qui n'a rien de trop absolu, malgré sa forme théorématique : *La réaction cutanée est en raison directe du froid agissant et en raison de la soudaineté et de la brièveté de cette action.* Les Anglais, qui paraissent avoir fait aussi cette remarque, ne commencent la saison des bains de mer qu'en septembre, et la prolongent en octobre et même en novembre.

Il est certain que sur les côtes de Normandie, la saison est parfois des plus inclémentes en septembre, et il ne l'est pas moins qu'on s'y baigne dans ce mois par tous les temps. Qu'on ne s'en étonne pas ; malgré la variabilité du temps et l'apparition des autres conditions météoriques considérées comme peu propices, la température de la mer, pendant la première quinzaine du mois, ne descend guère au-dessous de son *maximum* de l'été (19° 25 C. ; ce qui correspond aux degrés le plus généralement employés en Angleterre dans l'administration des bains froids), tandis que celle de l'atmosphère baisse jusqu'à 12° 50 ou 11° 25. D'après ces chiffres, qui se retrouvent chaque année dans nos tables de température [1], on doit rester convaincu qu'il est non-seulement praticable, mais préférable même, dans certains cas, de prendre des bains de mer pendant les mois de septembre et d'octobre, toutefois avec le soin de le faire brièvement et de se vêtir chaudement.

Il faut maintenant décider, si les bains du mois de septembre, efficaces dans des circonstances données, ne seront pas nuisibles pour les cas nombreux qui ne rentrent pas complètement dans ces circonstances, ou qui s'en éloignent tout à fait. D'abord, il n'y a nullement à douter des avantages absolus de cette espèce de bains, pour ceux qui, ayant débuté à une époque antérieure, se trouvent affranchis déjà par l'habitude des effets de l'impression première de l'eau de mer. Quant à la majeure partie des individus auxquels on voudra faire commencer les bains de mer, pendant le mois de septembre, nous en admettons sans hésitation l'innocuité et l'utilité à leur égard, à la condition

---

[1] Vid. l'Appendice (tableau de la température mensuelle).

qu'ils seront convenablement modifiés dans leur durée, et accompagnés de toutes les précautions hygiéniques nécessaires. Il reste un petit nombre de sujets, à qui ces bains doivent être spécialement défendus, à cause de leur âge ou de leur état d'affaiblissement; tels sont les individus profondément débilités par les désordres des organes digestifs, les femmes impressionnables et trop délicates, les enfants très-jeunes et très-nerveux, etc.

Les considérations précédentes ressortent d'elles-mêmes des faits qui ont été observés par nous, chaque année. Ces faits étant mal connus ou mal appréciés par les praticiens, il n'est pas hors de notre sujet, de dire un mot des causes qui éloignent les baigneurs de la mer, dès les premiers jours de septembre, ou les empêchent d'y arriver à cette époque. Dans leur opinion, il y en a deux principales : le refroidissement de la température de la mer, qui rend moins agréable et même nuisible la pratique des bains de mer, et les variations de l'atmosphère, qui contrarient les promenades et les distractions qui sont particulières aux beaux jours de l'été.

Nous dirons d'abord que certaines années (1834, 1840, 1842, 1843), comme toutes les années à chaleur constante ou distribuée d'une manière inégale relativement aux mois de l'été, donnent un ample gain de cause aux raisons, par lesquelles il est possible d'affaiblir la valeur qu'on accorde à ces deux influences, dans les déterminations qui empêchent de venir ou d'envoyer en septembre sur les bords de l'Océan. Effectivement, dans les quatre années que nous citons, le *minimum* de la température de la mer, pendant les mois de septembre, était de 16° 75 C., et il n'était que de 17° 50 C. pendant les mois précédents : en outre, la température atmosphérique s'est élevée, dans quelques-unes des années, plus haut dans les premiers mois que dans les seconds.

Il ne faut donc parler que des années communes, où la mer perd le plus de sa température, et où le mois de septembre apporte à la fois avec lui un abaissement de la température atmosphérique et de nombreuses variations météoriques. Prenons en exemple l'une de ces années (1835), où la température de l'atmosphère et de la mer parcourt des degrés très-distants l'un de l'autre sur l'échelle du thermomètre, et faisons connaître, d'après le tableau de nos observations thermométriques, les relations des *minima* réciproques de ces deux températures, durant les mois de juillet, d'août et de septembre.

	MER.	ATMOSPHÈRE.
Juil'et.	17°,50C.	14°,25C.
Août.	19°,50C.	14°,25C.
Septembre.	15°.	11°,75C.

Ces relations entre les températures maritime et atmosphérique, sont à peu près constantes pendant les étés de chaque année.

Ainsi, en 1834, année chaude, l'abaissement de la chaleur de l'eau de mer, qui a servi à rendre moins agréable la pratique du bain dans le cours du mois de septembre, ne consistait qu'en 3°,C., si on compare ce mois aux deux mois précédents, tandis que les époques corrélatives de l'année suivante (1835), année moins chaude, offrirent une différence de 4°,50 C. Cette différence doit-elle arrêter le praticien dans l'administration des bains de septembre, pour les années qui ressemblent à cette dernière? Nous n'hésiterons pas à répondre négativement, puisqu'il est prouvé par l'expérience que l'inconvénient léger de la sensation plus vive de froid, qu'ils font éprouver aux baigneurs, est compensé, dans la plupart des cas, par la diminution du temps qu'ils doivent durer et par les conditions nouvelles d'efficacité qu'on a le droit d'en attendre. Aussi revenons-nous avec insistance sur cette dernière règle : la diminution de la durée des bains pris dans le mois de septembre, est la condition nécessaire, si on veut les pratiquer avec fruit et impunité.

Quant aux changements de la température atmosphérique, une circonstance qui en atténue les désavantages, se trouve dans l'action première des bains de mer, laquelle consiste bientôt à rendre le corps moins sensible aux conditions atmosphériques. Et puis, à part les bains de mer, ce que l'état de l'atmosphère renferme de contraire dans l'arrière-saison, s'évite facilement par l'addition ou la modification de quelque vêtement, et pour certaines personnes, par l'abstinence du bain pendant les jours les plus sévères.

Si les promenades sont communément moins praticables, et si les distractions sont plus restreintes dans le mois de septembre, c'est le cas pour le baigneur de prendre son parti, quand il s'agit pour lui d'un intérêt de santé, et pour le praticien, de considérer exclusivement l'application du bain de mer dans ses rapports thérapeutiques. D'ailleurs, l'absence des amusements, sur lesquels chacun compte aux bains de mer, comme aux Eaux minérales, ne tient pas seulement aux conditions de l'atmosphère ; elle tient encore plus peut-être à ce que la foule s'enfuit à cette époque, et qu'elle n'est pas remplacée par de nouveaux arrivants. Si, comme en Angleterre, il passait dans nos habitudes de demeurer ou d'être envoyé aux bains de mer, à l'époque que nous appelons l'*arrière-saison*, les plaisirs de la société continueraient d'y offrir des ressources suffisantes contre les ennuis des mauvais temps.

D'après tout ce qui précède, nous croyons qu'il serait possible et avantageux d'établir, pour chaque année, l'époque des bains de mer, depuis le 15 juin jusqu'au 15 octobre, et de diviser cet espace de temps en quatre périodes ou *saisons* d'un mois chacune. Avons-nous besoin d'ajouter qu'en proposant ce temps ainsi fixé et divisé, nous sommes loin de proscrire, pour les années qui ressembleront à certaines années chaudes, les bains qu'on serait dans le cas de conseiller plus tôt ou plus tard?

Ces divisions, dira-t-on, sont tout arbitraires; mais du moins, on ne niera pas qu'elles ne soient fondées sur de réelles conditions de la température de la mer et de l'atmosphère et sur la distinction des époques de l'année, où l'on a l'habitude en France de quitter les villes ou le *chez soi*, par besoin de santé ou de distraction ou par cessation des affaires.

Sur les côtes de la Baltique et de la mer du Nord, où le climat est beaucoup plus sévère, les établissements ouvrent à la moitié ou à la fin de juin et ne sont guère fréquentés au-delà du 1er septembre. Celui d'Helgoland, le plus septentrional de tous, ne reçoit de baigneurs qu'à la mi-juillet. Le Dr Neuber, l'historien des bains d'Apenrad, est le seul des médecins allemands, qui conseille les bains du mois de septembre, se fondant en cela sur d'excellentes raisons, dont la première est irrécusable : « La mer, dit-il, conserve la chaleur qui s'y est accumulée durant le cours de l'été[1]. »

§ 3. Moment du début.

On ne devrait que rarement se baigner d'emblée à la mer, dès le lendemain de l'arrivée, comme on ne devrait jamais y débuter par un mauvais temps. On néglige trop souvent ces règles, même avec les enfants faibles, pour lesquels il faudrait à peine s'en affranchir, si la saison était très-belle et si l'âge des sujets était déjà assez avancé. Ne faut-il pas laisser l'organisme se préparer aux modifications que va lui imprimer le contact d'un milieu nouveau, par une exposition à l'air de la mer, qui participe jusqu'à un certain degré de l'action modificatrice propre au bain de mer ?

Quand, au contraire, la saison a commencé par les bains chauffés, on peut, dès le jour suivant, la continuer par les bains de mer froids.

§ 4. Heures de la journée.

Dans le plus grand nombre de cas, il y a parfois nécessité et presque toujours utilité de se baigner, le matin depuis sept jusqu'à onze heures, avant ou après le premier déjeuner, bien qu'à ces heures de la journée l'atmosphère soit à sa plus basse température : on prescrira donc les bains de la matinée à la plupart des baigneurs. Le milieu du jour (les heures de l'après-midi) doit être pratiqué par les enfants qui toussent ;

---

[1] Loco cit. Beobachtungen über die Wirksamkeit ꝛc.

par les personnes très-affaiblies ou qui craignent le bain, qui sont impressionnables outre mesure à sa première action et qui se réchauffent avec peine ; par ceux qui, péniblement impressionnés par le froid du matin, ont quelque peine à réagir, et par ceux qui reconnaissent, après expérience faite, que les bains pris à jeun engendrent chez eux du malaise et de la fatigue.

Nous avons l'habitude de ne faire baigner les enfants de toutes les catégories qu'après le premier déjeuner; nous avons remarqué que, sans cette condition, ils réagissaient mal et qu'ils avaient de la répugnance à se mettre au bain. Les grandes personnes se baignent à jeun, parce qu'il en est un grand nombre qui ne sont jamais sûres de leur digestion ; c'est pourquoi celles qui sont trop faibles pour pratiquer la mer avant le déjeuner, doivent attendre le milieu du jour pour aller au bain, alors qu'il s'est écoulé assez de temps après le repas du matin. Nous accordons une à deux heures de digestion aux enfants qui ont déjeuné, avant d'être conduits au bain, et trois à quatre heures aux personnes adultes qui se baignent dans l'après-midi. Jamais aucun accident n'est résulté, à notre connaissance, de cette manière générale de mesurer le temps de la digestion chez les baigneurs.

A l'époque où Lichtenberg visita Margate, l'heure du bain était généralement fixée entre six heures et demie et neuf heures du matin, en juillet et août. Les Anglais ont gardé en partie ces traditions, et c'est à tort; car les heures très-matinales sont marquées sur les côtes de l'Océan, par un grand abaissement de la température atmosphérique, et une humidité considérable provenant de la condensation de la vapeur d'eau suspendue dans l'air. Le seul fait de se baigner de grand matin, a été souvent, sous nos yeux, l'occasion de plusieurs accidents, dont le moindre était une réaction imparfaite.

Les habitudes alimentaires ont fait placer le bain de mer, dans les établissements de l'Allemagne, entre le déjeuner et le diner, entre huit heures du matin et trois heures de l'après-midi : c'est le cas le plus rare que les baigneurs aillent à la mer avant le premier repas. On voit Vogel, dès ses premiers pas, modifier fort judicieusement les traditions anglaises qui étaient son point de départ, et assortir l'heure du bain au climat des bords de la mer Baltique.

§ 5. Durée du bain de mer.

Les mères sont trop souvent confiantes dans leurs propres lumières, quand il s'agit de fixer la durée du bain de leurs enfants. Les baigneurs de tout âge et de toute constitution, sont aussi généralement persuadés que cette durée peut se déterminer indifféremment, d'après ce qu'ils appellent leur instinct, d'après le bien-étre qu'ils éprouvent dans l'eau ou d'après le moment de l'invasion du second frisson, etc. On en voit même souvent qui, dans la pratique, perdent de vue ces règles, tout erronées qu'elles sont, en prolongeant le temps du bain jusqu'à mettre leur visage dans un véritable état de cyanose. Une personne poussa son bain jusqu'à une durée extravagante : s'étant baignée trois jours de suite, pendant une heure et demie, elle fut saisie, au troisième bain, par une crise d'odontalgie accompagnée de fluxion douloureuse de la joue gauche, et, le lendemain, elle souffrit violemment de la tête et d'un fort mouvement de fièvre : accidents qui ne se calmèrent pas sans quelque difficulté.

La plupart des médecins eux-mêmes ne paraissent pas exempts de quelque erreur à cet égard ; car, ou ils laissent les malades qu'ils envoient aux bains de mer, libres de se diriger d'après les données fausses que nous venons de signaler, ou bien ils règlent le temps qu'ils doivent rester à la mer, d'après une mesure qui dépasse le plus souvent ce qu'il est rationnel d'accorder. Floyer, que nous citons souvent à cause de son excellent esprit, avait établi déjà les vraies règles à suivre en cette matière, à l'occasion des bains d'eau froide [1].

La durée des bains de mer est pratiquement la plus importante de toutes les questions relatives à leur administration. Nous nous sommes efforcé de l'éclairer, d'après tous les faits qui se sont offerts à nous, en ne nous avançant d'abord qu'avec réserve dans cette route nouvelle. Après dix années d'observation, notre opinion sur ce point est restée fixée de la manière suivante :

1° Sous l'empire de certaines conditions morbides, chez des femmes affectées de névroses et qui avaient été affaiblies par de longues épreuves morales, par exemple, nous avons été obligé parfois de limiter l'usage des bains de mer à une seule, à deux ou trois immersions au plus.

Depuis Floyer, les médecins anglais ont constaté et recommandé les bons effets d'une simple immersion dans l'eau froide, chez les jeunes enfants disposés au rachitis et aux scrofules.

2° Les enfants d'un âge très-tendre, faibles ou lym-

---

[1] An Inquiry into the right use of the hot, cold, and temperate baths in England. (London, 1697).

phatiques, ou sujets aux phlegmasies de la muqueuse gutturo-pharyngienne, ou qui toussent actuellement, les enfants qui sont purement nerveux ou sujets aux affections spasmodiques, ou prédisposés aux affections cérébrales; quelques jeunes filles impubères et les femmes encore jeunes qui toussent, qui ont des douleurs sternales et intrà-scapulaires, ou qui ont éprouvé naguère des symptômes pectoraux d'une certaine gravité; les personnes de tout âge et de tout sexe qui sont nées de parents phthisiques, qui sont sujettes elles-mêmes à quelque dyspnée et à quelques douleurs thoraciques, mais qui sont actuellement bien portantes; les leucorrhéiques très-affaiblies; les jeunes névralgiques des deux sexes; les chlorotiques; les adultes même profondément débilités par des digestions mauvaises; les paraplégiques déjà âgés, ne doivent prendre que des bains très-courts (une à trois minutes). Nous avons vu une petite lymphatique de huit ans et une fille impubère de quinze ans, ne pas réagir suffisamment après un bain de cinq minutes.

3° Les individus affectés de rhumatisme musculaire ou arthritique, les femmes d'un tempérament nerveux, amaigries, très-débilitées, qui sont métrorrhéiques ou leucorrhéiques avec un certain degré d'irritation vaginale; les jeunes personnes qui se forment et qui sont sujettes aux otites aiguës; les enfants rachitiques et ceux qui sont affaiblis par l'habitude des dérangements gastro-intestinaux ou par une maladie récente, ceux qui viennent d'avoir naguère une fièvre périodique, ne doivent jamais prolonger les bains de mer au delà de deux à cinq minutes.

4° Les individus encore jeunes et les scrofuleux

assez forts, peu excitables, exempts d'affaiblissement, peuvent rester à la mer de cinq à dix minutes.

5° Les adultes robustes, d'un tempérament sanguin ou lymphatique, qui sont munis d'embonpoint et se nourrissent amplement, supportent la mer, sans inconvénient, de dix à vingt minutes.

6° Les jeunes gens et les femmes lymphatiques peu impressionnables, les scrofuleux adolescents, prennent avec avantage des bains de quinze à trente minutes. Des paraplégiques non affaiblis ont supporté vingt minutes avec impunité, et nous avons recommandé des bains d'une demi-heure à des individus forts et affectés d'entorse chronique.

Les Anglais, qui sont nos prédécesseurs dans la pratique des bains de mer, limitent encore plus rigoureusement que nous ne venons de le faire, leur durée relative. Les Allemands ne paraissent pas attacher la même importance qu'eux à ce point de pratique ; car Vogel écrit expressément, qu'on peut rester plus longtemps dans la mer que dans toute autre eau froide. Les observateurs les plus récents de l'Allemagne passent sous silence ou touchent à peine cette circonstance si capitale de l'administration des bains de mer; ils s'en tiennent tous à prescrire au baigneur cette règle générale : ne pas attendre le second frisson. Ce conseil est trop vague pour guider tout le monde ; car la venue du froid secondaire ne se montre pas chez tous au même moment. Chez les individus forts, ce phénomène n'arrive que tard, tandis que dans certaines conditions de maladie, d'âge, de sexe, d'individualité, etc., il se montre très-vite. Il ne peut donc être posé de règle générale absolue en matière pareille. Le raisonnement veut que les conseils relatifs à la durée du bain de mer, ne soient donnés qu'après avoir acquis une connaissance parfaite de tout ce qui se rattache à chaque cas particulier.

Dès nos premiers pas dans cette carrière, nous eûmes à observer les suites fâcheuses qu'entraîne la prolongation du bain de mer. La réaction insuffisante de la peau, et par suite la privation de cette force de résistance au froid extérieur, qui est le bienfait le plus précieux du bain de mer, sont les moindres inconvénients qui en résultent. Un bain froid trop long détruit notre chaleur naturelle, dit le père de la Médecine. Le défaut de réaction laisse subsister plus ou moins de temps la sensation du froid, qui n'est autre chose que la diminution du calibre des vaisseaux de la surface du corps et de la colonne sanguine qu'ils contiennent, et qui entraîne, tant qu'il dure, le refoulement du sang vers les parties intérieures, comme l'annoncent alors la rétraction des traits du visage, la couleur violacée des lèvres, les marbrures de la peau, l'amoindrissement du pouls, etc.

Dans un certain nombre de cas, l'abus dans la durée des bains de mer, entraîne de véritables accidents. Chez les bilieux, l'insomnie et la perte complète de l'appétit ; chez les jeunes sujets, des diarrhées indolentes ; chez les enfants et les grandes personnes de poitrine délicate, des bronchites ; chez les jeunes lymphatiques, des otites aiguës ; chez les adultes, des congestions céphaliques, des épistaxis et des douleurs rhumatismales ; chez les hypocondriaques, chez quelques femmes nerveuses, chez les individus sujets au raptus sanguin des yeux et chez ceux qui ont éprouvé dans le passé des phénomènes nerveux, par suite de lésions traumatiques de la tête, des céphalalgies pulsatives, des étourdissements et autres accidents cérébraux; chez les leucorrhéïques, des douleurs lombaires; chez les chlorotiques, des désordres spasmodiques, tels qu'étouffements, constriction gutturale hystériforme, suivent communément des bains prolongés. Parmi les exemples de bronchite causée par la durée irrationnelle des bains de mer, celui-ci mérite de servir d'enseignement : Une dame, à peine descendue de voiture, se baigna à la mer pendant dix minutes; le lendemain, elle répéta son bain deux fois pendant le même espace de temps, ne se réchauffa pas en sortant du dernier bain, et garda du frisson toute la journée. Le jour suivant, fièvre, douleurs contusives des membres et de la poitrine, céphalalgie occipitale, toux, nausées, langue blanche, insomnie. Les boissons diaphorétiques, les cataplasmes chauds, et les pédiluves sinapisés la soulagèrent; mais elle resta tourmentée pendant plusieurs jours par une toux sèche, rauque, avec chatouillement sous-sternal. Trois jours après, elle tenait encore le lit, et, quand elle put se lever, elle était changée, pâle, faible et toussait encore. Elle ne put sortir que le septième jour; le onzième, elle toussait de même, et le vent de la mer lui donnait de l'oppression. Avec un antécédent pareil, on dut lui interdire l'usage du bain de mer.

Nous ne pouvons qu'indiquer ici la foule des autres accidents, dont nous avons encore été le témoin, chez les individus de tout âge, de tout sexe, de toute constitution et de toute maladie, qui ont poussé la durée du bain de mer, soit jusqu'au frisson secondaire, soit au delà. Ces accidents ont été le plus souvent des irritations des organes digestifs et des modifications dans leur sensibilité ou dans leurs modes sécrétoires, bientôt suivies de la fièvre et de ses états symptomatiques ordinaires. Parmi les plus fréquents, nous signalerons les embarras et les irritations gastriques, les indigestions, les coliques avec nausées et diarrhée, la gastralgie et les douleurs hépatiques. Une jeune femme commença la saison par trois bains de huit minutes. Bien qu'elle se fût réchauffée chaque fois, elle eut néanmoins du frisson général et du refroidissement aux extrémités, dans la journée, ainsi que de la somnolence et un sentiment de courbature. Cet état aboutit, le troisième jour, à une irritation gastrique, avec mouvement pyrétique, laquelle nous obligea à renoncer, pendant plusieurs jours, aux bains de mer. Quand la malade y revint, deux ou trois minutes de séjour dans l'eau lui suffirent.

La durée abusive des bains de mer occasionne communément encore, surtout chez ceux qui s'y trouvent prédisposés par leurs antécédents ou la nature actuelle de leurs souffrances, des douleurs rhumatismales plus ou moins étendues, de caractère fibro-musculaire, articulaire ou névralgique. Un jeune homme assez débile, fut pris, après un premier bain de dix minutes, d'un rhumatisme musculaire de la base du thorax, en avant et sur les côtés, lequel s'accompagnait d'une grande dyspnée.

Le bain de mer d'une durée exagérée, en paralysant tout effort de réaction cutanée, et en maintenant le refoulement du sang dans les gros troncs des vaisseaux, peut amener quelquefois un état prolongé de *lapsus animi*. Une dame, petite, sèche et maigre, se baigna dix minutes pour la première fois, par une mer assez forte et une température atmosphérique assez basse. Elle se trouva bien dans la mer ; mais, revenue dans sa tente, elle n'eut pas de réaction, trembla et éprouva une demi-syncope. Après s'être rhabillée à grand' peine, elle resta tremblottante et bleuâtre du visage, avec les mains exsangues, et dans une attitude accroupie et immobile. Apportée sous nos yeux, l'ingestion d'une certaine quantité de vin chaud lui rendit bientôt la réaction cutanée qui lui faisait défaut. Le lendemain, un bain de deux minutes fut pris par cette personne, avec un sentiment de bien-être et de réaction complète.

Longtemps avant d'avoir observé tous ces accidents, nous ne permettions plus, même aux baigneurs placés dans les meilleures conditions physiologiques, de dépasser dans les bains les plus longs douze à quinze minutes, et nous nous faisions une loi de n'arriver à ce terme extrême qu'après une graduation ménagée, et après l'épreuve suffisamment répétée du *quantum* de résistance vitale propre aux individus. Il nous paraissait déjà préférable, comme il sera dit, de répéter un bain court deux fois dans la même journée, mais jamais plus.

Quant aux cas beaucoup plus rares, où la durée du bain a pu être portée à vingt ou trente minutes, ils appartiennent tous à des sujets jeunes, munis d'embonpoint, ou inclinant vers la polysarcie lymphatique, et caractérisés par une obtusité marquée de la sensibilité nerveuse. Quand nous trouvons ces formes physiologiques clairement dessinées chez des baigneurs, qui apportent aux bains de mer une entorse invétérée, un cas relatif aux scrofules et même un relâchement utérin exempt de toute irritation locale, nous ne craignons pas d'administrer les bains de mer avec cette *dose* exceptionnelle et d'en attendre des résultats avantageux.

La méthode des bains courts offre moins d'attraits aux baigneurs, mais n'a pas les inconvénients nombreux de la méthode opposée; elle est d'ailleurs la seule rationnelle et la seule prudente, devant l'expérience et le raisonnement; enfin, elle est la seule qui puisse faire du bain de mer un agent hygiénique et thérapeutique d'une efficacité incontestée. Floyer, qui a donné d'excellents préceptes sur l'art d'administrer les bains froids, limitait souvent leur durée à deux ou trois minutes, et se contentait de les répéter deux ou trois fois par semaine [1]. Après lui, sir A. Clarke recommande dans tous les cas la brièveté et l'instantanéité du bain froid [2].

Diverses circonstances peuvent servir à régler et à modifier la durée du bain de mer. En général, il est convenable de l'augmenter, à mesure que le corps contracte l'habitude de son impression, et à mesure que les effets physiologiques qui suivent cette impression, s'atténuent. Les hommes, eu égard à la pratique du *nager*, à laquelle ils se livrent le plus souvent, eu égard à leur obtusité nerveuse, doivent séjourner à la mer plus longtemps que les femmes. De toute nécessité, le temps du bain doit être restreint plus que de coutume, pour tous les sujets, si la saison se fait dans le mois de septembre, si les vagues sont très-fortes, ou si la température atmosphérique s'est considérablement refroidie. Cette dernière condition de l'air extérieur, en survenant brusquement et en amenant un abaissement de deux ou trois degrés d'un jour à l'autre, donne à tels de ceux

---

[1] Loc. cit. An Inquiry into, etc.
[2] Loc. cit. An Essay on the warm, etc.

qui se baignent sans défiance et qui suivent la mesure du temps accordée au bain de la veille, de petites fluxions catarrhales localisées suivant la prédisposition de chacun. Dans une intempérie subite de l'atmosphère, la question n'est point de suspendre les bains de mer, pour la plupart des individus, mais de les raccourcir convenablement. Rendons ce précepte plus sensible par un exemple : un sujet qui tousse actuellement, à qui l'on a pu concéder, les jours précédents, un bain de quatre à cinq minutes, ne peut arguer impunément de cette liberté à lui laissée, si l'air a perdu tout à coup quatre degrés de chaleur ; la prudence, le bon sens, nous avons failli dire, veut qu'il restreigne proportionnellement la durée de ses bains, autant que durera l'état météorique de l'air.

§ 6. Hygiène à suivre pendant les bains de mer.

En général, il est pernicieux, pendant les premiers jours de l'arrivée, de passer la journée sur le bord de la mer, et de s'exposer longuement aux vents occidentaux et septentrionaux. Chez les arrivants, l'organisme qui est modifié d'une manière spéciale par l'atmosphère relativement calme et chaude de Paris ou des départements du centre de la France, a besoin d'un certain nombre de jours d'acclimatement, pour échapper à ces influences nouvelles. Les individus susceptibles, les jeunes sujets surtout, paient sûrement l'imprudence que nous leur signalons ici, et contractent des coryzas, des angines, des amygdalites, etc.

Par tous les temps, les baigneurs de Dieppe viennent dans la soirée s'asseoir en face et sur le bord de la mer, pendant plusieurs heures ; et pourtant sur les côtes de l'Océan, dans la plus belle saison, il s'élève, à la fin du jour, comme on sait, une brise refroidie, qui est d'autant plus nuisible, que les spectateurs commettent trop souvent la faute de se vêtir à la légère. Les baigneurs se montrent non moins avides d'aller sur la jetée, contempler dans l'immobilité le spectacle et l'horizon de la mer, et jouir des émotions causées par les bâtiments qui entrent dans le chenal, par les grosses mers et les grands vents. Le corps qui a pris les bains de mer, a bien véritablement acquis plus de résistance aux effets des changements de l'atmosphère; mais c'est à la condition que l'exercice le secondera dans cette lutte, sans quoi cette résistance sera vaincue le plus souvent. Rien n'est commun comme de voir des névralgies, des douleurs fibro-musculaires, des phlogoses catarrhales, faire expier aux baigneurs le plaisir de prendre le *frais* ou de stationner au vent de la jetée. Dans certains cas, prémunir sa peau, en adoptant la flanelle ; dans d'autres, se contenter de porter des vêtements plus chauds vers le soir ; à cette heure, ne s'exposer au vent de la mer qu'en faisant de l'exercice : tels sont, dans les circonstances nouvelles où se trouvent placés les individus qui viennent prendre les bains de mer, les deux préceptes d'hygiène indispensables.

Les jeunes personnes faibles, peu réagissantes, voisines de la puberté, et les personnes qui ont facilement des angines, à plus forte raison celles qui montrent une certaine susceptibilité des organes thoraciques, accusée par la fréquence des rhumes et l'apparition de la toux sous les influences atmosphériques, ne doivent pas s'exposer, dans leurs promenades, au vent de la mer, lorsqu'il souffle avec force. Il est même prudent de leur interdire, en tout temps, la fréquentation des bords de la mer, à des heures trop matinales ou après le coucher du soleil, et de leur prescrire l'usage de la flanelle sur la peau pendant leur séjour aux bains de mer. Tous les ans, quelques uns des individus qui rentrent dans cette catégorie, nous offrent des exemples déplorables de l'ignorance ou de la violation de ces règles hygiéniques.

Dans tous les autres cas, nous recommandons l'air vif de la plage de Dieppe, le *bain d'air* secondé par l'exercice, comme un auxiliaire puissant du bain de mer.

Si on arrive au bain avec le corps en transpiration, comme c'est l'habitude pendant les jours les plus chauds de l'été, il faut, avant de se baigner, marcher à pas lents et rester quelques instants sur la plage, en contact avec l'air qui y règne. On s'expose aux maux de gorge, à la toux, aux douleurs musculaires, etc., quand on n'observe pas cette règle d'hygiène. Une dame qui se baigna dans cet état physiologique, fut prise d'étouffements d'abord, puis d'une oppression pénible, avec toux sèche et rauque et sentiment particulier de gêne sternale, et ne put être débarrassée que par une application de sangsues à la poitrine. Dans toute condition de la peau, la plus favorable qui se puisse supposer, et à plus juste raison dans la diaphorèse, on doit éviter de rester sur la plage en costume de bain. Quelques personnes ne doivent point non plus, dans les marées basses, aller chercher la mer au loin; ce qui ne peut se faire qu'en marchant sur le sable mouillé.

Les règles précédentes peuvent se résumer en cet axiome : il faut que le corps ne se trouve point dans un état de refroidissement, avant d'entrer dans la mer, parce qu'alors la soustraction nouvelle de calorique qu'il subira, sera lente à réparer, et que la réaction sera imparfaite et même nulle. Blâmons donc ici la prudence des baigneurs, laquelle tombe cette fois dans un excès nuisible, quand elle leur conseille d'attendre que l'air les ait privés de cette portion de chaleur, qu'il faudrait garder, au contraire, pour la dépenser dans le bain. Les progrès de l'âge placent naturellement l'organisme, sous le rapport des bains de mer, dans une condition jusqu'à un certain point analogue au refroidissement accidentel. Si, en général, les vieillards ne doivent pas se baigner, c'est parce qu'une soustraction de chaleur rapide et un peu considérable ne peut être réparée chez eux et les empêche de réagir et non pas parce que le *froid* augmente la rigidité de la fibre, comme on l'a dit souvent; car le défaut de réaction périphérique affaiblit plutôt les tissus contractiles, ou pour nous servir d'un terme mécanique, relâche la fibre à tous les âges.

D'après ces considérations, nous recommandons toujours aux baigneurs, d'élever à un certain degré la chaleur de la peau par l'exercice, dans le but d'ajouter à la somme de celle que l'eau doit leur soustraire. Le conseil motivé de l'exercice avant le bain froid, nous est venu pour la première fois des Anglais. Marcard dit : « Il faut opposer au bain froid « un certain jeu des organes et une certaine ac- « tivité de la circulation. » Le Dr Pfaff exprime fort bien aussi cette règle d'hygiène : « Il est très- « salutaire que les vaisseaux se trouvent dans une

« agitation modérée par de petites promenades,
« pour que la réaction puisse devenir plus forte, et
« il est nuisible d'entrer au bain froid avec la peau
« refroidie [1].

En France, les baigneurs, par une prudence au moins exagérée en ce qui regarde le plus grand nombre, vont à la mer avant le déjeuner. Voici, sur cette partie de l'hygiène des bains de mer, les règles que nous avons l'habitude de conseiller à ceux qui les pratiquent dans un but de santé : il est rigoureusement nécessaire de se baigner avant le déjeuner, dans le nombre des cas, où les digestions se font avec une lenteur extrême. Les individus faibles et la grande partie des enfants, au contraire, doivent manger avant le bain, et attendre de deux à quatre heures, avant d'y aller. Ceux qui ne rentrent pas dans ces catégories peuvent suivre leur goût et leurs habitudes, en se baignant à jeun ou après le déjeuner. C'est ici le lieu de répondre aux baigneurs, qui opposent si souvent aux précautions qu'on leur prescrit à ce sujet, l'exemple des guides, qui entrent dans l'eau indistinctement, après ou avant les repas. L'exemple est mal choisi : qui ne sait que l'habitude et la somme de résistance vitale ont rendu nulle, chez ces hommes, l'action perturbatrice qu'exercent les bains de mer sur tous ceux qui ont l'estomac chargé d'aliments ?

D'après les habitudes de l'Allemagne, presque tous les médecins de ce pays conseillent le déjeuner avant d'aller au bain. Le Dr Vogel est le seul qui ait signalé quelques-uns des cas, où le bain doit être pris à jeun, et son expérience judicieuse le porte même à recom-

[1] Loc. cit. Das Kieler Seebad, etc.

mander à certains baigneurs, de n'aller à la mer que dans l'après-midi.

Quelques baigneurs, à leur grand dommage, dépensent chaque jour en exercices violents, l'énergie musculaire qu'ils acquièrent par le bain, et quelques autres se trompent à ce point, qu'ils rentrent chez eux en sortant de l'eau et se couchent dans un lit chauffé. Quelle est la règle entre ces partis extrêmes?

Tous les psychrologistes recommandent la promenade après le bain froid; marcher en sortant de la mer, autant que les forces le permettent, est aussi l'unique moyen de faire profiter l'organisme de la plénitude des effets qu'on attend. L'exercice d'ailleurs, est plus nécessaire aux bains de mer qu'ailleurs; car on y a besoin de réagir par lui contre le froid de l'eau et de dépenser le surcroit d'activité qu'on en reçoit. L'exercice actif et communiqué doivent surtout former la règle hygiénique des scrofuleux et des chlorotiques, qui prennent les bains de mer.

Les promenades à cheval sont au nombre des meilleurs exercices, surtout pour les femmes affaiblies et nerveuses. La gymnastique, qui comprend la natation, est un excellent auxiliaire qui est surtout applicable aux enfants lymphatiques, aux enfants nerveux que distingue cette activité remuante, qui n'est autre chose qu'une des formes de l'excitation morbide, ou qui sont affectés de mouvements choréiques, et aux jeunes personnes qui ont contracté de mauvaises attitudes ou les différents degrés de la scoliose.

Quelques circonstances particulières doivent faire circonscrire l'exercice dans de certaines limites. Ainsi, les individus qui viennent aux bains durant le cours ou à la fin d'un traitement orthopédique, garderont le repos sur un lit approprié pendant des heures fixes, se livreront à la gymnastique d'une manière discrète et ne feront qu'un exercice restreint. Les femmes affectées de métrorrhagie, de lésion utérine d'une certaine intensité, et les femmes très-affaiblies sous le rapport de l'innervation, etc., réduiront aussi leurs mouvements au plus absolu nécessaire.

La vie alimentaire est à Dieppe munie de ressources qu'on retrouverait difficilement ailleurs, et les personnes qui se rendent à ses bains sont, en général, au nombre de celles à qui ces ressources sont surtout nécessaires. L'alimentation du baigneur doit être *corsée*, tonique et composée de substances animalisées et de vins généreux.

Il est une violation des règles hygiéniques en matière alimentaire, qui est très-fréquente parmi les baigneurs ; elle consiste à satisfaire complétement la somme d'appétit née sous l'influence des bains de mer : de là des cas nombreux d'indigestion. Les bains de mer réunis à l'air des côtes, augmentent l'appétit sans doute, mais n'activent pas dans la même proportion la force digestive. Si celle-ci est dépassée par la masse d'aliments ingérés, il s'ensuit, dans la plupart des cas, des coliques, de la diarrhée, etc.

Se laver les cheveux avec l'eau simple, après chaque bain, est une pratique qui prévient les céphalalgies rhumatismales, les tics douloureux, les coryzas, etc., chez ceux qui s'y trouvent prédisposés.

§ 7. Nombre des bains de mer qui doivent composer une saison.

En général, les malades et les médecins eux-mêmes se trompent souvent, quand ils fixent la quotité d'une saison de bains de mer. Cette détermination absolue ne peut être établie à l'avance pour chaque individualité : 1° parce qu'une foule d'événements fortuits peuvent déranger ces calculs ; 2° parce que la tolérance de chaque baigneur ne peut être appréciée, qu'après expérience faite. Nous établirons donc la quantité des bains nécessaires à une saison, d'après les données beaucoup plus générales, qui nous ont été fournies par le rapprochement et la distinction des faits particuliers.

Une saison passée à Dieppe suppose qu'on a pris de vingt à vingt-cinq bains de mer ; elle en suppose de vingt-cinq à trente, si l'on a permis de les doubler quelquefois.

Dans quelque cas que ce soit, c'est le plus rare qu'on prenne moins de vingt bains ; ce qui exige à peu près un séjour de vingt-cinq jours à quatre semaines.

La crainte de réveiller quelques symptômes pectoraux habituels aux baigneurs, et certaines circonstances, parmi lesquelles s'observe souvent l'intensité des effets consécutifs du bain chez les femmes faibles et les enfants excitables, peuvent obliger à prescrire le repos de temps en temps, tous les six jours, par exemple, et même à ne laisser baigner que deux jours sur trois. Les bains qui correspondent à une saison ainsi modifiée, ne vont guère au delà de quinze

Si ce nombre est reconnu insuffisant, une seconde saison peut être entreprise avec plus de circonspection encore, s'il est possible.

La saison doit être souvent doublée ; il est alors rationnel de mettre quelques jours d'intervalle entre chaque saison. Deux saisons équivalent à quarante ou cinquante bains, selon qu'ils seront ou ne seront pas doublés dans la même journée.

Sur les côtes de la mer d'Allemagne, l'incertitude du temps exige un séjour de six semaines pour une saison entière, et souvent même un séjour plus long pour prendre trente à cinquante bains : les mêmes raisons empêchent qu'on y double le bain de mer dans la même journée.

Une saison simple, pour les enfants faibles et quelques filles impubères, est de quinze à vingt bains ; double, elle est de vingt-cinq à trente. Elle est, pour les enfants lymphatiques, les scrofuleux et les rachitiques, de vingt à vingt-cinq. En général, les maladies scrofuleuses peuvent continuer de s'améliorer sous l'influence d'un nombre de bains, qui dépasse de beaucoup les proportions ordinaires. Voici, dans ces cas, comment on doit se conduire : chez les scrofuleux en bas âge, après vingt ou vingt-cinq bains, on prescrit un repos de deux ou trois jours ; puis on recommence une nouvelle série de bains, suivie aussi de jours de repos. Les scrofuleux sont, de tous les individus, ceux qui prennent les bains de mer en plus grand nombre. De jeunes enfants peuvent ainsi faire jusqu'à trois saisons, avec de progressifs avantages ; ce qui équivaut à soixante, soixante-dix ou soixante-quinze bains.

Nous avons observé, rarement chez les rachitiques, plus souvent chez les jeunes gens affaiblis par les travaux de cabinet, chez les jeunes filles impubères, chez les enfants d'estomac très-irritable et dans les dispositions rhumatismales, une série de phénomènes qui indiquaient que la tolérance des sujets était épuisée, après un nombre de bains qui variait de quinze à quarante. La céphalalgie ou la douleur épicrânienne, l'excitabilité morale et une fatigue générale avec paresse musculaire, la figure triste et altérée, les yeux injectés, les simples nausées, des vomissements, une sorte de mal de mer, ont été ordinairement les caractères symptomatiques de cette espèce de saturation. On trouve quelquefois la cause de cet état dans les circonstances propres à l'administration des bains, quand ils ont été donnés trop rapprochés, trop suivis ou sans aucun repos. Certaines idiosyncrasies accusent très-promptement ces signes d'intolérance; nous les avons vues poindre dès le douzième bain, ou, en d'autres termes, avant la fin de la première saison, chez des baigneurs que toutes les apparences nous avaient fait juger éminemment doués de la force de résistance exigée par les bains de mer.

Nous avons déjà laissé entrevoir qu'il était praticable, dans certains cas, de prendre des doubles bains dans le même jour. On les permet avec avantage aux enfants scrofuleux, aux femmes fortes affectées de simples déplacements, sans irritation utéro-vaginale, à un certain nombre de paraplégiques, et même aux individus vigoureux affectés de douleurs nerveuses, avec caractère rhumatoïde, quand ces douleurs, ayant été déplacées, réclament une sédation énergique et ont bénéficié déjà avec évidence, des bons effets du bain isolé.

Est-il besoin de défendre les triples bains dans la

même journée, encore qu'un petit nombre d'individus, de sensibilité obtuse, parmi lesquels nous comptons un paraplégique, aient pu, pendant quelques jours, se livrer sous nos yeux à cet acte de folie avec une certaine impunité?

Le principe des doubles bains étant accordé, il reste à déterminer les conditions qui doivent présider à leur administration : 1° Le bain du soir doit être éloigné le plus possible de celui du matin ; des faits viennent chaque jour nous dicter cette précaution. Les effets consécutifs du premier bain se prolongent souvent plusieurs heures dans la journée; si le second bain intervient avec sa modalité propre, au milieu de ces conditions nouvelles, il en résulte des troubles de différente nature : c'est ce que nous appelons les *effets croisés* du double bain. 2° Les bains ne doivent pas être doublés tous les jours ; il faut faire alterner les bains doubles et les bains simples. Il n'est pas rare de voir revenir la gastralgie et les différentes névralgies, après des bains doubles pris trois à quatre jours de suite. 3° Il ne faut commencer les doubles bains qu'après un certain nombre de bains simples. Une jeune femme, ayant violé la plupart de ces règles, en se baignant le même jour à neuf heures du matin et à midi, et cela le lendemain de son arrivée, perdit connaissance dans l'eau, et eut en sortant une attaque de nerfs, accompagnée de spasmes violents de la respiration. 4° Les bains doubles ne doivent jamais être administrés aux hypocondriaques sanguins, à ceux qui toussent, aux chlorotiques, chez lesquelles la peau est si anémique, et aux jeunes personnes nouvellement pubères, sujettes, dès leur enfance, aux angines et aux otites. 5° Pour tous les baigneurs, le bain ne doit pas se répéter dans la même journée, quand l'arrière-saison est arrivée, soit à cause de l'impression plus vive de froid qui l'accompagne, soit à cause de la force des vagues, inséparables des hautes mers qui ont lieu à cette époque : deux circonstances qui élèvent le mode d'action des bains de mer, à un degré d'intensité qui ne peut être que préjudiciable.

§ 8. Suspension temporaire ou définitive des bains de mer.

Certaines conditions tenant à l'âge, à la constitution, à la maladie et à des événements contingents survenus chez les baigneurs, obligent parfois à suspendre les bains de mer momentanément ou d'une manière absolue.

Dans les saisons avancées, où l'air vif de la mer aggrave les bronchites les plus simples, il nous a toujours paru plus prudent de ne pas faire commencer les bains, ou de les faire suspendre entièrement aux individus qui toussaient avec opiniâtreté, ou qui montraient une grande facilité aux angines staphylo-gutturales. Nous agissons de même chez les individus rhumatisés qui atteignent, pendant le cours de leur saison, les derniers jours de septembre, époque marquée par le refroidissement et les variations de l'atmosphère.

On doit cesser absolument l'usage des bains de mer, quand ceux-ci, quoique suffisamment bien pris, ont sur-excité certains états d'éréthisme nerveux de l'estomac, accompagné de chaleur gastro-œsophagienne. On doit également se tenir prêt à les suspendre définitivement, chez les enfants prédisposés aux affections cérébrales, surtout quand ils éprouvent un état d'irascibilité, qu'il serait dangereux de prolonger, et chez certains individus affectés de douleurs rhumatoïdes, avec caractère de crise ou d'accès.

On ne peut fixer d'avance la durée du repos temporaire qu'on est dans le cas d'imposer aux baigneurs ; il est le plus souvent d'un ou deux jours, et peut aller jusqu'à une semaine et plus.

On suspend les bains de mer pour un temps, quand, chez les enfants peu forts, il s'est montré des vomissements et une petite diarrhée fortuite ou dépendante de l'usage de mauvais *ingesta* ; quand, chez les enfants nerveux, il s'est déclaré une éruption aiguë, de nature réactive ; quand, chez tous les jeunes enfants et les jeunes pubères, l'abus de la durée des bains a amené quelque état morbide, comme une bronchite, une otite aiguë, etc.

Les phénomènes d'excitation morale qui se montrent chez quelques enfants, peuvent encore exiger la suspension temporaire des bains de mer. Nous avons l'habitude de faire par avance reposer un jour tous les enfants très-irritables ou très-sanguins, du sixième au huitième bain, et même plus tôt, et de répéter ce repos une ou deux fois pendant la saison. Nous avons dû quelquefois ne permettre les bains que tous les deux jours à ces sujets.

La suspension momentanée des bains de mer est exigée chez les baigneurs d'un autre âge, si, par l'adoption d'une marche irrationnelle, par la durée excessive, par le doublement trop répété du bain, par l'exposition imprudente au vent de la mer, en un jour de tempête ou de refroidissement subit et considérable de l'atmosphère, etc., les premiers bains n'ont pas amené une réaction suffiante, ou si une souffrance habituelle, la gastralgie, par exemple, amoindrie ou disparue déjà, s'est remontrée ; si un rhume a été contracté ou si une toux facile à retour dans l'habitude de la vie, a reparu. Il en est de même, si, sous l'influence des effets physiologiques du bain, l'hypérénie cutanée, chez les baigneurs de tout âge, est accompagnée d'insomnie et d'un mouvement pyrétique, et s'il survient des douleurs diarrhéïques assez vives pour exiger une médication particulière.

On suspend encore les bains de mer quelques jours avant l'époque des règles, chez les femmes qui éprouvent un retard à chaque voyage qu'elles font aux bains de mer. On les suspend aussi, quand un retard, chez d'autres femmes, a donné lieu à quelques unes de ses conséquences symptomatiques, et qu'on a été obligé de pratiquer une saignée, et quand il s'est développé, chez les leucorrhéïques, des douleurs hypogastriques ou lombaires.

Une cause fréquente de repos temporaire aux bains de mer, surtout dans l'arrière-saison, c'est l'apparition subite d'un fort vent d'Ouest, accompagné de pluie. Le refroidissement de l'atmosphère et la force des vagues qui en sont la suite, obligent, dans ce cas, les enfants débiles, les chlorotiques affaiblies, les femmes dyspeptiques et les cachectiques, à suspendre un jour ou deux la pratique de la mer.

Si, après avoir été forcé par l'une des causes précédentes de suspendre les bains de mer, on juge convenable de les faire reprendre, on doit y apporter la discrétion convenable, en consultant l'état actuel de l'atmosphère et le laps de temps qui s'est écoulé depuis l'invasion de l'accident, surtout s'il s'agit d'une affection catarrhale de l'oreille, du nez, de la gorge, des bronches, etc. Règle générale : après les premiers jours passés, il est sans inconvénient de faire revenir les individus jeunes et forts aux bains de mer dans le cours d'une inflammation de la muqueuse gutturo-bronchique, lorsque cette inflammation est arrivée à cette période de déclin marquée par les sécrétions muqueuses (coction).

CHAPITRE IV

EFFETS PHYSIOLOGIQUES DES BAINS DE MER.

Ces effets physiologiques se divisent en ceux qui qui accompagnent le bain (effets immédiats ou primitifs) et en ceux qu'on observe après lui (effets médiats ou consécutifs).

§ 1. Effets physiologiques primitifs ou immédiats.

Nous ne décrirons point minutieusement tous les phénomènes physiologiques que l'organisme présente sous l'influence de l'impression première des bains de mer, parce qu'ils ont été étudiés partout où l'on a traité des effets immédiats des bains d'eau froide. Le plus important des phénomènes à considérer chez le baigneur, comme on sait, c'est le sentiment du froid, c'est le frisson qui se fait sentir en entrant, se dissipe bientôt et revient après un temps variable (frisson secondaire). Les individus nous ont offert sous ces rapports de telles différences, que nous avons cru intéressant de les classer ici en catégories, suivant la mesure de leur sensibilité à l'action immédiate du bain de mer et la mesure de résistance qu'ils opposent à son impression secondaire. L'intensité de l'impression première et instantanée, et l'intervalle de temps qui la sépare de la seconde, établissent entre les baigneurs une sorte d'échelle de tolérance individuelle, laquelle peut servir à déterminer quelquefois d'une manière préfixe, la durée qu'on doit donner au bain de mer et aussi l'efficacité qu'on peut en attendre.

1° Les uns n'éprouvent presque aucune impression en entrant dans la mer ; leur visage ne se décolore point et leurs traits restent calmes. Ils peuvent demeurer une demi-heure à une heure dans l'eau, surtout s'ils se livrent à la natation, sans ressentir le frisson secondaire. Cette classe se compose d'individus jeunes ou adultes, sains et vigoureux, caractérisés par l'embonpoint ou un développement marqué du système vasculaire périphérique, et des individus qui ont l'habitude des bains froids domestiques ou des bains de rivière. Beaucoup de jeunes personnes envoyées de Paris, se trouvent dans ce dernier cas ; il y a lieu d'être frappé de l'insensibilité qu'elles opposent au froid de la mer, aussi bien que de la promptitude des phénomènes réactifs, dont leur peau est le siége.

2° Les autres, au contraire, parmi lesquels se trouvent le plus grand nombre des baigneurs, ressentent une vive impression de froid, accompagné de saisissement général et de suffocation ou de constriction suffocante du thorax et de l'épigastre. Cette sensation oppressive (Shock des Anglais) varie beaucoup dans ses caractères et dans son siége ; des individus l'éprouvent à la poitrine, en haut ou en bas du sternum ; d'autres à l'abdomen, au milieu de l'épigastre ou dans un trajet qui semble appartenir aux attaches diaphragmatiques; quelques-uns, indépendamment de ces diverses formes de l'impression thoracique, ressentent encore le froid à quelque partie isolée, comme aux lombes, aux pieds, etc. Chez ces baigneurs, le visage pâlit, les traits se contractent et le refoulement sanguin de la périphérie au centre, occasionne des vertiges, des palpitations, un sentiment de chaleur interne de la poitrine ou une légère quinte de toux. Ces modifications organiques cessent plus ou moins promptement et sont suivies même d'un état de bien-être. Dans cette catégorie, le second frisson est très-sujet à varier dans le moment de son invasion; le temps qui le sépare du premier dure, depuis cinq jusqu'à dix minutes et même à un quart d'heure. Ceux que ce frisson secondaire atteint le plus tard, sont en général des adultes ou des jeunes gens bien portants; ceux qui l'éprouvent après quelques minutes, sont des individus affaiblis par une vie sédentaire, par des souffrances passées ou actuellement existantes, etc., ou des individus habitués de longue date à des bains domestiques très-chauds.

Dans ces deux premières catégories, l'impression de l'air extérieur est presque nulle en sortant du bain; la réaction se fait franchement, et son intensité est proportionnée à l'énergie des forces vitales. La plupart des baigneurs ont le visage calme et non trop coloré, et éprouvent un sentiment de chaleur générale à la périphérie du corps; leur tronc se montre rouge par places, et quelques adultes sanguins sont même couverts, en quittant la mer, d'une rougeur vive, vergetée, accompagnée de chaleur intense. Nous avons observé déjà plusieurs fois, chez de tels individus, un *raptus* sanguin vers la périphérie. Ce rapide et considérable déplacement du sang amena toujours un état de syncope complet (défaillance, perte de connaissance, puis après, pâleur, courbature, etc.).

Il est très-ordinaire de voir les baigneurs, qui étaient courbaturés par un exercice immodéré ou le relâchement de l'utérus, ou mal disposés, sous l'influence du froid de la plage et d'un sentiment de lassitude aux jambes, ou fatigués par l'excitation d'une nuit passée à jouer, à danser ou à souffrir de migraine ou d'odontalgie, accuser immédiatement en sortant de la mer, un surcroit d'appétit, un sentiment de bien-être et de restauration, et une énergie musculaire inaccoutumée, qui dure une partie de la journée. Ils se levaient accablés, la figure défaite, les yeux rouges, les paupières gonflées, etc.; la mer a changé leur disposition actuelle; le visage a perdu son expression d'abattement, et la vascularité capillaire y est revenue. Il semble à quelques-uns que la poitrine se dilate plus amplement; un adulte disait ressentir à l'intérieur, une sorte de fraicheur et de ventilation. Ceux qui ont habituellement la circulation très-active, éprouvent un peu de céphalalgie sus-frontale, des vertiges ou quelques bourdonnements d'oreilles; la céphalalgie des individus nerveux disparait en sortant, au contraire.

Les enfants qui ont subi quelque débilitation par une maladie récente, et qui ont conservé une grande vitesse de la circulation, et une grande variation dans cette vitesse, voient leurs pouls se ralentir. Un enfant de neuf ans arriva ainsi, dès le premier bain, de 140 pulsations à 100; au cinquième bain, le pouls était à 88, et ce taux se maintint définitivement, parce que chaque jour vint ajouter à la somme des forces acquises.

Après s'être habillés, ces individus éprouvent à la surface cutanée, et quelquefois sur une partie isolée, comme le thorax, l'un des côtés de la tête, le scrotum, un sentiment de chaleur agréable, brûlante ou même cuisante, tandis que la peau de toutes ces parties donne à l'observateur une sensation de fraîcheur. Ce phénomène de réaction (Glow des Anglais), quant à sa promptitude et à son intensité, est en raison directe de la moindre durée du bain, et aussi de certaines conditions individuelles. Ainsi, la réaction est prompte et énergique chez les sanguins; elle est rapide dans l'enfance, et plus lente chez les lymphatiques et les chlorotiques; elle est ordinairement longue à s'établir chez les nerveux de tout âge, les gastralgiques, par exemple, et quelquefois nulle chez les femmes éprouvées par des chagrins profonds. Il faut ajouter ici que la réaction s'apprend en quelque sorte; car il est habituel de la voir augmenter graduellement chez les individus, à mesure qu'ils avancent dans la saison.

Il est des baigneurs qui ont absolument besoin de marcher pour se réchauffer; d'autres conservent quelque temps l'une des mains, dans un état d'exsanguinité particulier, qu'on ne peut comparer qu'au premier degré de la congélation d'une partie du corps : il nous est arrivé dans ce cas de constater une différence notable dans le calibre de l'artère radiale de ce côté, comparé à celle du côté opposé. Parmi les enfants, ceux qui sont trop jeunes ou trop infirmes pour marcher, ne s'en réchauffent pas moins de suite; mais ils sont sujets à se refroidir après, et conservent souvent longtemps les extrémités froides. Nous rencontrons de temps en temps des enfants qui sortent toujours du bain le plus court, avec la mine un peu bleuâtre et un certain grelottement; la réaction se fait chez eux néanmoins ; on dit communément qu'ils n'ont qu'une espèce de frisson nerveux.

Enfin, chez tous, il y a telle cause passagère, qui peut entraver accidentellement la venue des phénomènes réactifs. Un enfant qu'on avait laissé jouer avec les pieds nus, sur le sable du rivage, avant d'entrer au bain, en sortit bleu et grelottant, contre son habitude de tous les jours. Une femme faible, assez réagissante d'ordinaire, étant restée fort longtemps dans son costume tout mouillé, eut, au lieu de réaction, les lèvres violacées et le doigt auriculaire de la main gauche exsangue.

Ces effets de réaction après le bain froid, avaient été connus par Hippocrate (*De priscâ Medicinâ*), et il les opposait fort judicieusement au refroidissement de la peau, qui succède aux bains chauds.

3° Quelques baigneurs sont saisis en entrant dans la mer, par un sentiment de froid très-vif qui leur arrache des cris, colore bientôt leur visage d'une teinte violacée et altère profondément leurs traits; tantôt ils perdent leur frisson, pour le voir revenir au bout de trois ou quatre minutes, tantôt ils restent dans l'immobilité, en proie au malaise et aux angoisses de ce frisson primitif, pendant tout le temps de leur séjour dans l'eau; d'où ils sortent en grelottant, en horripilant de tout le corps et en claquant des dents. Il n'est pas rare que ces baigneurs conservent encore une certaine corrugation de la peau, un sentiment de froid général et une teinte violacée des lèvres, après avoir ingéré du vin chaud et sucré, avoir été frottés à sec et même frictionnés avec un liquide spiritueux, avoir pris un pédiluve chaud, s'être vêtus chaudement, et avoir marché. Les individus éminemment nerveux, les gastralgiques, les métrorréiques, ceux qui sont au moment d'une croissance rapide, ceux qui touchent à la vieillesse, et ceux qui viennent à la mer, en sortant de faire une saison aux Eaux thermales, composent cette catégorie [1].

L'idée de se baigner à la mer ne cesse de causer une invincible répugnance à ces personnes, même avant d'avoir débuté. Disons à ce sujet, que c'est un moyen de tâter la susceptibilité individuelle, que d'étudier l'impression, que les arrivants reçoivent de la vue de la mer et du contact de l'air qui règne sur ses bords. Pourtant, il faut savoir distinguer chez eux, ce qui est instinct de la sensibilité ou simple pusillanimité. Un hypocondriaque vigoureux redoute le bain, parce qu'il en redoute les conséquences; car à ses yeux tout est danger en ce qui regarde sa santé; une fois sorti de la mer, il se rassure, quand il se retrouve sain et sauf après l'épreuve qu'il appréhendait. Un individu nerveux, au contraire, craint le bain à cause de la sensation du froid qu'il en attend; le lendemain et les jours suivants, cette impressionnabilité reste à peu près la même, parce que les conditions physiologiques, d'où elle émane, ne se peuvent modifier qu'à la longue.

4° Les enfants très-jeunes pleurent, crient et se

---

[1] En Allemagne, la saison des bains de mer froids succède immédiatement à la saison des Sources minérales chaudes, sans que les médecins de ce pays paraissent remarquer les inconvénients de cette pratique : loin de là, ils envoient quelquefois leurs malades aux Bains thermaux, dans le but de les préparer à l'usage de

débattent violemment à leur début; mais ils finissent très-vite par s'habituer à la mer et même par s'en faire un jeu. Il y a lieu de s'étonner souvent, combien les enfants de la nature la plus chétive, arrivent facilement à supporter la première impression des bains froids, et combien elle est suivie chez tous d'une suffisante réaction. Pourtant, il en est quelques-uns, qui ne se soumettent jamais de bonne grâce, et même avec lesquels il faut user chaque jour de quelque contrainte. Il est ordinaire, sans doute, que l'habitude, aidée de la volonté ferme et constante des parents, parvienne à surmonter ce degré de résistance; mais il ne faut pas se dissimuler, qu'il est des enfants qui opposent des difficultés à chaque tentative qu'on fait, pour les mener à la mer, et qui font naître cette question dans l'esprit du médecin : *Y a-t-il urgence de faire cesser les bains de mer à de tels sujets?* Il s'est offert à nous quelques exemples rares, qui ne s'élèvent pas à plus de trois ou quatre dans le cours d'une observation de dix années, à l'occasion desquels une sorte de violence répétée à chaque bain, nous a semblé pouvoir amener de graves inconvénients et dans lesquels la prudence nous a fait opiner pour la suspension absolue des bains, malgré l'utilité que ces moyens promettaient à l'état de la santé des enfants. Les cas sont donc rares, où de bonnes raisons portent à conseiller l'abandon des bains de mer : néanmoins, nous avons tous les ans maintes occasions de blâmer la tendresse des mères qui, en s'alarmant de la moindre résistance de leurs enfants et en fléchissant dès le début, les privent du bénéfice souvent précieux d'une saison.

5° Enfin, un petit nombre d'individus, en vertu

d'une idiosyncrasie particulière, ne peuvent supporter les bains de mer. Les bilieux spécialement s'en trouvent mal quelquefois ; il semble qu'il y ait dans leur peau trop peu de cette vitalité propre à réagir contre les divers modes d'action de l'eau salée. Une dame bien constituée et assez bien portante fut, pendant trois jours de suite, retirée du bain dans un état complet de syncope ; elle fut en proie, les jours suivants, à une agitation nerveuse caractérisée par des douleurs générales, par des crampes aux poignets et par de l'insomnie, et accompagnée d'un gonflement particulier des veines sous-cutanées des extrémités.

Dans toutes les catégories précédentes, le bain, à température égale, paraît plus froid et son impression instantanée est plus vive dans les temps, où la mer est calme, que dans ceux où elle est agitée par des vagues. Ainsi, une mer très-forte, encore qu'elle se rencontre avec le refroidissement de l'atmosphère, fait paraître le bain très-bon : ce qui tient à la fois à la percussion du flot et à ce que l'atmosphère a pu se refroidir, sans que la température de la mer se soit mise en équilibre avec la sienne.

Chez tous les baigneurs aussi, le développement exagéré des phénomènes impressifs du bain, peut tenir quelquefois à un état présent de la santé, qui pourra cesser le jour suivant et ne plus entraîner qu'une partie de ces phénomènes.

L'habitude du bain fait le plus souvent, que ces phénomènes de l'impression première ne se montrent plus ou s'amoindrissent dans une notable proportion. C'est surtout chez les chlorotiques, qu'on voit combien l'habitude modifie promptement la répugnance, que les baigneurs apportent en arrivant.

Enfin la natation a pour effet d'abréger la durée du frisson primitif, et de retarder l'invasion du frisson secondaire.

De ce qui précède, il résulte que le bain de mer, étudié sous le rapport de l'impression qu'il fait éprouver au corps, comme moyen réfrigérant, offre, selon les cas, une foule de conditions dont il est nécessaire de tenir compte dans l'application de cet agent hygiénique et thérapeutique.

§ 2. **Effets physiologiques médiats ou consécutifs.**

Ces phénomènes, qui sont très-variés quant à leur nature et à leur intensité, se font sentir plus ou moins de temps après le bain de mer, quelquefois même assez tard dans le courant de la journée. Ils touchent aux effets physiologiques précédents, car ils n'en sont que la conséquence, et aux effets hygiéniques et thérapeutiques, dont ils sont, pour ainsi dire, les prodrômes.

1° Le plus grand nombre des baigneurs éprouvent, après les premiers bains, un certain degré de lassitude générale, d'accablement du corps et de la pensée, de paresse à marcher ou d'engourdissement et de somnolence au milieu du jour, surtout après le repas; pendant la nuit, leur sommeil est plus profond, plus lourd que de coutume. Malgré cette fatigue, on voit le plus souvent, après quelques jours, leur teint se vasculariser et les phénomènes de collapsus nerveux disparaître et faire place à des phénomènes contraires de l'état physique et moral.

2° Cette lassitude est portée, chez d'autres, à un plus haut degré, à tel point parfois, que leur instinct les porterait volontiers à renoncer aux bains, si on ne les encourageait à continuer. Elle s'accompagne d'une sensation de brisement des membres, qui les oblige à se coucher, d'étouffements qui se renouvellent de temps en temps, d'un sentiment d'oppression sternale, durant une partie de la journée, de battements ou élancements et même d'une sensation contusive à la région précordiale, chez ceux qui en souffrent habituellement; les traits du visage expriment la fatigue, les yeux se cernent et les paupières s'injectent légèrement; une céphalée circonscrite, ou des étourdissements nerveux, ou certains phénomènes d'un mouvement ascensionnel du sang vers la tête, se développent; et, dans ce dernier cas, si les baigneurs lisent ou écrivent, ils voient voltiger des étincelles devant eux. Dans l'odontalgie actuellement existante, il n'est pas rare qu'il se joigne un *molimen* fluxionnaire des gencives et des ganglions sous-maxillaires correspondants. Les otalgies habituelles s'exaspèrent. La sensibilité des ganglions mammaires se réveille, ainsi que celle de l'utérus. L'appétit augmente le plus souvent; un certain degré de constipation succède à l'état présent des selles, qu'elles soient régulières ou trop relâchées, et il s'établit fort souvent un *molimen* hémorroïdal, chez ceux qui y sont sujets. Le sommeil de la nuit est agité et entrecoupé de réveils, de crampes, de rêves érotiques ou d'une irritation de la vessie qui peut aller jusqu'à la sychnurie et à la douleur du col vésical, à la fin de l'excrétion. Enfin, il survient à la surface du corps des démangeaisons, des chaleurs erratiques et diversement localisées et des sueurs partielles ou générales.

Pour revenir un instant sur la congestion sanguine de la tête, qui est peut-être le plus fréquent de tous les phénomènes consécutifs du bain de mer, disons que la différence est grande entre les enfants et les adultes, sous le double rapport de la facilité à se congestionner et de l'innocuité de cet accident, quand il existe. Les enfants rougissent, il est vrai, mais sans chaleur, ni douleur, ni étincelles devant les yeux ; les adultes, au contraire, n'éprouvent pas la congestion à un certain degré, sans en ressentir toutes les conséquences, lesquelles se montrent très-variées chez eux. Les phénomènes de congestion s'accusent indistinctement, chez les adultes, par la rougeur faciale sans étourdissements ou les vertiges sans la rougeur du visage ; accidents, qu'en raison de leur intensité et de leur persistance, on peut être conduit rationnellement à combattre par une saignée générale.

Les effets physiologiques médiats, même quand ils sont portés à leur *summum* d'action, peuvent cesser graduellement d'eux-mêmes, à mesure qu'on avance dans la saison, ou bien ne s'affaiblissent, qu'autant qu'on s'est décidé à restreindre à leurs dernières limites les diverses conditions des bains. Chez quelques rares baigneurs, ils persistent, jusqu'à un certain point, pendant toute la durée de la saison : ainsi nous avons rencontré de ces personnes, qui ne parvenaient jamais à se débarrasser entièrement d'une certaine fatigue musculaire, d'un sommeil agité, d'un degré d'anorexie, etc.

Les phénomènes physiologiques précédents s'observent tous les jours, à la suite de bains de mer pris avec la durée la plus rationnelle et avec les conditions les plus favorables de la mer ; mais ils se montrent bien plus nombreux et bien plus prononcés, si la mer est agitée et surtout si le bain a été trop prolongé. Dans ces cas, il se joint presque sûrement à la congestion céphalique, surtout chez les personnes impressionnables, tantôt des maux de tête, tantôt des crampes ou de la pesanteur gastrique; d'autres fois, des douleurs vertébrales et utérines ou divers troubles nerveux. De jeunes personnes débiles ont eu, en sortant d'un bain trop long, par une mer forte, des vomissements avec douleur épigastrique et réaction fébrile prononcée. Une dame pâle, d'âge adulte, éprouva, après un premier bain pris par des vagues très-fortes, des soulèvements gastriques, des mouvements galvaniformes des membres et un allanguissement notable des fonctions digestives; après quelques jours de repos, elle reprit son bain dans d'autres conditions et n'éprouva aucun accident semblable.

Conjointement avec tous ces phénomènes, il en est deux autres qui se constatent chaque jour et dont nous n'avons pu trouver l'explication rationnelle. 1° Chez les baigneurs, les cheveux se montrent rudes et secs, ou ils se conservent mouillés toute la journée, comme s'ils absorbaient l'humidité de l'atmosphère. C'est à ce dernier état, qui nuit singulièrement du reste au traitement des personnes qui sont affectées de certaines céphalalgies, qu'il faut attribuer l'opinion qu'on trouve souvent répandue, que les bains de mer blanchissent les cheveux ou hâtent leur chute. Les écrivains allemands ne croient pas à cette action, et nous avons nous-mêmes mille raisons de la mettre en doute. 2° Quelques baigneurs éprouvent une onctuosité habituelle à la surface de la peau, qu'ils comparent à celle des poissons nouvellement tirés de l'eau; d'autres ont habituellement la peau sèche. Ces différences tiennent-elles à la mesure dans laquelle les bains de mer augmentent la perspiration cutanée chez les individus? Nous serions portés à le croire.

Ce tableau général des effets consécutifs propres aux bains de mer, ne serait pas complet, si nous passions sous silence une série d'autres phénomènes physiologiques qui se retrouvent aussi, mais moins constamment, chez les baigneurs, et qui sont, pour la plupart, des états pathologiques plus ou moins analogues à certaines maladies qui ont leur place dans les cadres de la nosologie.

Les enfants de tout âge, plus particulièrement les enfants nerveux, ressentent assez souvent une excitation morale qui s'annonce par l'irritabilité du caractère, la taquinerie, la turbulence, l'inégalité de l'humeur, etc. Quelques-uns, plus intelligents, ont conscience de cette modification nouvelle et ne peuvent la surmonter. Floyer disait déjà que les bains froids rendaient le caractère fougueux.

Un certain nombre de baigneurs, d'estomac peu énergique, les hypocondriaques surtout, soit par le fait seul de l'habitation des côtes, soit par l'usage des bains de mer, soit enfin par la satisfaction donnée trop copieusement à la fonctionnalité exagérée de leur estomac, éprouvent une sorte d'embarras gastrique qui se caractérise diversement, et dont voici les traits principaux : langue blanche, souvent très-enduite dans sa totalité, inappétence, sentiment d'une barre ou d'une gêne de l'épigastre après le repas, certain degré de sensibilité dans cette région, réjection des *ingesta* très-rare, frissonnements erratiques, moments de chaleur cutanée, courbature, constipation, sensations céphaliques, tristesse, nuits troublées. Un laxatif répété suivant le besoin et parfois un vomitif, sont les meilleurs moyens de combattre cet état morbide. Des bouillons et des *potus* délayants, des bains tièdes et des bains de mer pris avec discrétion, achèvent ordinairement la guérison. C'était pour prévenir un accident pareil, que Floyer faisait toujours précéder les bains froids par l'usage d'un moyen cathartique.

L'action des mêmes causes se montre d'autres fois sous la forme de dérangements intestinaux, et certaines années semblent les présenter beaucoup plus souvent que les embarras gastriques. On peut les attribuer avec quelque certitude à l'influence d'un air vif et froid, réunie aux modifications imprimées à la fonction perspiratoire, par le contact journellement répété d'un milieu liquide à basse température. Qui ne sait que dans cette circonstance, la diminution ou la suppression de la perspiration cutanée doit mettre en action cet antagonisme connu de la peau et de la surface intestinale, d'où résulte habituellement la sécrétion plus abondante des organes folliculaires. L'appétit excessif qui se manifeste chez ceux qui se baignent à la mer, ou qui, sans se baigner, séjournent sur ses bords, contribue encore plus efficacement peut-être à la fréquence des diarrhées. Les baigneurs cèdent presque toujours à ce désir excédant, et comme les fonctions digestives n'ont pas acquis dans une proportion relative, la faculté de digérer, l'ingestion croissante des matières alimentaires entraîne souvent ce genre d'accident.

Il n'est pas rare que le bain de mer amène, pendant un ou plusieurs jours, une douleur dans l'une des expansions nerveuses de la face, ou une douleur articulaire chez les individus où aucun antécédent ne pouvait faire croire à l'existence du *rhumatisme*. Des personnes qui avaient commis la faute de venir aux bains de mer, en quittant les Eaux thermales, nous ont offert plusieurs fois l'exemple de ces douleurs locales.

La stimulation de la surface cutanée ou mieux les phénomènes de réaction, dont la peau est le siége, à la suite des bains de mer, donne lieu souvent à un certain degré de phlogose des exutoires et au tarissement de leur suppuration.

La même action entraîne, tantôt des démangeaisons sans éruption de la surface cutanée et tantôt des éruptions anomales de plusieurs espèces. Ces éruptions apparaissent ordinairement après chaque bain, cessent dans le cours de la journée et persistent avec cette marche, pendant quelques jours seulement ou jusqu'à une époque plus ou moins avancée de la saison. Elles finissent quelquefois par se concentrer sur une partie isolée du corps, sous une forme qui souvent n'est plus celle de l'éruption primitive; d'autres fois elles sont continues sous le rapport de leur marche et de leurs caractères, durent de deux à cinq jours et finissent par une véritable desquammation.

Ces modifications physiologiques propres à la peau, simulent parfois assez bien les exanthèmes naturels. Elles sont non rarement accompagnées de malaise et de frisson dans la journée, d'une agitation générale et d'insomnie pendant la nuit, puis de céphalalgie, de sueurs, de démangeaisons, de picotements incommodes, de cuissons, de chaleur cutanée, avec mouvement fébrile et vomissement. Elles parcourent ordinairement leurs périodes, pendant les cinq ou six premiers jours de bain de mer, affectent de préférence les enfants lymphatiques, à peau blanche et à cheveux blonds, les jeunes gens, les adultes forts et sanguins et tous les individus qui ont les veines superficielles dilatées, s'observent assez peu chez les femmes, et se développent de préférence autour du cou, sur les membres supérieurs, sur les parties antérieure, postérieure et latérales du tronc, sur l'un des hypocondres surtout, et plus rarement sur l'abdomen que sur le thorax, où elles donnent lieu à une sensation de bridement qui n'est qu'incommode.

Ces éruptions cutanées consistent, tantôt en plaques rouges rubéoliformes parsemées de quelques élévations vésiculeuses ou en de simples macules semblables à une piqûre de puce, tantôt en une rougeur scarlatineuse uniforme, dont la teinte rouge disparaît sous le doigt, décroît du centre à la circonférence ou se termine brusquement par des bords anguleux.

D'autres fois l'éruption du bain imite en quelque sorte le prurigo.

Un enfant eut derrière les lombes des vésicules blanches suppuratives, de la grosseur d'un grain de millet, dont la base était entourée d'une auréole rouge qui se réunissait avec celles des vésicules voisines. Des boutons miliaires, mais sans aucune trace de suppuration, ont existé une fois sur le front, sur le cou et le dos, une autre fois, sur la poitrine et l'abdomen, et dans ce dernier cas, ils ressemblaient à ces papulo-vésicules, que font naître sur la peau un emplâtre de poix ou le séjour prolongé d'un cataplasme émollient. Cette espèce d'éruption est particulièrement observée aux bains de mer d'Allemagne, où elle est connue sous le nom de « miliaire du bain. » (Badefriesel.)

Une éruption pustuleuse, avec des caractères variés, s'établit assez souvent sur la face dorsale des mains et des doigts chez les baigneurs, et y cause des démangeaisons assez vives, au moment de la dessication.

Des baigneurs ont eu, après un petit nombre de jours, de véritables pustules suppuratives, semblables aux grains les plus petits de la varicelle.

L'*urticaria* s'observe très-communément aux bains de mer ; elle est une des éruptions les plus promptes à venir et à disparaître. Un adulte eut, en sortant de son deuxième bain, une urticaire qui se prolongea une partie de la journée et ne reparut plus les jours suivants.

Un jeune homme, ayant subi un traitement syphilitique l'année précédente, vit son corps, après deux bains de mer, se couvrir instantanément de plaques d'urticaire cuivré et des aphthes couvrir son palais. Ces accidents disparurent très-vite.

Il survint, chez un baigneur, sur les parties latérales du visage et aux limites du cuir chevelu, une multitude de plaques herpétoïdes, furfuracées qui se desséchèrent et se desquammèrent, avant de cesser entièrement.

De véritables furoncles se développent fréquemment sur les grandes lèvres, chez les femmes. Une série de ces furoncles, disséminés sur la partie postérieure du tronc, sembla avoir un caractère de dépuration salutaire, chez une petite fille éminemment scrofuleuse.

On voit survenir quelques *favus* aux enfants atteints de scrofules.

Les baigneurs qui ont des éphélides au visage, les voient en général s'exagérer, sous le rapport du nombre et de la coloration. Chez quelques autres, une partie du visage, tantôt le front, tantôt les joues, se couvrent de taches rouillées, sortes d'éphélides qui ressemblent au masque des femmes enceintes. Ces taches sont-elles un effet de l'évaporation de la couche d'eau de mer, dont le visage est couvert? cela est probable. A quelle modification tient ce *pigmentum* de nouvelle formation? Nous ne saurions le dire. L'expérience prouve qu'elles disparaissent avec la plus grande facilité; mais après la saison seulement.

Les éruptions du bain s'associent souvent entre elles chez le même individu, soit qu'elles existent simultanément, soit qu'elles se développent l'une après l'autre, durant le cours de la saison. C'est ainsi que nous avons vu coïncider la pseudo-scarlatine et une éruption d'apparence eczémateuse, chacune affectant son siége et son caractère particuliers. Deux enfants eurent sur la joue et le bras gauche des vésicules, et sur le poignet et la jambe du même côté, ainsi que sur l'abdomen, des plaques d'*urticaria*, accompagnées d'un prurit très-vif. Une urticaire aussi bien caractérisée que l'urticaire spontanée, précéda d'un jour l'apparition de plaques roséoliques. Une petite fille de quatre ans nous montra successivement durant le cours d'une saison complète, un bouton d'apparence furonculaire et une foule de boutons varicelloïdes plats et remplis d'un pus roussâtre, sur le visage, le ventre et le dos; chez le frère de cette enfant, un liquide de même couleur remplissait des vésicules pemphigoïdes, siégeant en avant et en arrière du tronc, lesquelles furent remplacées trois jours après, par des *vibices* élevées, allongées dans le sens transversal du corps et répandues sur le front, les tempes et sur les limites du cuir chevelu.

Cette super-action de la peau, sous l'influence des bains de mer, accélère encore la marche des éruptions aiguës, qui sont familières aux baigneurs. Un jeune garçon avait de temps en temps sur différentes parties du tronc, des boutons discrets qui duraient trois ou quatre jours; en prenant des bains de mer, ils parcouraient leurs phases ordinaires en deux jours.

Parmi les baigneurs qui nous présentent chaque année de ces éruptions, ceux qui viennent du Nord de l'Europe sont très-nombreux; nous en avons rencontré plusieurs qui avaient pris déjà les bains de mer et qui en avaient éprouvé les mêmes effets. Dans ces cas, nous étions certain, dès les premiers jours, de voir apparaître un état de la peau, de caractère éruptif. La constitution et les habitudes des peuples de la zône septentrionale, les rendent très-aptes à recevoir de la mer, ces *apparitions* de la surface cutanée (Erscheinungen); et, en effet, d'après les médecins allemands, ces phénomènes physiologiques de la peau semblent se montrer beaucoup plus souvent dans leurs bains que dans les nôtres.

La mesure suivant laquelle on doit régler l'emploi des bains dans toutes ces éruptions, est établie d'après l'état des nuits ou celui du pouls. S'il y a insomnie, excès de démangeaison ou mouvement fébrile, on doit les suspendre et conseiller un ou deux bains d'eau simple, frais, d'un quart d'heure de durée, et quelques boissons délayantes; sinon, il est sans inconvénient de continuer la pratique de la mer. On voit alors arriver l'un de ces deux cas : ou l'éruption disparait à chaque bain, pour revenir quelques heures après avec un degré décroissant de jour en jour, ou elle s'éteint brusquement.

Ces modifications de l'enveloppe cutanée se sont continuées, dans quelques cas, bien au delà de l'usage des bains de mer. On a vu une série de furoncles s'établir, durer encore plusieurs mois après la saison et concourir à faire disparaître complétement, chez un baigneur, des spasmes gastriques habituels, et améliorer l'état de la vue, chez un jeune homme soupçonné d'une amaurose au début.

L'action physiologique médiate des bains de mer sur l'organisme, se traduit assez souvent en un accès pyrétique éphémère, avec céphalalgie, rougeur faciale, langue blanche, chaleur et moiteur cutanées, particulièrement chez les enfants, chez les jeunes filles nouvellement nubiles ou qui sont prêtes à le devenir, et chez les femmes à système vasculaire périphérique fleuri. Ces réactions fébriles sont une hypérémie générale, portée au delà de celle que les bains de mer tendent à produire, une excitation de l'organisme qui dépasse celle qu'on attend d'eux. Une course au soleil ou un bain trop long suffisent à décider cette fièvre légère, insignifiante d'ailleurs dans tous les cas, quoiqu'elle ait parfois effrayé certains parents, jusqu'à faire renoncer leurs enfants aux ressources des bains de mer.

C'est ici le lieu de constater un dernier fait remarquable et qui se renouvelle chaque année sous nos yeux; ce n'est pas sans quelque étonnement qu'on voit des personnes fortement constituées et actuellement bien portantes, qui, après avoir pris quelques bains en partie de plaisir, ressentent des effets consécutifs, tels que céphalalgie, nausées, irritation ou crampes de l'estomac, spasmes de l'utérus, retard inaccoutumé de l'époque menstruelle, mouvement fébrile, avec assez d'intensité, pour qu'elles soient forcées de se refuser absolument l'agrément qu'elles trouvent dans la pratique du bain de mer. Ne semblerait-il pas que ces effets exagérés des bains de mer devraient épargner de tels individus, quand le plus grand nombre des corps souffrants et débilités y échappent, ou du moins les présentent à un degré peu considérable?

En observant de pareils faits, il est naturel de chercher à s'en rendre compte. Les bains de mer, ces puissants modificateurs de l'organisme, deviennent salutaires, si la maladie a créé certaines convenances chez les individus auxquels on les applique, ou nuisibles, si cette espèce d'aptitude n'est pas offerte à leur action. Ces différences ne sont pas rares, ce nous semble, dans d'autres actions thérapeutiques. Si celles-ci étaient bien étudiées et bien connues, on arriverait peut-être à établir en thérapeutique, une loi, en vertu de laquelle les maladies engendreraient chez les individus une spécialité organique, qui rendrait tel agent avantageux ou au moins tolérable pour eux et contraire à ceux qui présenteraient les conditions normales de la santé. Hippocrate avertissait déjà que les remèdes ne peuvent que nuire à ceux dont la santé n'est pas altérée. Cette loi ne participe-t-elle pas en quelque manière de la nature de cette autre loi thérapeutique, qui se retrouve dans l'emploi des médicaments contro-stimulants?

Quoi qu'il en soit de cette explication, chacun a pu observer les mêmes faits dans les établissements thermaux, où rien n'est plus commun que de rencontrer des individus sains qui boivent les eaux minérales et s'y baignent, avec grand dommage pour leur santé, à côté des gens débilités par les progrès de la maladie, et qui, par cela même, supportent les pratiques spéciales des eaux auxquelles ils sont soumis, avec impunité et bénéfice.

DEUXIÈME PARTIE.

EFFETS HYGIÉNIQUES ET THÉRAPEUTIQUES DES BAINS DE MER.

Après avoir décrit les différents modes d'administration de l'eau de mer, les règles qui doivent présider à leur application et les modifications physiologiques les plus immédiates, que les bains de mer impriment à quelques parties ou à l'ensemble de l'organisme, nous envisagerons maintenant les bains de mer sous les rapports de l'hygiène et de la thérapeutique. Cette troisième division sera la partie vraiment pratique de ces *recherches*; elle contiendra, en premier lieu, quelques considérations sur l'influence de l'air marin (seabrize), dans les différents âges de la vie; en second lieu, l'histoire de tous les cas que nous avons observés pendant l'espace de dix années et dans lesquels les bains de mer ont manifesté, dans des proportions variées, leur efficacité prophylactique et curative.

CHAPITRE I

INFLUENCE DES BORDS DE LA MER DANS LES DIFFÉRENTS AGES DE LA VIE.

La mer crée une atmosphère spéciale autour d'elle, et cette atmosphère modifie puissamment la santé de ceux qui la respirent. Nous nous contenterons d'exprimer ces deux faits incontestés, sans aller à la recherche des causes qui les engendrent, ni des rapports qui les lient l'un à l'autre.

Il y aurait un long chapitre à faire, si on voulait étudier les influences salutaires, qu'exerce particulièrement sur les enfants, l'habitation des bords de la mer, pendant les trois mois de l'été. On reconnaîtrait en elles le tableau abrégé des effets connus des bains de mer à cet âge, sous le rapport moral et physique, et on serait amené à les considérer avec les médecins anglais et allemands, tels que Vogel, Sachse, Mürhy, Buchan, J. Clarke, comme un auxiliaire efficace des bains de mer ou un subrogat prééminent, dans les cas où ceux-ci ne sont pas pratiqués.

L'air vif et sans cesse renouvelé de la plage de Dieppe fait prospérer et fleurir les enfants lymphatiques, et les enfants pâles et débiles. Ces petits êtres, qui arrivent des cités populeuses et humides, où ils languissent, victimes trop souvent des vices de l'éducation publique et privée, subissent des changements aussi prompts que notables, dans les conditions extérieures de leur santé. Au bout de quelques jours déjà, on les voit acquérir un caractère de vie et de force qu'ils avaient perdu ou qu'ils n'avaient jamais eu ; toute leur surface cutanée devient comme florissante ; leur visage brunit et leurs yeux s'animent d'une manière inaccoutumée. On trouve la raison de ces modifications dans les propriétés physiques de l'atmosphère *saline* et dans les habitudes nouvelles que ces enfants viennent adopter : une vie à l'air libre, de fréquents exercices, l'absence des études, etc.

Les enfants scrofuleux qui arrivent apathiques et blafards, ont à peine passé quelques jours à respirer l'air vivifiant de la mer, qu'ils présentent un certain degré de coloration aux joues et de vivacité sur la physionomie : c'est pour eux surtout et non moins exactement peut-être pour les enfants rachitiques, qu'on peut établir en règle générale, que le traitement des bains commence, au moment où ils viennent habiter les bords de la mer. Plusieurs des enfants affectés de scrofules ou de rachitisme ont passé à Dieppe, avec des avantages incontestables, l'hiver et le printemps qui ont suivi les bains de mer ; car ils ont évité les récidives si fréquentes chez eux, quand ils retournent hiverner dans les grandes cités.

R. Russel, le premier peut-être des médecins qui ait bien apprécié les qualités physiques et médicales de l'air des côtes, faisait couper les cheveux de tous les enfants scrofuleux, même des plus faibles, qu'il traitait par l'usage interne et externe de l'eau de mer, les exposait à l'air froid de la mer avec le col découvert, « et les renvoyait, dit-il, avec les membres fortifiés et « la contenance assurée qui est propre à leur âge. »

Certains d'entre les enfants qui se trouvent en contact avec l'air de la mer, sont pris de petits engorgements cellulo-glandulaires du cou (oreillons), comme si l'activité imprimée à leur santé par le milieu où ils vivent maintenant, se traduisait chez eux en ces sortes de fluxions du système lymphatique.

Un assez grand nombre d'enfants d'un âge qui varie de deux à six ans, irritables, quoique assez et même très-fortememt constitués, nés de parents vigoureux, le plus souvent exempts de maladies ou tout au plus sujets de temps en temps à quelques éruptions aiguës et caractérisées par des yeux noirs, des cheveux blonds, des tissus un peu mous et par un système sanguin périphérique épanoui, éprouvent, sous la seule influence de l'air marin, de petites réactions fébriles éphémères (chaleur de la peau, chaleur et douleur de la tête, somnolence, abattement du visage, langue blanche, vomissements des aliments précédemment ingérés, un peu de tympanite et de constipation), qui commencent subitement, vers la fin de la journée, p'us ou moins de temps après le diner, persistent pendant toute la nuit et n'existent plus le lendemain matin; si on en retrouve des traces à cette heure, il est rare qu'elles ne disparaissent pas dans le reste de la journée et que les enfants ne puissent se lever et sortir. Ces effets pyrétiques de l'atmosphère maritime, qui sont susceptib'es de prendre un type périodique et de réclamer l'usage du sel de quinine, si les enfants ont éprouvé naguère des accès de fièvre intermittente, sont favorisés quelquefois par une journée chaude, à laquelle succède un abaissement notable et subit de la température extérieure et sont alors annoncés par quelques heures et même un jour entier de fatigue générale, de somnolence, de chaleur cutanée et d'inappétence. Dans la majorité des cas, ils se montrent indépendamment de toute irritation locale ; car nous n'appelons pas de ce nom l'état gastrique, de nature saburrale, qui les accompagne presque toujours. Quand, au contraire, cette localisation existe, comme point de départ du mouvement fébrile, celui-ci se prolonge, tant que sa cause persiste dans son *extremum* d'action. Une petite fille, qui présenta cette fièvre, nous parut en être débarrassée le lendemain matin; mais le soir même, elle en fut reprise et eut en même temps une certaine sensibilité du ventre et un peu de rougeur sur les bords et à la pointe de la langue. Le surlendemain, rien n'était changé; le quatrième jour, une application de quatre sangsues autour du nombril fut jugée nécessaire ; le cinquième, moins de sensibilité abdominale, langue plus humide, une selle un peu sanguinolente, apyrexie (commencement d'alimentation); le sixième jour seulement, début de la convalescence.

Des enfants de tout âge et de toute nature, sans rencontrer sur les bords de la mer ces modifications fonctionnelles qui élèvent parfois leur organisme jusqu'au mouvement pyrétique, éprouvent, à différentes régions du corps, des éruptions anomales variées, ou voient se transformer l'écoulement d'un vésicatoire, l'état habituel des selles, etc. La surface du vésicatoire s'anime et fournit une suppuration plus épaisse; les selles deviennent plus rares ou se solidifient jusqu'à la constipation. Deux sœurs subirent, pendant deux années, une sorte d'état scorbutique (gonflement légèrement douloureux, saignement et exsudation pultacée de l'insertion des gencives et certain degré de déchaussement des dents).

D'après ces faits, on comprend comment l'action stimulante de l'air des côtes, peut se montrer capable de favoriser l'explosion de certains états morbides, chez les enfants, et comment son *modus agendi* peut faire passer ces jeunes sujets de l'état de prédisposition à l'état de maladie. De tels cas ont été observés par nous, à l'occasion de la fièvre typhoïde, des phlegmasies intestinales, etc.

On réussit, autant que possible, à modérer tous les effets exagérés de l'air marin, par un régime alimentaire peu substantiel, par un exercice modéré et par quelques bains d'eau douce à basse température.

Les bords de la mer influent non moins puissamment sur quelques personnes d'un autre âge, et parmi elles, les femmes semblent presque aussi aptes que les enfants à recevoir cette influence.

Il se rencontre un assez grand nombre de femmes, dont la santé est détériorée et affaiblie, par cela seul qu'elles habitent constamment dans les grandes villes. L'atmosphère de la mer suffit souvent à rétablir promptement l'équilibre de leurs fonctions, et à contribuer à la restauration de leurs forces.

Des femmes pâles et éminemment nerveuses, qui vivaient sédentaires au fond de leur appartement, en proie à des étouffements et à une mélancolie sans fin, ont retrouvé sur les bords de la mer le bien-être physique et la sérénité d'esprit. On les voyait aimer à respirer l'air vif et rechercher avidement les lieux, où il régnait avec le plus d'intensité. Une dame vient tous les étés respirer l'air de la mer. Partout ailleurs, elle ressent des étouffements et des palpitations, qui lui font redouter une affection du cœur; sur les côtes, elle respire à l'aise, acquiert des forces et surtout reprend confiance en sa santé.

D'autres femmes, en proie à des céphalées nerveuses et à la névropathie ganglionnaire, provenant d'un état de *laxum* du système nerveux, sont, à des signes visibles, modifiées par la même influence.

Le bénéfice de cette influence se manifeste promptement aussi chez les leucorrhéiques très-débilitées, par la vascularisation du visage, par l'activité de l'estomac et le retour de l'action musculaire.

Chaque année amène sur les bords de la mer des femmes, qui sont sujettes aux bronchites dans la mauvaise saison, et qui accusent en même temps des signes de faiblesse générale plus ou moins marqués. La membrane muqueuse des voies aérifères, qui se trouve chez elles dans une condition morbide particulière, dans un état de relâchement, comme diraient les Anglais, reçoit l'impression de l'air salin comme un *stimulant* favorable. Une dame d'une constitution et d'une poitrine très-délicates, qui paie un tribut à chaque hiver par des affections catarrhales pyrétiques, lesquelles l'obligent à se confiner chez elle pendant plusieurs mois, vient passer tous les étés sur la plage de Dieppe. La muqueuse bronchique est tombée chez elle, à l'époque de son arrivée, dans cet état asthénique qui lui permet de respirer chaque jour l'air si vif des côtes de l'Océan, non-seulement avec immunité de tout effet nuisible, mais encore avec un bénéfice réel, qui ne s'est pas démenti une fois depuis six ans.

Les médecins anglais tirent un grand parti de l'atmosphère maritime dans plusieurs maladies ; ils la conseillent surtout aux personnes affectées de dyspepsie et des différents états morbides de la muqueuse bronchique, qui sont accompagnées d'expectoration et caractérisés par l'atonie (*toux muqueuse chronique* de Buchan et *pneumonie glaireuse* de quelques médecins allemands). Par opposition, ils éloignent de l'air marin, les affections bronchiques avec sécheresse et irritabilité des membranes malades.

Nous avons souvent l'occasion de vérifier l'exactitude et l'utilité de ces distinctions, parmi les individus que l'été appelle sur les côtes, avec l'habitude des affections catarrhales, comme on va le voir par les détails suivants.

Quelques femmes maigres, de poitrine délicate et irritable, qui ont été fortement éprouvées naguère par une *grippe* épidémique ou qui sont nées dans le midi de l'Europe, se trouvent un peu *irritées* par l'air de la mer, tout en se fortifiant sous le point de vue de la santé générale. Elles ressentent, dans les premiers jours de leur arrivée, un peu d'oppression, quelques douleurs pectorales, etc., surtout si elles ont commis la faute de se loger en face de la mer.

D'autres femmes, qui ont l'habitude de tousser et de souffrir de la poitrine, qui ont eu de petites hémoptysies, dont la susceptibilité sous ces deux rapports est encore entretenue par une cause héréditaire, sont éminemment sensibles à l'influence de l'air marin et surtout à la venue des vents d'ouest et à l'humidité qu'ils amènent dans l'état atmosphérique; et si elles n'ont pas le soin de se soustraire à ces circonstances météoriques par toutes les précautions d'usage, elles paieront sûrement un tribut aux bords de la mer, par un redoublement de toux et de douleur sternale, et même par une véritable bronchite aiguë avec fièvre. Il n'y a pas à hésiter sur le parti à prendre avec ces sujets, une fois qu'ils commencent à subir les influences du voisinage de la mer; il faut leur conseiller l'air plus calme et plus doux de l'intérieur des terres.

Les bords de la mer donnent lieu, chez quelques femmes douées d'une forte constitution et d'un tempérament sanguin prononcé, à des mouvements congestionnaires du sang vers les organes céphaliques et circulatoires, qui réclament quelquefois l'emploi de la saignée. De deux femmes qui se trouvèrent dans ces conditions, la première, douée d'embonpoint et pourtant très-nerveuse, eut, après deux semaines de séjour sur les bords de la mer, un *raptus* sanguin vers la tête, avec rougeur faciale, palpitations, étouffements par le fait de la marche et du décubitus horizontal, insomnie, anorexie; la seconde, plus âgée, grasse aussi, d'une constitution pléthoro-apoplectique marquée, fut incommodée fortement par des bleuettes et des étincelles devant un seul œil, des vertiges, etc.

L'installation sur les bords de la mer n'amène pas toujours, chez les femmes, des résultats aussi marqués. La plupart de celles qui n'apportent pas les prédispositions qui viennent d'être signalées, chez celles qui sont éminemment sanguines ou délicates de poitrine, n'éprouvent qu'un trouble passager dans un organe ou dans une fonction particulière, lequel est aussi variable dans sa nature, que la susceptibilité originelle ou acquise de chacun d'elles.

L'inertie de la peau des chlorotiques les rend accessibles au dernier point à l'impression de l'air qui règne sur les côtes. La modification imprimée à la surface cutanée par le voisinage de la mer, donne lieu assez souvent, en vertu de lois pathogéniques bien connues, à des coliques et à de la diarrhée chez quelques sujets. Quelques femmes perdent de leur sommeil pendant les premiers jours ; d'autres voient s'endolorir leurs dents. Il en est qui se mettent à souffrir d'une excitation particulière de la tête et des précœurs. Ici on observe des étourdissements, là de fréquents enrouements. Une dame, après dix jours d'habitation sur le bord de la mer, subit une sorte de mal de mer (nausées, inappétence, malaise général). Une autre eut une éruption, le quatrième jour de son arrivée.

Certaines constitutions, et cette fois dans l'un et l'autre sexe, semblent dévolues à ressentir constamment les modifications locales ou générales propres à à l'action de l'air marin. Une demoiselle d'âge mûr eut, la première année de son habitation à Dieppe, une névrose de l'organe de l'ouïe ; la seconde, une gastralgie, et la troisième, une sorte de mal de gorge, avec sécheresse buccale, fatigue à parler, gêne à dégluter, besoin incessant d'avaler sa salive, et pourtant, état normal de la muqueuse gutturale. Cet accident ne céda qu'à l'emploi des médicaments anti-spasmodiques.

Pendant les premiers jours, on voit changer aussi les apparences du visage, chez les jeunes gens et chez les adultes qui viennent d'arriver sur le littoral de la mer. Les effets toniques des côtes se font voir surtout, chez les gens de cabinet affaiblis par l'assuidité du travail, et chez ceux qui, pendant les chaleurs de l'été, viennent de quitter la capitale, où l'air est étouffant et immobile, où les habitants vivent dans une transpiration habituelle, et par suite éprouvent la langueur de l'appétit et ces moments d'accablement et d'affaissement si communs durant la canicule. A Dieppe, au contraire, ces personnes respirent un air constamment vif et éminemment mobile, et sont portées à marcher et à réparer l'exercice par une alimentation riche et copieuse.

La prédisposition aux rhumatismes vagues des muscles, si communs chez les hommes adultes, tient le plus souvent à une susceptibilité exagérée de la peau, en ce qui regarde les variations atmosphériques. L'air de la mer, en mettant cette enveloppe dans des conditions de résistance opposées à celles où elle se trouvait, est éminemment propre à prévenir le retour de ces souffrances. D'abord, on entend les rhumatisants qui arrivent, se plaindre de la température froide qui règne près de la mer ; et si, avant que leur corps ne soit habitué à cette impression, leur prudence ne veille pas soigneusement sur les moyens de s'en préserver, il est rare qu'ils ne portent pas la peine de leur imprévoyance, le plus ordinairement dans le sens de leur prédisposition habituelle. Ce fut le cas d'un adulte qui gagna d'abord un simple torticolis rhumatismal, lequel prit le caractère d'une angine avec impossibilité d'avaler, du moins sans des douleurs inouïes. La marche de cette maladie, l'absence presque complète de rougeur aux *fauces*, l'intégrité de la voix et l'apyrexie ne permirent pas de méconnaître chez lui un rhumatisme des muscles qui président à la déglutition. Si, au contraire, les rhumatisants de cette classe ont eu le soin de se défendre, en arrivant, contre l'agent qui leur est si puissamment hostile d'abord, il est commun de les voir s'y aguerrir au bout de quelques jours, au grand bénéfice de leur tendance rhumatismale. Désormais celle-ci se trouvera combattue pendant toute la durée de leur séjour auprès de la mer, et plus efficacement peut-être encore pendant l'hiver qui suivra.

Le caractère fixe des douleurs musculaires et arthritiques semble quelquefois changer entièrement ce *modus agendi* de l'air de la mer. Chez les hommes qui se montrent enclins à ces maladies, on voit l'une des articulations devenir douloureuse, se gonfler et rougir, comme on voit s'exaspérer les pleurodynies fixes, les névralgies épicrâniennes, etc.

Les vieillards ne sont pas exempts non plus de quelques-unes de ces modifications physiologiques, favorables ou perturbatrices, que l'air de la mer imprime à l'organisme. Il en est qui sont affaiblis profondément par une affection chronique grave et qui se raniment un instant sous cette influence; mais chez ceux qui sont affectés de bronchite chronique et d'emphysème pulmonaire, la toux et la dyspnée habituelle s'exaspèrent quelquefois ou les nuits se passent dans l'orthopnée.

Il résulte donc de tout ce qui précède, que, dans l'estimation de tous les effets hygiéniques et thérapeutiques des bains de mer, la part de ceux qui sont propres à l'air de la mer, doit toujours être faite, souvent même dans une importante mesure.

CHAPITRE II

MALADIES DE L'ENFANCE.

Les enfants subissent la foule des maladies, dont ils ont puisé le germe au berceau même, où les premiers rudiments de l'existence leur furent communiqués, qu'ils soient nés de parents trop jeunes ou mal portants, ou morts victimes d'une affection organique. Le système de l'organisme ainsi vicié chez eux dès son origine, a besoin d'être renouvelé ou complété. Les bains et l'air de la mer sont les agents les plus propres à atteindre ce but; leur action combinée se montre si prompte et si énergique à cette occasion, que, sous le rapport hygiénique et thérapeutique, elle peut être considérée comme merveilleusement appropriée à la constitution et aux maladies des enfants. On concevra d'avance ces effets, quand on saura que les qualités de l'air et l'efficacité des bains dans l'enfance ont pour auxiliaires les jeux à l'air de la mer et les exercices journaliers qu'ils prennent sur la plage. Aussi ne pouvons-nous assez dire aux parents qui amènent leurs enfants aux bains de mer : « Que vos enfants passent leur vie sur les bords de la mer. »

Floyer, en créant l'art d'administrer les bains froids,

faisait une œuvre qu'il croyait destinée aux enfants. Depuis ce judicieux observateur, l'expérience a suffisamment prouvé que les bains de mer, qui ne sont que des bains froids élevés à la dernière puissance d'action, développent le corps des enfants, fortifient leurs membres délicats, font fleurir leur santé et les rendent capables de devenir des hommes utiles ou des mères robustes. Le temps n'est pas éloigné peut-être, où les bains de mer seront employés généralement, comme le meilleur moyen d'éducation physique dans l'enfance, où ils sont déjà un agent thérapeutique si précieux, que jusqu'à ce jour, nous ne connaissons pas une exception à leur efficacité dans les scrofules et le rachitisme. Déjà les parents commencent à amener leurs enfants aux bains de mer, dans l'unique but d'augmenter les chances de leur santé et de leur fournir des éléments de résistance contre les prédispositions morbides qui leur sont habituelles.

Nous avons classé le grand nombre d'enfants que nous avons observés aux bains de mer, d'après l'ordre suivant, fondé sur les caractères distinctifs de leur constitution, de leurs maladies et de leurs prédispositions, etc :

1° Enfants faibles.
2° Enfants lymphatiques.
3° Enfants scrofuleux.
4° Enfants rachitiques.
5° Enfants nerveux.
6° Enfants prédisposés aux affections spasmodiques.
7° Enfants prédisposés aux affections cérébrales.
8° Enfants sujets aux phlegmasies de la muqueuse du nez et de la gorge.
9° Enfants affectés de toux ou de bronchite à divers degrés, ou prédisposés à ces états morbides.

10° Enfants sujets à des maladies de la muqueuse gastro-intestinale ou qui en sont présentement affectés.

§ 1. Enfants faibles.

Ces enfants étaient caractérisés habituellement par des yeux cernés, des paupières tuméfiées, quelquefois chassieuses ou lippeuses, un teint ordinairement pâle ou louche et sujet à varier d'heure à autre, une expression du visage morne et triste, la peau brûlante, l'extrême vitesse du pouls, etc. Ils étaient impressionnables, pusillanimes, et avaient des habitudes tranquilles; ils étaient sans énergie pour le jeu, aussi bien que pour le travail; quelques-uns n'étaient pas dénués d'intelligence, mais la plupart l'avaient attardée. A ceux qui étaient d'âge à suivre le régime de l'éducation publique, le collége ou la pension était trop dure. Les dents de la première évolution étaient mauvaises chez eux, et la seconde dentition était retardée ou vicieuse; leur appétit était nul le plus souvent, ou n'était maintenu que par l'usage d'un moyen médicamenteux; leurs membres étaient maigres et mous; leur corps, bien conformé, quoique fluet et très-grêle, était le plus généralement attardé dans sa croissance, quelquefois même à un point extrême. La faiblesse musculaire avait rendu leurs attitudes vicieuses, et celles-ci stimulaient souvent une déviation vertébrale; mais un appel à leur attention ramenait le tronc à sa rectitude naturelle. Dans plusieurs cas, cette faiblesse ne permettait aux enfants de marcher, qu'à l'aide d'une machine orthopédique adaptée au côté externe des membres inférieurs.

Quelques enfants faibles se montraient sujets, dans l'habitude de leur vie, à un état morbide particulier, tels que vomissements avec réaction fébrile, susceptibilité des entrailles, fréquence des selles quotidiennes, enrouement, impétigos du cuir chevelu, etc. La majeure partie étaient actuellement sans maladie, n'étaient que faibles et délicats, étaient nés quelquefois de parents faibles et morts prématurément, et avaient été élevés avec peine. Un petit nombre seulement avaient été primitivement assez forts, avaient eu, dans le premier âge de leur vie, une grave maladie qui les avait laissés chétifs et languissants, ou venaient de relever présentement d'une phlegmasie du cerveau, d'une gastro-antérite aiguë, d'un carreau, d'une péritonite tuberculeuse, d'une série d'abcès froids, d'une fièvre typhoïde ou intermittente, et restaient tristes, pâles, maigres, débiles, anémiques, sans appétit, sans sommeil, nerveusement excités et même disposés à quelques accidents spasmodiques.

On doit faire débuter les plus faibles de ces enfants par des bains de mer tièdes, mitigés même quelquefois. Les bains froids doivent leur être administrés très-courts et être suspendus convenablement; une à trois minutes de durée leur suffisent; car leur réaction est faible et a besoin souvent d'être favorisée par des pédiluves chauds, des frictions spiritueuses et des vêtements de laine.

C'est avec ces enfants surtout, qu'il est important de ne pas s'écarter des voies rationnelles dans l'administration des bains de mer, en évitant leur prolongation, leur doublement trop rapproché, aussi bien que la pratique des mers trop fortes. Bien que ces sujets se passionnent facilement pour le bain de mer, il nous a paru convenable quelquefois de n'accorder la mer que tous les deux jours aux plus jeunes et aux plus débiles. La négligence de ces règles produit, chez ces petits êtres, le défaut de réaction, l'agitation nocturne, le tremblement, les nausées, l'altération des traits, l'épistaxis, et réclame la suspension des bains pendant plusieurs jours.

Nous avons eu souvent l'occasion de joindre à l'action des bains de mer, celle de la douche en arrosoir dirigée sur le rachis et les membres, chez les enfants qui avaient une grande faiblesse musculaire.

Sous l'influence d'un certain nombre de bains, on voit promptement ces enfants acquérir des apparences florissantes de santé, telles que l'éclaircissement et le coloris du *facies*, la vivacité des yeux, la dépuration des paupières, l'enjouement et l'animation de l'humeur.

Après une saison de vingt à trente bains, réunis aux avantages d'un exercice journalier et de la gymnastique rationnellement pratiquée, on remarque ordinairement chez eux que l'appétit a repris de l'activité, que la nutrition s'est améliorée et s'est élevée quelquefois jusqu'à un degré marqué d'embonpoint et d'allongement de la taille; que l'accroissement des forces musculaires a permis de quitter les ferrements à ceux qui avaient besoin d'en porter, et rectifié les attitudes vicieuses, chez ceux qui en avaient contracté.

La seconde dentition, quand elle était attardée, s'est complétée pendant la durée de la saison, sans que certains accidents qui sont ordinaires à l'évolution dentaire se soient développés.

A côté de ces effets dynamiques, s'en observe un autre, de nature hyposthénique, qui tient au même mode d'action ; nous voulons parler du ralentissement du pouls. L'accélération de la circulation est un phénomène commun dans la faiblesse de l'enfance, et l'action sédative du bain de mer sur elle, est un fait qui se montre chaque jour : il n'est pas rare de voir le pouls descendre successivement de cent à quatre-vingts ou soixante-quinze pulsations.

C'est dans la catégorie des enfants faibles, on peut le dire, que les bains de mer opèrent de véritables transformations dans la santé et la constitution des sujets, en répandant une vie nouvelle sur tous leurs actes fonctionnels.

Au delà de trente, il faut surveiller avec soin l'action des bains de mer, chez les enfants faibles; c'est à ce moment, qu'arrivent ordinairement les signes d'excitation qui servent à montrer que le point de saturation est survenu pour eux. Cette sorte d'état d'intolérance se reconnaît à des yeux cernés, à la teinte un peu louche du visage, à la diminution de l'appétit, à la blancheur de la langue, etc. Si, malgré ces avertissements, on persiste à faire baigner ces enfants, on est sûr que chaque bain viendra ajouter à la fatigue ainsi caractérisée. Aussi, dans ces cas, est-il prudent à nos yeux de leur faire cesser entièrement la pratique de la mer.

Quelques-uns des enfants faibles ont même opposé de prime-abord une intolérance marquée à l'emploi le plus méthodique des bains de mer. Cette disposition idiosyncrasique s'annonce dès les premiers bains, par des douleurs diversement localisées, par la teinte jaune du pourtour du nez, des vomissements et une nuance obscure d'irritation abdominale (céphalalgie, ventre sensible, météorisme, lèvres rouges, langue privée de son humidité, peau un peu chaude). La règle qu'on doit adopter relativement aux bains de mer, dans un cas pareil, consiste à ne pas abandonner la partie du premier coup, et pourtant à ne pas insister au delà d'une certaine mesure.

Les effets des bains de mer que nous appelons *secondaires* et qui se montrent à des époques variables après la saison, viennent sûrement compléter, chez les enfants faibles, les effets primitivement obtenus. Parmi ces effets, l'allongement de la taille est assurément le fait le plus constamment observé, qu'il ait déjà signalé son apparition pendant la saison, ou qu'il se soit fait attendre jusqu'à cette époque de l'action consécutive des bains de mer.

Plusieurs de ces enfants sont revenus aux bains de mer jusqu'à trois fois. Ils arrivaient chaque année grandis et fortifiés, avec la figure empreinte de santé et repartaient chaque fois avec un bénéfice réel.

§ 2. Enfants lymphatiques.

Parmi les enfants qu'on envoie chaque année aux bains de mer, ceux qui présentent les différents degrés du tempérament lymphatique sous l'influence de l'hérédité ou de causes accidentelles, sont assurément les plus nombreux. Nous n'avons donné place dans cette catégorie qu'aux lymphatiques simples, si on peut ainsi dire, aux enfants doués des caractères physiologiques propres au tempérament lympathique et qui n'offraient actuellement aucun des états morbides auxquels ce tempérament les prédispose.

Le tempérament lymphatique ou *visqueux*, comme

disait Floyer, se rencontrait de préférence chez des enfants, chez des petites filles surtout, qui depuis leur naissance avaient plus ou moins présenté les attributs caractéristiques de cet état particulier des systèmes organiques. Plusieurs avaient été élevés en *serre chaude* et nourris de laitage et d'aliments féculents, et la plupart se montraient à nous avec l'*habitus* extérieur suivant : front proéminent, cheveux blonds ou tirant sur le rouge ou tout à fait ardents, yeux bleus, glandes Méïbomiennes malades, visage pâle ou rosé et quelquefois parsemé d'éphélides lenticulaires, lèvres tuméfiées, dentition souvent attardée, téguments fins, décolorés ou d'une teinte blafarde, embonpoint marqué assez souvent et quelquefois véritable polysarcie cellulaire, mollesse des chairs, laxité des ligaments articulaires qui, chez un enfant, permettait au radius gauche de se luxer au moindre effort, écoulement vulvaire ou faible leucorrhée, caractère apathique associé à un certain degré d'intelligence, traces d'irritabilité rares, constitution assez forte en apparence.

Quelques-uns des enfants avaient de ces dispositions dites *humorales*, caractérisées par la fréquence des éruptions dépuratoires de la tête, des oreilles, du corps entier même, sous la forme de *favus*, de *gourme*, d'*urticaire*, etc. Un certain nombre avait eu naguère des engorgements glandulaires du col, qui avaient été guéris aux Eaux minérales et par des bains artificiellement minéralisés. Les pieds-bots *équins* se sont encore rencontrés assez souvent chez eux.

Il est assez rare qu'on soit obligé de faire commencer les enfants lymphatiques par des bains de mer chauffés et de les soumettre aux pédiluves chauds en sortant de la mer. Le plus ordinairement, ils prennent d'emblée les bains froids, et dès les premiers jours, on peut, en observant toutefois la règle d'une durée raisonnable, les laisser procéder hardiment et avec suite ; car leur peau réagit hautement et promptement. Il est assez habituel que celle-ci prenne bientôt une teinte rose et une certaine transparence, et que cette super-action de la périphérie produise de petites éruptions aiguës ou un peu de congestion faciale, chez ceux qui sont doués de quelque irritabilité. Hormis ces petits événements, les enfants lymphatiques poursuivent leurs bains avec continuité : ils n'ont offert qu'un petit nombre de fois, au bout d'une saison prise sans désemparer, quelques signes d'intolérance, tels que le teint louche, un peu de nausées, de coliques, etc.

L'eau de mer en boisson a été donnée à ceux de ces enfants, qui se distinguaient par une tendance marquée à la réalisation des états morbides, auxquels ils sont habituellement prédisposés (adénites, éruptions variées, etc.).

Avant que le cours d'une saison de bains ne soit achevé, des modifications sensibles se passent déjà chez les enfants lymphatiques, dans la nature particulière de leur état moral, de leur embonpoint et de la coloration de leurs tissus ; leurs chairs se raffermissent, leur peau se vascularise, et leur caractère s'élève jusqu'à la turbulence et à l'indiscipline.

Deux saisons (trente-cinq à quarante bains) tonifient les lymphatiques dans l'ensemble de leur constitution, donnent de la vie à la surface de leur peau, et augmentent l'énergie des actes de la vie animale et végétative : d'où résultent encore à un plus haut degré le raffermissement des chairs et l'animation rosée ou la fraîcheur du teint qu'on observe alors chez eux, la vivacité de l'humeur substituée à l'apathie habituelle, la résistance aux maladies dont ils portent les prédispositions, etc.

Les effets secondaires des bains de mer amènent encore de plus profonds changements dans la constitution propre aux lymphatiques. Parmi ces modifications, le développement de la puberté, qu'ils favorisent et provoquent souvent chez les jeunes filles, n'est pas des moins importants. L'intumescence des lèvres, ce stygmate lymphatique que tant de mères déplorent, est le symptôme dont la disparition se fait peut-être le plus longtemps attendre.

Il est un certain nombre d'enfants lymphatiques qui ont été, pour ainsi dire, élevés avec les bains de mer, qui leur sont devenus ainsi un éminent moyen d'éducation physique. Généralement, on ramène aux bains de mer les sujets de cette classe qui les ont pris une fois. On les retrouve habituellement tonifiés, grandis, développés *in omni modo*, sanguifiés de toute la périphérie du corps et épanouis sous le rapport moral.

§ 3. Enfants scrofuleux.

La généralité des enfants scrofuleux que nous avons observés à Dieppe, avait déjà été traitée par les bains salés et hydro-sulfureux artificiels, les Eaux naturelles d'Enghein, des Pyrénées, de Schinznach, l'hivernage de Nice, les différentes préparations d'iode et toute la série des médicaments anti-scrofuleux, tels que l'hydrochlorate de baryte, les substances mercurielles, les dépuratifs, les fondants externes, enfin les huiles de foie de raie et de morue, etc. Plusieurs de ces sujets avaient guéri une première fois à l'aide de ces moyens et venaient aux bains de mer après une ou deux rechutes. Quelques autres avaient vu disparaître aussi, sous l'influence du traitement, l'une des localisations propres à la maladie scrofuleuse; mais bientôt celle-ci s'était remontrée dans un autre siége ou sous une autre forme. Dans tous les cas, les rechutes avaient presque toujours eu lieu au printemps.

La plupart des scrofuleux, que leur affection fût ou non liée à une cause héréditaire, qu'ils fussent nés de parents syphilitiques ou qu'ils eussent ou non des co-utérins scrofuleux, offraient à un degré très-prononcé les caractères du tempérament lymphatique et de la constitution scrofuleuse, tels que l'embonpoint cellulaire, la rondeur des membres, la mollesse des chairs, le relâchement des ligaments articulaires, la blancheur mate des téguments, la blafardise ou la pâleur du visage, souvent couvert d'éphélides, la couleur blonde des cheveux et des cils, la longueur de ceux-ci, la couleur bleue de l'iris, une expressivité particulière des yeux, parfois l'inflammation chronique des glandes de Meïbomius, la tuméfaction rosée ou le simple épaississement des ailes du nez et des lèvres, la moiteur visqueuse de la face palmaire des mains.

Sous d'autres rapports, l'état habituel des scrofuleux se distinguait encore par la langueur de l'appétit, la fréquence des indigestions, le volume de l'abdomen, la vitesse du pouls, la facilité des réactions fébriles, le retard de l'accroissement du corps, la tristesse, l'inégalité et la morosité de l'humeur.

La maladie scrofuleuse était localisée chez ces enfants à la surface de la peau, aux ganglions lymphatiques, aux os, à la cornée, à la conjonctive, aux paupières, à l'oreille externe, etc.

La peau était le siége de ces ulcérations superficielles qui ont reçu le nom d'*esthiomènes*. Une fois, elle était ouverte par une fistule résultant d'une collection purulente située derrière la portion tendineuse des gastro-cnémiens, de laquelle était sorti, au lieu de liquide, une espèce de *tomentum* filamenteux et hydatiforme.

Les engorgements glandulaires, dans la majorité des cas, appartenaient aux ganglions du cou, et se rencontraient beaucoup plus rarement aux aines, aux aisselles, etc. Tantôt ils avaient des caractères d'acuité, tels que la rougeur, la douleur et une sorte de rénitence qui faisait plus ou moins craindre l'abcession; tantôt ils ne formaient qu'un relief dur, compact, lisse, arrondi et tout à fait insensible à la pression. D'autres fois, les glandes avaient suppuré et restaient fistuleuses, et l'orifice des fistules était formée par une peau amincie, rouge, indurée et d'une apparence réticulée.

Parmi les formes symptomatiques de la maladie scrofuleuse, celles du système osseux ont été de beaucoup les plus fréquentes; ainsi, nous avons rencontré:

1° Le gonflement simple et peu douloureux de l'appareil ligamenteux et des parties molles appartenant aux grandes diarthroses, au genou en particulier.

2° La *tumeur blanche* proprement dite du coude, du genou, où elle s'accompagnait souvent d'une diminution notable dans la nutrition du membre; du pied, où elle se montra plusieurs fois à l'état d'une demi-ankylose tendant à se consolider.

3° La périostite, dont le siége s'est montré le plus souvent aux phalanges des doigts et au tibia, qui avait primitivement existé à l'état aigu et se présentait actuellement à peu près indolente.

4° La nécrose des os longs, qui était la forme la plus rare de toutes.

5° La carie, qui siégeait plus particulièrement aux phalanges digitales, à l'un des os du métacarpe, au carpe, au coude, aux os métatarsiens, au tarse, au pied, au genou, à la hanche, à l'une des côtes, au sternum et au rocher. Dans la plupart des cas, elle avait donné lieu à plusieurs conduits fistuleux, dont les uns étaient cicatrisés et les autres restaient encore ouverts et fournissaient une suppuration abondante, verdâtre et souvent fétide ; les parties molles étaient le siége de cette inflammation particulière à la désorganisation scrofuleuse, et qui se caractérise par la tuméfaction violacée, quelquefois indolente de la peau et des tissus sous-jacents.

Les scrofules des yeux s'observaient sous la forme de congestion sthénique des vaisseaux de la conjonctive (ophtalmie lymphatique), de taies cornéales, de staphylômes récents, de sensibilité extrême à la lumière (photophobie).

Chez quelques scrofuleux, il existait, réunis à l'une des localisations spéciales que nous venons d'énumérer, tantôt un écoulement muqueux de l'anus, lequel avait amené une fois un certain degré de rétrécissement qui était journellement traité par l'éponge préparée ; tantôt une otorrhée avec ou sans demi-surdité ; d'autres fois une teigne faveuse.

A la différence de la plupart des enfants, on peut, dès le début, administrer hardiment les bains de mer froids aux scrofuleux du jeune âge. Il nous arrive, dans l'arrière-saison de chaque année, d'en mener à la mer par une température atmosphérique de 10° C., de très-jeunes et de très-affaiblis. Aucune des catégories établies entre les enfants ne supporte aussi facilement les bains de mer, et nous ajouterons, n'en retire aussi promptement un véritable bénéfice. Nous n'avons jamais observé d'hésitation chez eux dans la réaction cutanée, si ce n'est à l'âge où cesse l'enfance, chez les filles qui viennent d'être nubiles par exemple.

Voici comment nous avons l'habitude de conduire les enfants scrofuleux dans la pratique des bains de mer :

1° Dans les plus mauvais états de l'atmosphère, nous faisons débuter les plus jeunes et les plus débilités d'entre eux par quelques bains de mer chauffés, purs ou mitigés et à température décroissante ;

2° La durée des bains froids varie chez eux depuis trois ou quatre minutes jusqu'à douze et quinze, suivant leur âge, l'époque de la saison et l'état atmosphérique, etc. ;

3° Ces bains leur sont administrés chaque jour avec un certain nombre d'immersions générales et peuvent être bientôt doublés dans la même journée ;

4° L'exposition de certaines parties malades au flot des bords de la mer, les affusions sur la tête, les lotions et les applications locales d'eau marine sur les paupières enflammées, sur les ulcères cutanés, et les douches en arrosoir sur les engorgements glandulaires indolents, les périostites passées à l'état chronique, les gonflements de l'extrémité articulaire des os longs peu sensibles et quelquefois dans les caries osseuses guéries ou voisines de la guérison, sont des pratiques auxiliaires qui concourent au but qu'on se propose d'atteindre. La douche en particulier ne doit jamais, dans les cas auxquels elle convient, être donnée avec le tube seul ; car elle peut entraîner dans la masse glandulaire ou l'intumescence osseuse, une sensibilité qui dépasse le degré d'acuité, qu'il est nécessaire d'imprimer à l'une ou à l'autre. Nous avons tenté une seule fois de combiner avec l'action des bains de mer, celle de l'arrosoir sur une carie fistuleuse du pied ; à la troisième opération, la douleur et la tension troublèrent le sommeil du jeune scrofuleux et ne cédèrent qu'à deux jours de repos absolu et d'applications émollientes. Une coxalgie consolidée fut de même sur-excitée sous l'influence du même moyen, chez une jeune personne de quinze ans.

5° On associe le plus souvent aux bains l'usage intérieur de l'eau de mer, dont la dose s'élève depuis une cuillerée jusqu'à un verre tous les jours ou tous les deux jours, selon la tolérance des entrailles.

Avec ces conditions d'administration, les bains de mer sont ordinairement pris sans interruption par les scrofuleux, et ne tardent pas à faire sentir leurs effets sur la santé générale et sur les différentes localisations de la maladie.

L'amélioration générale se manifeste d'abord par l'animation et l'expression du visage, par le changement de l'état moral, l'activité de l'appétit et de la nutrition, l'accroissement des forces musculaires, le ralentissement du pouls et la prolongation du sommeil.

Les tumeurs glandulaires commencent à diminuer de volume par le dégorgement du tissu cellulaire qui les environnent, et se montrent bientôt divisées en autant de lobules qu'il y avait de ganglions lymphatiques en gorgés. Ceux-ci se comptent à travers la peau, acquièrent une mobilité qu'ils n'avaient pas relativement à eux-mêmes et aux tissus voisins, et subissent une détuméfaction plus ou moins prompte.

Dans les gonflements articulaires, l'inflammation spéciale des parties molles tombe de jour en jour et dans le *morbus-coxarum* commençant, l'empâtement des tissus sus-jacents diminue sensiblement et favorise ainsi l'allongement du membre retracté. Dans les caries, le dégonflement et la disparition de la couleur violacée et livide sont toujours les premières modifications subies par les chairs enflammées et fistuleuses ; c'est alors que celles-ci tendent à revêtir les caractères des inflammations franches. Les ulcères fistuleux, en effet, deviennent rouges et se couvrent de bourgeons charnus de bonne nature ; le pus qu'ils fournissaient était clair, de couleur jaune verdâtre ; bientôt il devient plus abondant, plus épais, quelquefois sanguinolent : fait qui a déjà été remarqué par R. Russel et qui se reproduit chaque jour, chez les enfants qui se baignent avec un exutoire.

Ces modifications locales sont de bon augure et se terminent d'elles-mêmes, après une époque qui varie, suivant plusieurs circonstances. En effet, quand elles ont fait leur temps, les parties ainsi modifiées subissent de jour en jour un abaissement graduel dans leur surexcitation, le pus exhalé perd de son abondance et se réduit à un suintement léger, et les mouvements reparaissent dans les articulations malades, par le fait du dégonflement et de l'insensibilité des tissus sus-jacents.

Cette exagération dans l'inflammation et la pyogénie des surfaces ulcérées, se montre quelquefois *en excès*, et dans ce cas, il est toujours facile et il est de règle de la modérer par la suspension convenable des bains de mer et par l'usage de quelques bains d'eau simple. L'amélioration, loin de souffrir de l'intensité des effets des bains de mer et du repos qu'elle a rendu nécessaire, semble au contraire marcher plus rapidement sous le rapport local et général. Une jeune personne de quinze ans, nubile depuis peu, après avoir pris des bains doubles trop rapprochés, vit la tension, la douleur et la rougeur survenir à ses glandes cervicales et un abcès s'ouvrir par un orifice fistuleux déjà existant. Après un repos suffisant, la rougeur des téguments baissa, les ouvertures fistuleuses se tarirent et il ne resta plus que l'induration de leurs alentours.

Il ne faut pas confondre avec ces effets hypersthéniques des bains de mer, certains phénomènes morbides, que nous avons observés un petit nombre de fois dans des cas d'adénite du col, pendant le mois de septembre et par un abaissement considérable de la température atmosphérique. Sous l'influence de telles conditions, il survenait promptement, chez les sujets, un gonflement des lèvres et du tissu cellulaire ambiant des glandes; en peu de jours ces dernières présentaient un volume considérable et prenaient la forme d'un empâtement indolent au toucher. Clore la saison et renvoyer les malades est la seule règle à suivre dans ces circonstances.

On retrouve les résultats précédents confirmés et augmentés, chez la plupart des scrofuleux, après une saison de trente bains de mer. A dater de ce moment, la détumescence et l'insensibilité des parties engorgées et l'occlusion de la totalité ou du plus grand nombre des fistules suppurantes restituent une partie de leur forme normale aux articulations, et rendent aux sujets qui en sont privés, à ceux surtout qui sont affectés du *morbus-coxarum* consolidé, la faculté de se livrer à une certaine somme d'exercice, qui doit être une condition si importante de leur hygiène. En particulier, on voit la plupart des ulcères fistuleux qui résultent de la carie des petites articulations se fermer, et les fistules glandulaires se cicatriser quelquefois entièrement; c'est ce qui avait déjà fait reconnaître à Floyer que l'eau froide arrêtait les suppurations. Un mois de bains de mer suffit pour compléter la guérison d'un jeune homme de quatorze ans, qui avait une carie des os tarsiens, qu'on traitait depuis longtemps par l'iode et chez qui ce médicament paraissait avoir perdu toute action. Les effets des bains de mer furent si heureux chez lui, qu'en quittant les bords de la mer, il put entrer dans la carrière active de la marine, où le portait un goût décidé.

La meilleure partie des petits scrofuleux peut et doit prendre deux ou trois saisons, ce qui équivaut à soixante ou soixante-dix bains. Quand on étudie à cette époque les résultats obtenus par eux, dans les deux plus fréquentes expressions symptomatiques de leur maladie, l'engorgement glandulaire et la carie des os, on trouve que le gonflement du tissu cellulaire ambiant des glandes a presque entièrement disparu et que les glandes elles-mêmes ont, en totalité ou dans une grande proportion, diminué de volume; que l'écoulement purulent de celles qui avaient été le siége d'une ou plusieurs fistules, s'est en partie tari, et que très-souvent ces fistules se sont définitivement fermées; que relativement à la carie osseuse, la maladie peut être considérée comme arrêtée et en voie de guérison; car le gonflement et l'insensibilité des parties molles sont quelquefois complets, et la plus grande partie des ulcères fistuleux sont cicatrisés ; ceux qui restent ont un aspect rosé, et leur suppuration se maintient rare, crémeuse et inodore.

Ces modifications locales ont amené dans les membres affectés, ce *maximum* de force et d'étendue dans les mouvements, qui est le plus utile des effets thérapeutiques que puissent obtenir les enfants scrofuleux.

Quant aux autres formes de la maladie scrofuleuse, l'habitude des ophthalmies conjonctivales, les ophthalmies Méibonniennes et les ulcères cutanés (esthiomènes), elles sont loin de recevoir des bains de mer des changements aussi prompts et aussi complets que les formes précédentes. Pendant la plus grande partie de la saison, elles semblent rebelles à leur action, malgré l'influence salutaire qu'ils communiquent à l'ensemble de l'organisme. Ce n'est que vers la fin du séjour des baigneurs, qu'on voit céder quelques-uns de leurs caractères symptomatiques. La sensibilité extrême à la lumière (photophobie) et l'habitude instinctive de rapprocher les paupières, dans le but de modérer son intensité, que la guérison des ophthalmies scrofuleuses laisse presque toujours subsister après elle, n'a disparu plusieurs fois qu'après deux étés passés aux bains de mer.

Lorsque les scrofuleux quittent les bains de mer, leur constitution générale se trouve non moins heureusement modifiée que leurs localisations morbides, comme l'annonce leur *facies*, exempt de toute bouffissure, vascularisé et bruni par le soleil et l'air des bords de l'Océan, leur vivacité, leur gaieté et une ardeur à jouer toute nouvelle, les progrès de leur taille, en un mot, toute l'habitude extérieure de leur corps, aussi bien que la réintégration de leurs actes fonctionnels, altérés par la maladie. Sous tous ces rapports, la santé des plus jeunes d'entre eux semble réellement transformée : on reconnaîtrait à peine en eux, ces enfants qui étaient arrivés amaigris, chétifs et attardés par la suppuration, ainsi qu'il arrive chaque année dans le *morbus-coxarum*.

C'est ici le lieu de faire une remarque que nous avons l'occasion de vérifier chaque été aux bains de mer : l'action de ces bains, chez les enfants strumieux qui se montrent avec la peau brune, les yeux noirs et le visage pâle, est toujours notablement moins prompte et moins efficace que chez les enfants qui possèdent à un haut degré les attributs physiologiques du tempérament lymphatique. Ces sujets ont des réactions moins complètes, et encore, pour les obtenir, faut-il raccourcir le bain à l'extrême ; les effets thérapeutiques qu'ils recueillent n'atteignent point leur niveau ordinaire, et quelquefois même les phénomènes d'excitation générale dépassent ce qu'il est naturel d'attendre. Nous avons eu sous les yeux une petite fille, appartenant à cette catégorie, qui eut, dès le début, un redoublement de pâleur, de la céphalalgie, des vomissements bilieux, la langue blanche et de la fièvre : exemple d'intolérance qui ne s'est pas présenté une seule fois dans la variété des scrofuleux, que nous appellerons *blonds* par opposition.

Au delà du *maximum* de bains de mer, que nous avons fixé (70 à 80), les scrofuleux sont sujets à subir les inconvénients d'une stimulation locale et générale, dont les progrès sont parfois très-rapides. C'est alors que les parties molles commencent à se tuméfier de nouveau, que les places non encore cicatrisées, loin de marcher vers la cicatrisation, se boursoufflent et qu'il s'en élève des bourgeons charnus, qui deviennent le siége d'une pyogénie nouvelle. Contre son habitude, le petit baigneur grelotte après le bain, et un état d'excitation se manifeste bientôt par de l'insomnie, du trouble dans les garderobes et dans la circulation, et par des modifications dans le caractère.

Le bénéfice que les scrofuleux retirent d'un premier été passé aux bains de mer ne se borne pas aux effets qui ont été signalés. Pendant les premiers mois qui suivent, celles des affections glandulaires qui avaient résisté jusque-là, achèvent de se fondre et se guérissent; les parties molles circonvoisines de la carie s'améliorent encore dans leur aspect et leur sensibilité ; quelques fistules retardataires se ferment et les mouvements articulaires acquièrent de jour en jour plus de liberté. Corrélativement, les enfants, en se fortifiant et en grandissant encore, rentrent de plus en plus sous l'empire des conditions physiologiques propres à résister aux détériorations, que leur organisme reçoit de la persistance des lésions locales et ainsi qu'à éliminer en quelque sorte le principe inconnu de leur maladie. Ces effets secondaires sont souvent favorisés, chez les jeunes filles, par le développement de la puberté que les bains de mer sont si puissants à accélérer. Qui ne sait quelle influence la venue de celle-ci exerce sur la marche des affections strumeuses?

Les effets thérapeutiques secondaires des bains de mer sont non moins constants que les effets primitifs, et peuvent même, à eux seuls, être la somme des résultats obtenus. Une jeune personne, délicate de poitrine, mais bien portante du reste, habitant à Rouen une rue étroite, apporta aux bains de mer un engorgement glanduleux, situé à la partie latérale droite du cou, dur et insensible, de la nature de ceux qui ont subi la terminaison squirrheuse, d'après R. Russel. Elle prit quarante-deux bains et quinze douches, tant en arrosoir qu'au piston, au bout desquels les glandes agglomérées se montrèrent, à peu de chose près, dans le même état d'insensibilité et de dureté, malgré l'adjonction des préparations iodées, qui n'avaient pas encore été mises en usage; seulement, la tuméfaction se trouvait réduite au volume propre des glandes, par la résolution du tissu cellulaire des environs. Ce ne fut que plusieurs semaines après les bains, que la masse glandulaire commença à s'ébranler; à dater de ce moment, la fonte de la tumeur fit des progrès qui amenèrent rapidement la guérison.

Si une première année a suffi souvent à faire disparaître sans retour, soit primitivement, soit secondairement, certaines formes simples de la maladie scrofuleuse, on peut exprimer justement la mesure de l'efficacité des bains de mer, dans les cas les plus graves, en disant que la plupart des scrofuleux sont obligés d'y revenir plusieurs fois pour achever leur guérison. Il faut aux uns deux, aux autres trois, à certains quatre et cinq années pour qu'ils soient considérés comme guéris définitivement. Nous citerons ici un cas de carie du rocher, où la maladie ne fut entièrement terminée qu'à la fin de la troisième année, après deux cents bains de mer.

Les caractères qui distinguent la constitution des enfants scrofuleux, et quelques-uns des différents états pathologiques qui en ressortent, ont été assez souvent observés aux bains de mer, chez les jeunes gens de quinze à vingt ans, dont la plupart étaient de jeunes filles arrivées d'assez bonne heure à l'âge de la puberté; quelques-unes étaient assez grandes et minces; quelques autres se caractérisaient par un développement très-considérable du corps. On ne retrouvait plus à leur âge les modifications imprimées par la maladie scrofuleuse, au moral des jeunes enfants.

Les adénites cervicales, diversement agglomérées, avec ou sans fistules, et les ophthalmies conjonctivales rebelles, sujettes à retour, liées à une menstruation irrégulière, sont les formes le plus fréquemment présentées par ces sujets. L'eau marine et les bains de mer ont été généralement administrés chez eux avec les mêmes modes, la même sûreté, les mêmes proportions, et nous devons ajouter, avec un succès presque égal. Après une période d'activité plus grande, imprimée aux orifices fistuleux, sorte de vitalité un peu lente à venir quelquefois, on a presque toujours vu pareillement commencer le dégorgement du tissu cellulaire circum-adénique, puis s'opérer le tarissement de l'écoulement, en même temps que l'amoindrissement des tumeurs. Les résultats primitifs des bains de mer sur l'état général des fonctions n'ont pas été au-dessous de ceux que nous avons signalés à un autre âge; et, pour compléter la comparaison jusque dans l'existence des effets thérapeutiques secondaires, quelques-unes des jeunes filles qui étaient encore impubères, sont revenues l'année suivante bien réglées et débarrassées quelquefois de toute fistule et de tout gonflement glandulaire.

Un seul fait d'affection articulaire, de nature strumeuse, s'est rencontré parmi les jeunes personnes qui composent cette classe, il mérite d'être comme un exemple de l'efficacité des bains de mer dans les maladies *lymphatiques* de la jeunesse.

OBSERVATION 1. — Une jeune personne éminemment lymphatique, fraîche, grasse, avait été affectée à sept mois de là, par un gonflement douloureux du genou gauche (*tumeur blanche* du genou appartenant aux tissus extérieurs de la capsule articulaire, et à laquelle n'était peut-être pas étrangère la co-existence du principe rhumatismal), qui fut traité par le repos absolu, les douches domestiques, les vésicatoires volants et les applications iodées. Lorsqu'elle arriva à Dieppe, le genou augmenté de volume dans la proportion d'un tiers et empâté de chaque côté du ligament rotulien inférieur, était insensible au toucher ; mais la marche était pénible et douloureuse, et accompagnée du sentiment d'un poids dans la jambe. Après quelques bains tièdes préparatoires, les premiers bains froids amenèrent une douleur au coude gauche et une sensibilité avec gonflement au poignet et au pied du côté malade; le rhumatisme s'annonçait ainsi, comme la cause de la maladie du genou chez cette personne (repos). Après cet incident, les bains furent repris avec continuité, le volume du genou sembla se fondre de jour en jour, et la malade commença à marcher avec précaution d'abord ; la marche ne développait plus alors qu'un sentiment de gêne au jarret. A mesure que les bains s'accumulèrent, la marche s'améliora de jour en jour, jusqu'à permettre des promenades aux environs. Le départ de Dieppe, après deux saisons entières de bains, fut signalé par un rétablissement aussi complet que possible. Un degré d'empâtement autour du ligament sous-rotulien était, à première vue, ce qui restait du gonflement de l'articulation. Les effets secondaires se montrèrent très-marqués dans le courant de l'année, et on peut dire que la jeune personne revint l'été suivant pour consolider sa guérison.

Hors des conditions de l'enfance et de la jeunesse, le traitement des scrofules par les bains de mer compte aussi quelques succès. Les faits de ce genre ont été fournis presque exclusivement par des femmes adultes qui se montraient avec les caractères les plus prononcés du tempérament lymphatique. C'étaient encore les variétés de l'engorgement des ganglions lymphatiques de l'aisselle, de la partie latérale du thorax, du col surtout, qui s'offraient le plus souvent chez elles comme expression symptomatique de l'affection scrofuleuse, et, dans le développement de ces états locaux, les couches avec toutes leurs conséquences, figurent au premier rang des causes. Venaient après, dans l'ordre de fréquence, les luxations spontanées du fémur ou plutôt leurs suites habituelles : ainsi, la hanche malade conservait un degré de gonflement ou d'empâtement, une grande faiblesse pendant la marche, et quelquefois une sensibilité de la cuisse qui semblait appartenir au nerf sciatique.

Ici, l'emploi des bains de mer et de l'eau marine à l'intérieur, reste forcément soumis à la susceptibilité des individus; en sorte qu'on n'est plus sûr, comme chez les enfants et les jeunes gens, de l'innocuité d'une administration hardie dès le début, ni d'une saison longuement continuée sans événements contingents; car la tolérance est incertaine. On doit donc procéder graduellement, quand il s'agit de fixer la durée des bains et limiter leur nombre absolu à deux saisons ordinaires (quarante ou quarante-cinq bains).

Il n'est pas rare d'observer d'abord dans ces affections, comme une action primitive des bains analogue à celle que nous avons constatée chez les enfants, un certain boursoufflement fluxionnaire du tissu lamineux qui entoure les glandes tuméfiées. Cet état cesse après un repos suffisant, et, après sa résolution, laisse sentir mieux le nombre et le volume de celles-ci : c'est alors que les ganglions se dessinent visiblement à l'œil, qu'ils deviennent mobiles sous le doigt et que les plus volumineux se montrent lobulés par la disgrégation des plus petits. Cette sorte de fusion cellulaire semble s'opérer d'ailleurs sur tout le système sous-cutané, chez les femmes lymphatiques : ce qui est annoncé surtout par l'amincissement du visage et la diminution du poids du corps.

Il ne faut point s'attendre, dans les anciennes coxalgies de cet âge, à des effets locaux comparés à ceux que les bains de mer ont manifestés dans l'enfance et la jeunesse; mais on peut dire sans hésiter que les conséquences symptomatiques de ces maladies et leurs effets sur la santé générale en ont toujours recueilli des fruits réels. Une dame coxalgique, après avoir pris les bains de mer avec une grande hardiesse, vit disparaître l'empâtement de la hanche, retrempa les forces de son membre et les mit journalièrement à l'épreuve, en faisant à pied les courses les plus éloignées des environs de Dieppe.

Quelques-unes des femmes scrofuleuses sont venues reprendre une saison de bains de mer, deux années de suite; de ce nombre sont plusieurs adultes affectées de *morbus-coxarum* d'ancienne date.

Depuis longtemps, on a remarqué que l'usage abusif ou prolongé des préparations mercurielles produisait, chez quelques individus, l'œdème cellulaire du visage et des jambes, la blafardise du teint, enfin une espèce d'étiolement général. On disait anciennement que le mercure avait, dans ces cas, déterminé un véritable état scrofuleux. Hunter partageait cette opinion, et il la fondait principalement sur ce que ces accidents cédaient à l'usage des bains de mer. Nous avons vu plusieurs cas semblables guérir, après une ou deux saisons passées à Dieppe.

La carie vertébrale ou maladie de Pott, qui se classe souvent mal à propos parmi les affections de nature scrofuleuse, s'est assez souvent rencontrée aux bains de mer.

Les cas de cette maladie que nous avons eus sous les yeux, étaient presque tous arrivés à l'état de consolidation et permettaient aux individus de faire quelque exercice. La plupart avaient causé de fréquentes douleurs vertébrales avant l'apparition de la gibbosité, laquelle se montra une fois double à la région cervicale et lombaire. Trois fois la paraplégie, plus ou moins complète, avait suivi le développement de la déviation gibbeuse, et existait encore en totalité ou en partie, ainsi que l'amaigrissement des membres paralysés : la récidive simultanée de la paralysie et de l'accroissement de la gibbosité avait eu lieu dans l'un des trois cas; par le fait d'une chute, après la consolidation présumée des vertèbres, et avait amené en même temps une déviation latérale de la colonne vertébrale accompagnée de l'inclinaison permanente des hanches et claudication marquée vers la fin de chaque journée.

Les bains de mer sont d'une application très-utile dans la carie des vertèbres. Malgré la susceptibilité des enfants qui en sont atteints, on parvient, avec une surveillance soutenue, à les leur donner jusqu'à ce que leur santé générale, ainsi que l'état local des vertèbres, soit avantageusement modifié. Il leur faut des bains d'une durée très-courte, parce qu'ils réagissent faiblement, et des repos assez rapprochés, parce qu'ils per dent facilement l'aptitude ou la tolérance exigée par les bains de mer; enfin il faut de toute nécessité les soustraire à l'action de la vague qui ébranle douloureusement les parties malades et occasionne un sentiment de courbature qui peut aller jusqu'à la réaction fébrile.

Une saison n'est jamais longue chez les enfants gibbeux, et exige, par prudence, qu'après le moment de l'exercice permis, ils soient condamnés à garder le decubitus, surtout quand la faculté de marcher vient d'être recouvrée nouvellement.

Après un nombre suffisant de bains de mer, l'état de l'*habitus* et des fonctions de la vie végétative a subi une amélioration qui se reconnaît à des signes visibles, chez les enfants affectés de la maladie de Pott. Dans les cas où s'étaient développées tout récemment la *paraplégie* et l'apparition de la déviation vertébrale, des exercices répétés avec mesure faisaient voir que la fonction musculaire rentrait dans la voie physiologique; en même temps, la gibbosité était devenue de moins en moins sensible, spontanément et à la pression, en sorte qu'on était porté à penser que le problème de la réossification des vertèbres marchait vers sa solution.

Les effets précédents sont, en général, destinés à s'accroître et à se compléter plus ou moins sous l'influence secondaire de la saison; mais, dans tous les cas, que les résultats définitifs se maintiennent, ou, comme cela n'est pas rare, qu'ils fléchissent dans le courant de l'hiver, il est nécessaire de ramener les malades une deuxième et même une troisième année aux bains de mer. Un petit gibbeux, qui était regardé comme l'un des plus chétifs à son premier début, se baigne à la mer depuis plusieurs années et passe les hivers à Dieppe. Cette double action en fait aujourd'hui un enfant fort, si on le compare à beaucoup d'autres et à lui-même.

§ 4. Enfants rachitiques.

Dans le rachitisme, comme dans les scrofules, à côté des enfants que distinguaient les caractères suivants du tempérament lymphatique : cheveux ardents, éphélides multipliées du visage, peau blafarde, etc., il en était un plus petit nombre qui avaient les cheveux noirs, la peau brune, etc. La constitution de ces enfants était généralement faible et languissante, et leur complexion maigre et frêle. Leur taille était grande et avait cru rapidement ; leur colonne épinière était d'une mobilité anormale et leurs membres d'une remarquable gracilité. — Ces sujets étaient tous, dans l'habitude de leur vie, impropres à la fatigue au dernier degré. Une petite rachitique de onze ans, forte en apparence, était prise chaque fois quelle marchait, d'une claudication provenant de douleurs qui se développaient, soit aux cuisses, soit aux pieds.

Les états morbides intérieurs étaient fréquents chez les rachitiques. La diarrhée en particulier, était un accident contre lequel on avait à lutter, et qui entretenait la faiblesse générale déjà si grande chez eux; une toux que les hivers de Paris ramenaient habituellement chaque année, inspirait souvent de sérieuses inquiétudes sur l'état de la poitrine. D'autres fois, une suite d'angines gutturales avait entraîné l'induration chronique des tonsilles.

Dans toutes les maladies de l'enfance que nous avons classées, il s'est montré çà et là des sujets affectés des degrés les plus légers du rachitisme, lesquels n'avaient qu'une importance secondaire, à côté des conditions physiologiques et pathologiques particulières qui les amenaient aux bains de mer. Les uns avaient les jambes arquées, les autres le sternum et l'extrémité correspondante des côtes disposées en carène; quelques-uns offraient des vestiges de scoliose vertébrale. Dans la catégorie que nous étudions, au contraire, le rachitisme était la seule maladie qui attirât l'attention. Il se traduisait, tantôt par l'inflexion plus ou moins marquée de la colonne rachidienne et les déformations osseuses corrélatives, et dans ce cas, on observait la dépression des côtes, la saillie du sternum, le déplacement consécutif des omoplates, des clavicules, des hanches, etc.; tantôt par la courbure des os longs, surtout aux membres inférieurs. Les enfants qui se présentaient avec cette dernière variété du rachitisme, arrivaient toujours après la période de ramollissement; leurs os restaient maintenant déformés, et cette déformation les faisait quelquefois broncher à chaque pas, quand ils étaient très-jeunes et que le rachitisme avait son siége aux os des jambes. Plusieurs avaient les ligaments tarsiens et tibio-tarsienne d'une laxité qui leur donnait le pied plat.

Le plus grand nombre de déviations vertébrales appartenaient à des petites filles, grandes pour leur âge, non encore pubères et qui tiraient quelquefois leur origine de mères faibles ou débilitées par une maladie chronique. Ces déviations étaient presque toutes latérales, plus souvent droites que gauches, tantôt simples, tantôt doubles. La plupart étaient permanentes; l'une d'elles seulement, qui semblait consister dans une souplesse exagérée des cartilages inter-vertébraux, était portée à l'extrême, quand la petite déviée avait fait une course excessive, et la rectitude imprimée au tronc par un acte de la volonté, effaçait de suite toute trace de déviation. Ici, les déviations étaient à leur début, là, elles existaient depuis quelque temps et avaient été combattues déjà par les exercices gymnastiques et l'orthopédie, depuis une époque qui variait de quelques mois à deux années, ou simplement par le décubitus plus ou moins sévère sur un lit approprié, par l'usage d'un corset mécanique, des bains salins gélatineux, des frictions alcooliques et par le régime convenable.

La courbure des os longs ne s'est jamais rencontrée que chez des enfants très-jeunes, dont plusieurs n'avaient jamais marché. Ils avaient souvent des membres volumineux, mais mous, et l'on avait cherché, chez quelques-uns, à lier l'impotence des membres inférieurs à une lésion quelconque de la moelle rachidienne.

L'influence de l'air marin, avec les conditions de variabilité qu'on lui connaît, peut devenir nuisible aux rachitiques, si l'on n'a soin de les en préserver par de bons vêtements et une exposition ménagée aux vents dominants. Si on a pris ces précautions, on les retrouve déjà, après quelques jours passés sur les bords de la mer, même sans se baigner, avec l'*habitus* extérieur heureusement modifié, les joues vascularisées et l'appétit stimulé.

Tous les rachitiques, eu égard à leur frêle constitution, commencent la saison par des bains de mer chauffés. Encore qu'ils ne supportent pas les bains de mer froids aussi bien que les scrofuleux, et que leur réaction soit moins active que la leur, on parvient pourtant, avec une surveillance non interrompue, à leur en administrer un nombre assez considérable. Un bain d'une à deux minutes, avec ou sans immersion, avec ou sans affusion, les fait assez souvent sortir de la mer réchauffés et même rubéfiés. Des bains prolongés irrationnellement leur sont particulièrement préjudiciables, surtout quand ils sont sujets aux dérangements des entrailles. En sortant d'un bain trop long, on les voit sûrement grelotter et accuser de toutes manières un sentiment de malaise général; dix minutes, et à plus forte raison, quinze minutes de bain ont plusieurs fois, sous nos yeux, eu les inconvénients d'un abus dangereux, chez les plus forts d'entre eux. Quelques rachitiques même, après cinq ou six bains pris avec toutes les conditions rationnelles, ont éprouvé de l'endolorissement du corps, de la chaleur cutanée, de la mauvaise humeur, etc., et réclamé une suspension d'un ou de plusieurs jours. Dans ce cas d'intolérance, la toux et la diarrhée habituelles se sont quelquefois reproduites, et ces deux phénomènes morbides, sans avoir beaucoup de gravité, nous ont amené, par leur répétition et leur persistance, à restreindre encore davantage l'emploi du bain, par exemple à ne le permettre que tous les deux jours à quelques enfants : pratique que Floyer avait admise dans l'usage des simples bains froids, chez les plus faibles des rachitiques. — Tous les sujets affectés de déviation vertébrale doivent, en se baignant, observer quelques règles orthopédiques dans la journée et pendant la nuit, et modérer raisonnablement leurs exercices.

Les douches d'eau de mer en arrosoir ou à jet unique, graduées depuis 31° C. jusqu'à 25°, pendant un temps qui variait de six minutes à un quart d'heure, furent administrées, concurremment avec les bains, sur la colonne vertébrale de tous les rachitiques simplement déviés. L'action favorable de ce moyen sur l'appareil ligamenteux de l'épine, aussi bien qu'au point de vue des forces générales, a été souvent constatée par nous.

La gymnastique qui se bornait aux différents modes de suspension par les membres supérieurs, est un moyen auxiliaire qui servait à la fois d'exercice et d'amusement aux enfants déviés.

Une saison de trente bains de mer est la plus courte qui ait été été donnée aux rachitiques; le plus ordinairement ils prirent une deuxième saison plus ou moins complète.

Pendant la première saison, les bains ont déjà révélé leur efficacité contre les conséquences générales du rachitisme, en modifiant avantageusement l'habitude extérieure du corps, du visage en particulier, aussi bien que l'état des fonctions, sous le rapport de l'appétit, du sommeil, de la gaîté, des forces musculaires et des sécrétions intestinales. Une petite rachitique déviée, sujette à boiter par suite de douleurs mobiles des membres abdominaux, cessa promptement d'éprouver cet accident et put se livrer aux exercices de son âge. Après deux saisons, (quarante-cinq ou cinquante bains), la plupart des rachitiques partaient le visage vascularisé et les chairs raffermies, après avoir subi souvent un certain degré d'allongement du corps et s'être fortifiés, à un haut degré, sous le rapport des actes musculaires et des actes de la vie nutritive. On sent combien ces conditions nouvelles étaient capitales dans le rachitisme, et combien elles étaient propres, sinon à redresser la courbure des os et de l'épine, du moins à combattre l'état de l'organisme qui l'avait amenée.

Les premiers mois qui suivent les bains de mer ajoutent, chez beaucoup de rachitiques, de nouveaux effets fortifiants à ceux qu'ils ont déjà obtenus. La scoliose des vertèbres s'arrête quelquefois définitivement, et la courbure osseuse dont les progrès ont été mis hors de chances par la tonification générale, va suivre désormais dans sa disparition les phases de l'accroissement du corps.

Les rachitiques reviennent communément aux bains de mer plusieurs années de suite, soit que leur maladie se soit reproduite à un certain degré, soit qu'une maladie étrangère à elle leur ait enlevé le bénéfice de la saison de bains de mer. Des exemples de ce genre nous ont été offerts plusieurs fois par de jeunes déviées, chez lesquelles on avait vu fléchir un peu la colonne vertébrale, à l'époque du printemps. La constitution des rachitiques et l'état de leur rachis, dans ces cas, retirent d'un second voyage aux bains de mer, des effets qui les mènent quelquefois à la guérison.

La déformation du rachis nous a été offerte encore, quoique plus rarement, par quelques jeunes filles, grandes, minces et déjà réglées. Elles venaient aux bains de mer confirmer les résultats du traitement orthopédique suivi dans leurs propres foyers ou dans une maison spéciale, et pendant lequel elles avaient beaucoup grandi, ou bien réparer leurs forces profondément affaiblies, à la suite d'une maladie grave et récente, telle qu'une rougeole compliquée, une fièvre typhoïde, etc.

Nous avons vu plusieurs fois aussi la déviation latérale de la colonne lombaire, de formation récente, chez des femmes adultes; elle était accompagnée d'une prédominance marquée des caractères du tempérament lymphatique, entraînait toujours une faiblesse générale très-prononcée, et avait pour causes une coxalgie actuellement guérie, ou les suites de couches ou de fausses couches, pendant lesquelles les vertèbres lombaires s'étaient montrées douloureuses d'abord, puis, bientôt après, avaient commencé à se dévier.

Les bains de mer ont été administrés largement aux jeunes filles déviées, et leur association avec les exercices gymnastiques, la natation et la douche d'eau de mer froide, a souvent complété les effets de l'orthopédie ou réparé le déficit survenu dans les forces.

Quant aux femmes adultes, quelques-unes, ayant dû commencer une saison par les bains d'eau de mer tièdes, en éprouvèrent un sentiment de courbature générale. Les premiers bains de mer furent courts et la réaction fut généralement bonne chez toutes; bientôt on put leur faire prendre tous les deux jours des doubles bains de cinq à six minutes et les élever successivement jusqu'à dix ou douze. Une saison fut toujours signalée chez elles par un changement notable dans l'état des tissus extérieurs; mais l'augmentation des forces fut lente à se montrer dans tous les cas. Est-il besoin de dire que leur déviation dut échapper toujours à l'action des bains de mer?

§ 5. Enfants nerveux.

Ces enfants avaient le visage pâle, les yeux battus, les paupières injectées, les pupilles dilatées, l'iris noir et de fréquentes céphalalgies ou d'habituelles sensations de chaleur au *vertex*, avec des signes de congestion passagère de la tête. Leurs actes digestifs ne manquaient pas de normalité, ni même d'énergie, à part quelques instants de leur vie où se manifestaient la langueur de l'appétit, l'apparition des aphthes dans la bouche ou quelque autre trace d'excitabilité des voies digestives. Ils avaient le sommeil troublé ; plusieurs passaient une partie des nuits dans un état d'érection permanent et manifestaient une tendance à l'onanisme, qui exigeait autour d'eux une surveillance continue. Le plus grand nombre étaient très-faibles, très-maigres, de tissus mous, de taille petite et grêle, et ceux qui n'étaient point attardés dans leur accroissement, restaient minces et délicats. Ces sujets se caractérisaient par une sorte d'ardeur maladive à jouer, et se montraient quelquefois prompts à se fatiguer ; ils étaient doués d'une humeur et d'une sensibilité vives, et d'une intelligence facile et précoce, et ils étaient aussi impressionnables au moral qu'au physique. C'étaient souvent des enfants gâtés, en raison même de la délicatesse de leur santé ; et l'aveugle tendresse qui les entourait, en avait fait des caractères difficiles et sauvages, qui ne fléchissaient pas toujours devant l'af_fection passionnée qu'ils portaient à leur mère.

Beaucoup de ces enfants étaient nés de parents enlevés jeunes par des maladies très-diverses ou dans le cours d'une aliénation mentale, ou de mères nerveuses minées par des fleurs blanches et sortant à peine de l'enfance ; aucun d'eux ne présentait actuellement un état morbide dénommé : loin de là, la sur-activité du système nerveux semblait le plus souvent soustraire ces sujets à la maladie.

Il est souvent prudent, avant d'envoyer les enfants nerveux à la mer, de les faire commencer par un petit nombre de bains de mer chauffés, mitigés d'abord avec l'eau simple et une certaine quantité d'amidon, puis donnés sans mélange, à température décroissante et à durée circonscrite.

Ces sujets opposent le plus ordinairement quelques difficultés à l'administration des bains de mer froids; mais un peu de fermeté et de persévérance finit presque toujours par les surmonter. Pourtant, nous n'avons pu nous empêcher de faire état de la répugnance obstinée qui nous fut manifestée par un nerveux de douze ans. Après six bains imposés de haute lutte, cet enfant fut en proie à une certaine exaspération du caractère, et quelques effets morbides, tels que l'augmentation des secrétions intestinales, un degré de congestion faciale et la vascularité conjonctivale de l'angle interne des yeux, étant survenus, la loi de ne plus insister nous fut dictée. Les bains ne doivent que rarement s'appliquer aux enfants de cette classe, sans affusions ou sans immersions, doivent être suspendus à propos, et surtout être surveillés sous le rapport de la brièveté, encore qu'ils réagissent bien ou au moins suffisamment. — Malgré ces conditions bien observées et malgré les précautions apportées dans les autres circonstances de la saison, il n'est pas rare de les voir accuser dès le début quelques phénomènes d'excitation nerveuse. Il s'est observé, dans ces cas, des vomissements et un degré de sensibilité abdominale, d'agitation nocturne et d'irascibilité qui ont persisté avec assez d'opiniâtreté, ont laissé l'appétit languissant, le visage un peu terne, et ont réclamé l'usage de quelques bains simples à 33° — 31° C.

Après ces épreuves, le trouble des actes physiques et moraux disparaît chez le plus grand nombre des enfants nerveux, soit sous l'influence de l'habitude, soit par l'emploi modifié du bain, ou du moins, si de légers phénomènes nerveux, tels que le sommeil agité et l'impatience du caractère, persistent encore, ils ne suffisent pas à déranger les bains dans leur administration, ni à les entraver ou à les neutraliser dans leurs résultats.

Pendant la durée de la saison, les effets des bains de mer se font de bonne heure sentir, chez les enfants nerveux, par le développement du système vasculaire du visage, par la détuméfaction des paupières, par une animation des yeux particulière et par la stimulation de l'appétit.

Une saison de vingt à vingt-cinq bains procure à la santé de ces enfants d'évidents avantages, tels que l'amélioration du sommeil et de l'appétit, l'accroissement des forces musculaires et l'élévation des actes de la nutrition, d'où résultent définitivement l'allongement du corps, la force de résistance à l'action des fatigues, et d'autres modifications physiques, parmi lesquelles il faut compter l'extinction des différentes prédispositions morbides, la fréquence des pyrexies entre autres.

Ces résultats sont, autant que possible, favorisés d'un côté, par l'exercice, la gymnastique journalière et l'éloignement des études, et de l'autre, par une nourriture fortifiante et souvent froide, que nous avons l'habitude de substituer, pendant les bains de mer, aux aliments laiteux et végétaux dépourvus de principes fortement réparateurs, qui forment quelquefois la base de l'alimentation des petits nerveux.

Ces enfants sont du nombre de ceux qui nous reviennent chaque année, et qui nous quittent toujours avec des avantages nouveaux.

§ 6. Enfants actuellement prédisposés aux maladies du cerveau.

Cette catégorie se rapproche de la précédente en ce qu'elle renfermait un grand nombre d'enfants nerveux, reconnaissables à l'activité habituelle du pouls, à la chaleur des mains, à l'insomnie, à l'excitabilité générale et à une irascibilité extrême du caractère; le reste des sujets offrait dans leur constitution des caractères très-variés : ainsi, quelques-uns avaient eu une enfance pénible, la dentition difficile et retardée, la parole lente à se développer; ils étaient absolument faibles, maigres, *délicats*, encore qu'ils fussent arrivés à un accroissement corporel suffisant. Quelques autres tenaient du tempérament lymphatique, comme l'annonçaient de petits engorgements glanduleux du cou, la mollesse des chairs, etc.

La tête de ces enfants n'avait qu'un volume normal ou était prédominante sur le reste du corps, et dans ce cas, la proéminence du front donnait à l'ensemble du *facies* une sorte de caractère *hydrocéphalique*. Le visage était indistinctement pâle ou trop coloré. — Les fonctions digestives étaient souvent en bon état.

Les maladies antérieures qui établissaient à nos yeux la prédisposition actuelle de ces sujets, étaient des hémiplégies, des paralysies partielles des membres avec atrophie de quelques muscles, des encéphalo-méningites qui laissaient encore subsister, ici un strabisme, là un certain degré de déviation de la langue; d'autres fois, des convulsions sujettes à retour, ou une habituelle injection des conjonctives, etc. La prédisposition, quand elle n'était pas accusée par l'existence antérieure de symptômes cérébraux, s'annonçait par les caractères du volume et de la configuration du crâne, que nous avons signalés et surtout par certains rapports consensuels manifestés habituellement par le cerveau, à chaque dérangement survenant dans la santé des enfants.

On avait pour but, en envoyant ces enfants aux bains de mer, de fortifier la constitution, de ranimer l'action du système nerveux dans les parties paralysées, en tonifiant les fonctions musculaires, de rétablir de plus justes proportions entre la tête et les membres, en développant le volume de ceux-ci, et enfin de dériver le liquide sanguin du cerveau, en le répartissant dans tout l'organisme.

Cette catégorie renferme les enfants qui ont opposé la résistance la plus opiniâtre à l'administration des bains de mer. Quelques-uns ont manifesté une telle irascibilité à cette occasion, qu'on fut obligé de s'arrêter dès les premiers jours; c'est en de pareils cas qu'on ne peut songer à la contrainte soutenue, sans s'exposer à de graves conséquences.

Une prudence dictée par les antécédents et par la prédisposition flagrante de ces sujets, doit faire souvent commencer la saison, chez les plus jeunes, par les bains de mer chauffés à 35°—30° C. pendant dix à douze minutes, qu'on peut associer à des affusions froides. Impressionnables comme ils le sont pour la plupart, ils ne doivent jamais recevoir que des bains très-courts (une demi-minute à une minute), être toujours dispensés des immersions et soumis aux affusions céphaliques et même aux pédiluves chauds après le bain, et il est essentiel de se tenir prêt à suspendre instantanément les bains, s'il se montre les moindres signes de sur-excitation locale ou générale. Les affusions abondantes sont nécessaires ici, à cause des circonstances anamnestiques et dans le but d'éviter des concentrations funestes vers la tête. Si cette condition n'est pas observée d'abord, dans le but de ménager l'impressionnabilité de quelques-uns de ses enfants, on est toujours obligé d'y recourir plus tard pour combattre quelques signes de congestion céphalique. — Les douches administrées sur le rachis sont aussi un moyen auxiliaire souvent et utilement employé.

Malgré les conditions précédentes, les premiers bains ne furent suivis que d'une réaction imparfaite, chez des enfants que distinguait une apparente activité de la circulation périphérique ; mais la faculté réactive de la peau se développa toujours à mesure que s'avança le cours de la saison. Il ne survint qu'une seule fois à un enfant très-fort, une réaction excédante, avec rubéfaction de la peau.

Une fois engagés dans la saison, la plupart de ces enfants supportent bien les bains de mer administrés suivant les règles rationnelles ; on a seulement à neutraliser parfois, chez eux, quelques phénomènes propres aux enfants nerveux, tels qu'un degré d'excitation générale, qui se traduit par de faibles réactions sanguines ou diaphorétiques vers la tête, par une plus grande facilité à pleurer, et par quelques autres modifications du caractère : dans ces cas, c'est une loi de suspendre les bains pour un ou deux jours, ou de prescrire un repos tous les quatre à cinq jours. Une seule fois, un enfant très-débile et très-irritable, ayant éprouvé quelques effets d'excitabilité morale et une petite diarrhée, avec imminence de phénomènes cérébraux, reposa et baigna alternativement.

Certains enfants de la catégorie que nous étudions, que caractérisait une circulation habituellement accélérée, n'étaient pas bien avancés dans leur saison, qu'on observait déjà un ralentissement marqué du pouls ; phénomène de sédation très-commun aux bains de mer, surtout dans l'enfance caractérisée par la faiblesse et l'état nerveux. Une saison de vingt à trente bains, en repartissant plus également le liquide sanguin chez ces enfants, fondit et éclaircit les couleurs du visage et affaiblit la diaphorèse habituelle de la tête et la vascularité exagérée des conjonctives ; elle améliora de tout point l'état des fonctions, telles que la digestion le sommeil, les actes moraux, etc. Elle augmenta les forces générales, de manière à créer une aptitude réelle à l'exercice, chez ceux qui étaient en retard sous ce rapport, ou qui avaient conservé un degré prononcé de faiblesse musculaire, à la suite d'une maladie du cerveau.

Cet amendement est devenu plus tard, à notre pleine connaissance, le point de départ des changements les plus salutaires dans la santé de plusieurs enfants de cette classe, en allongeant et en effilant leur taille, en raffermissant leurs chairs et en remplissant leurs membres : d'où résulta, à un haut degré, la tonification de la fonction musculaire, quand elle était restée languissante, et par dessus tout, une somme de résistance vitale suffisante, contre les prédispositions morbides qui pouvaient encore exister chez eux.

§ 7. Enfants affectés de maladies spasmodiques.

La chorée et ses variétés tiennent le premier rang

parmi les maladies spasmodiques de l'enfance, qui ont été traitées par les bains de mer.

Pour mieux apprécier ici l'efficacité relative que les bains de mer ont manifestée dans la chorée, nous en admettons deux formes, celle qui est aiguë et celle qui est passée à l'état chronique.

La chorée récente s'est présentée le plus souvent chez de petites filles d'un tempérament nerveux. Elle était caractérisée, chez quelques-unes d'entre elles, par un désordre musculaire, auquel n'échappait aucune partie du corps; et alors, la tête, les yeux, la langue, les organes vocaux, les membres, le tronc tout entier, étaient le siége de mouvements involontaires, d'une irrégularité extrême.

On a toujours à se louer de commencer la saison, chez les choréïques de date récente, par trois ou quatre jours d'affusions administrées seules sur le bord de la mer, et portées progressivement jusqu'à un nombre considérable, puis de leur associer les immersions simples dans la mer pendant plusieurs jours aussi, avant de leur accorder une certaine halte dans la mer. Le temps de leur bain doit toujours être des plus courts ; mieux vaut leur laisser prendre quelquefois dans la même journée, deux bains d'une durée très limitée, que de leur permettre un bain trop long. Les bains trop prolongés, comme les bains trop suivis, développent facilement, chez eux, des effets d'excitation, tels que l'insomnie, le changement de l'humeur, le retour de quelques mouvements musculaires déjà disparus, etc. Aussi, on augmentera les chances de succès qu'on peut légitimement espérer des bains de mer, en faisant souvent reposer ces enfants, en leur imposant des saisons très-courtes, qui pourront être doublées et triplées, avec le soin d'observer entre chacune d'elles, une suspension de plusieurs jours.

C'est dans la forme aiguë de la chorée, que les bains de mer ont montré leur plus haut degré d'efficacité. Ils ont le plus souvent réussi à la faire disparaître ou à la réduire à des proportions minimes.

La chorée, passée à l'état chronique, même dans son degré le plus simple, a toujours affaibli plus ou moins la constitution des individus, et se distingue par des mouvements musculaires beaucoup moins violents et beaucoup moins étendus en surface que la chorée récente. Elle a eu sa période aiguë, pendant laquelle la perturbation des fonctions motrices a été beaucoup plus marquée ; mais aujourd'hui celle-ci se borne à quelques muscles seulement et à des mouvements peu intenses, qui sont quelquefois appelés *tics* par les parents du petit malade.

Les enfants affectés de chorée ancienne sont en général beaucoup moins sensibles à l'action excitante des bains de mer et peuvent en prendre un beaucoup plus grand nombre ; pourtant ils réclament quelque surveillance touchant leur durée, ainsi que l'adjonction de copieuses affusions.

Si les bains de mer ont généralement une action moins marquée dans la danse de Saint-Guy invétérée, que dans celle qui est récente, ils sont néanmoins d'une utilité incontestable dans cette maladie, sous le rapport de la restauration des forces et du rétablissement de quelques actes de la vie nutritive, et ils atténuent souvent, s'ils ne font disparaître les mouvements partiels qui la caractérisent. Ils sont heureusement secondés par tous les exercices qui harmonisent et fortifient les mouvements musculaires, tels que la gymnastique, la natation, l'escrime, l'équitation et la marche.

Il est venu aux bains de mer des enfants d'un à trois ans, qui avaient eu plusieurs attaques de convulsions, qui en présentaient encore de temps en temps et sous différentes formes et chez lesquels, malgré la plus belle santé, l'intelligence et les forces musculaires étaient très-attardées. Ces sujets ont été mis par les bains dans un état d'amélioration très-évident, quant aux actes musculaires et à la constitution tout entière : conditions nouvelles qui ont amené la disparition des accidents spasmodiques, pendant la durée de la saison.

Les bains de mer n'ont point agi, quand les convulsions étaient rapprochées et affectaient une certaine périodicité nocturne, diurne, hebdomadaire, etc. Dans deux de ces cas, nous avons retrouvé plus tard les enfants plongés dans un état d'idiotie déplorable.

§ 8. Enfants sujets aux phlegmasies de la muqueuse naso-gutturale.

Ces enfants présentaient presque tous, à des degrés variables, les caractères du tempérament lymphatique : tissus mous, lèvres épaisses, nez épaté, etc. Ils avaient en général une apparence chétive et faible ou étaient démesurément élancés et grêles pour leur âge. Beaucoup étaient sujets à de véritables hemi-crànies, à de fréquentes diarrhées, et à de petits accès fébriles qui se renouvelaient à propos de la moindre fatigue. Quelques-uns étaient nés de mères scrofuleuses ou avaient perdu des co-utérins d'une maladie de poitrine.

Ils contractaient avec la plus grande facilité des

otites externes, des angines tonsillaires, staphylaires, pharyngiennes, croupales ou pseudo-croupales, et des coryzas avec ou sans bronchite consécutive. On voyait, chez eux, la luette, le voile du palais et ses piliers, et le pharynx habituellement privés d'humidité, rouges ou piquetés de rouge. Les coryzas avaient entraîné souvent le rétrécissement ou l'oblitération du conduit d'*Eustachi*, et, par suite, une demi-surdité à laquelle venait ajouter chaque coryza nouveau, du moins pendant le temps de sa durée. Comme conséquences de ces accidents répétés, plusieurs enfants apportaient encore aux bains de mer un enchifrènement qui remontait à plusieurs mois ; d'autres, les deux tonsilles chroniquement enflammées et par suite un engorgement des glandes cervicales de l'un ou de l'autre côté.

Comme nous avions quelque peine à nous faire à l'idée d'appliquer les bains de mer à de tels enfants, nous nous bornions, la première année de notre pratique, à les soumettre à une courte saison de bains de mer chauffés (10 à 15), à température décroissante (31° C. pour *maximum*) et à durée progressive, depuis sept à huit minutes jusqu'à un quart d'heure; mais, tout en améliorant quelques conditions de la santé générale, ces bains n'atteignaient pas les localisations morbides elles-mêmes et ne prémunissaient pas suffisamment les individus contre leur retour. Après nous être familiarisé davantage avec notre moyen et l'avoir tenté peu à peu, nous fûmes surpris, non-seulement de son innocuité, mais encore de ses avantages dans les dispositions habituelles aux inflammations de la gorge et du nez, et dans les coryzas et les amygdalites chroniques qui en étaient la suite. Depuis lors, il nous arriva toujours, dans ces cas, d'administrer sans crainte et sans inconvénient une à deux saisons très-complètes; ce n'est qu'après cette expérience acquise, que nous avons trouvé que Speed guérissait déjà les maux de gorge par les bains de mer[1]. Comme on le pense, des bains rationnellement limités, aussi bien que des suspensions, étaient ici nécessaires, surtout lorsqu'il existait une toux concomitante.

Une saison simple composée de vingt à vingt-cinq bains, ont toujours amené, chez ces enfants, des changements marqués dans l'*habitus* extérieur. Leurs téguments avaient revêtu une nuance sanguine, et on les retrouvait épanouis au physique et au moral, et souvent grandis et engraissés. Ils dormaient et mangeaient mieux que d'habitude, et ils étaient visiblement fortifiés dans tous leurs actes extérieurs et intérieurs. Ils s'étaient débarrassés de leur coryza; la demi-surdité qui lui était inhérente avait le plus souvent diminué sensiblement et quelquefois entièrement disparu, et les amygdales étaient rétractées à un degré notable. A ce sujet, il ne nous a pas été rare d'observer, dans le cours de la saison, un *modus agendi* particulier des bains de mer sur ces états locaux devenus chroniques : dans quelques cas caractérisés par la suppression des sécrétions folliculaires, on voyait, à un certain moment, les bains humecter copieusement la muqueuse de Schneider et celle des *fauces*.

En revoyant quelques-uns de ces enfants, nous

---

[1] Vid. Commentary on sea water, translated from the latin, of Dr Speed (*A dissertation on the use of sea water*, etc. by R. Russel.) (London, 1769, in-8).

avons acquis la preuve, que les bains de mer détruisent la susceptibilité au coryza, aux angines pseudo-croupales, etc., amoindrissent les amygdales tuméfiées, à la suite de nombreuses inflammations de la gorge, et rendent surtout la constitution réfractaire aux causes qui amènent ces maladies.

§ 9. Enfants affectés de toux ou de bronchite à divers degrés ou prédisposés à ces maladies.

La plus grande partie de ces enfants montraient les plus grandes analogies avec ceux de la division précédente. Ils avaient généralement, comme eux, les caractères physiques du tempérament lymphatique : ophthalmie Meïbomienne, éphélides du visage, mauvaise dentition, chairs molles, téguments décolorés, etc. Ils étaient, sujets, comme eux, dans l'habitude de leur vie, aux diarrhées, aux angines gutturales, et avaient souvent aussi des amygdales hypertrophiées ou habituellement sillonnées de ramuscules sanguins. Ils avaient les yeux éteints, l'appétit irrégulier et la peau anémique; ils étaient de peu de gaieté, faibles à marcher, et endoloris de tous les membres à la moindre fatigue. Quelques-uns avaient récemment subi un rapide accroissement du corps; deux ou trois, au contraire, de la constitution la plus chétive, se présentaient avec un retard marqué dans le développement.

Sous le rapport de l'affection bronchique, les enfants de cette catégorie se trouvaient, au moment de leur arrivée aux bains de mer, dans l'un des cas suivants : 1° venus pour une cause étrangère à la bronchite, ils toussaient accidentellement depuis peu; 2° ils avaient eu *une fièvre catarrhale* ou une coqueluche, depuis lesquelles ils continuaient de tousser et de cracher; 3° ils apportaient une toux habituelle qui paraissait tenir au volume des amygdales ou à un état de sub-inflammation de la gorge; 4° ils se montraient chaque année sujets à des rhumes opiniâtres, lors du passage de l'automne à l'hiver, ou de l'hiver au printemps.

La toux remontait à une époque qui variait depuis quelques jours jusqu'à plusieurs mois. Généralement peu fréquente dans la journée, elle redoublait le matin au moment du réveil, mais rarement avant le sommeil, et se montrait plus souvent humide que sèche. Elle n'était jamais liée à l'existence d'un état pulmonaire qui pût être constaté par l'auscultation : tout au plus celle-ci fournissait-elle, dans des cas rares du reste, un râle à grosses bulles venant des premières divisions bronchiques. On sent d'avance qu'il fallait que ces conditions négatives fussent bien évidemment établies, avant de penser à l'usage des bains de mer. Malgré cette notion bien certaine, notre début nous inspira plus que de l'hésitation; le raisonnement ne suffisait pas pour nous affranchir de toute crainte à cet égard, tant que nous n'avions pas l'expérience. En nous hasardant peu à peu à l'acquérir, les premiers résultats ne tardèrent pas à enhardir notre marche, et à nous convaincre bientôt qu'une toux, même ancienne, qui ne ressort pas d'une cause héréditaire, ni d'une lésion pulmonaire, ni d'une conformation vicieuse du thorax, peut, dans la majeure partie des cas, céder à l'emploi bien ordonné des bains de mer froids.

Qui ne le conçoit d'avance ? Dans l'usage des bains de mer contre la toux, les plus grands inconvénients sont à côté des avantages. Voici donc les règles de conduite, qu'une expérience déjà ancienne nous a fait adopter, dans la direction des enfants qui sont venus se baigner, avec une toux plus ou moins invétérée. On doit presque toujours les faire débuter par des bains de mer tièdes de 33° jusqu'à 30° C., et de dix minutes à un quart-d'heure de durée. La toux diminue sensiblement quelquefois, sous l'influence de ces seuls bains. Les premiers bains froids ne doivent jamais dépasser une demi-minute à une minute, et sont administrés, selon les circonstances, avec ou sans l'immersion totale du corps et souvent suivis d'un pédiluve chaud. Avec de telles précautions, ces bains amènent immédiatement une réaction complète ou du moins suffisante. Ce n'est qu'en avançant dans la saison, et surtout quand déjà la toux est modifiée salutairement, que la durée du bain peut être portée, chez les moins jeunes de ces enfants, à quelques minutes de plus. Quant aux jeunes garçons qui touchent à la puberté et qui se livrent déjà à la natation, on peut se montrer moins rigoureux, sans perdre de vue toutefois la marche que suivra ultérieurement la toux. Nous choisissons le plus souvent, pour l'instant du bain, l'après midi ou l'heure la plus avancée de la matinée, au lieu des heures du matin pratiquées par la foule, et toujours marquées par une température plus basse de l'atmosphère.

On est parfois obligé, dans ces cas, de suspendre les bains temporairement, par des considérations de prudence, ou à cause d'un subit abaissement de la température extérieure.

Ce n'est qu'après avoir observé les plus funestes effets des bains doublés dans la même journée, que nous les avons définitivement proscrits chez les enfants qui toussent.

Est-il besoin d'insister sur le soin qu'il faut prendre, de soustraire ces enfants à l'exposition de l'air froid du soir et du matin, sur les bords de la mer. Plusieurs ont perdu tous les fruits qu'ils avaient déjà recueillis des bains de mer, après avoir été soumis imprudemment à l'empire de cette cause?

On ne doit jamais accorder aux enfants de cette classe, qu'une seule saison de quinze à vingt bains.

Comment la toux a-t-elle été modifiée par les bains de mer administrés avec ces conditions rationnelles? Les faits suivants répondront à cette question : 1° quelquefois, le premier bain arrêta la toux définitivement et sans retour ; 2° d'autres fois, la toux diminua sensiblement à dater du premier bain et ne s'éteignit graduellement, qu'à une époque plus reculée de la saison ; 3° dans certains cas, les deux ou trois premiers bains ne firent pas tousser moins, mais au sixième ou septième jour, la toux avait entièrement cessé ; 4° une fois enfin, la toux ne fut entièrement suspendue qu'au dix-neuvième bain.

Les toux qui avaient cédé sous l'influence des bains de mer, se montraient-elles faciles à reparaître, durant le séjour des individus sur les bords de la mer? Cet accident a été observé plusieurs fois : tantôt alors les bains furent continués et la toux disparut absolument, tantôt le bain fut suspendu et repris avec avantage ; ailleurs enfin, les bains durent être définitivement arrêtés, à cause de l'advention de quelques phénomènes morbides étrangers ou propres aux voies aérifères.

En général, on est frappé, pendant les étés chauds, de l'innocuité des toux apportées aux bains de mer, et de la facilité qu'elles ont à céder, sous l'influence de leur action, tandis que dans les saisons où les conditions atmosphériques sont les moins favorables, on a lieu de trouver ces états morbides plus tenaces et plus sujets à retour.

Voici maintenant les résultats que l'ensemble de l'organisme a retirés des bains de mer, chez les enfants de cette catégorie. Les premiers jours de l'habitation sur les côtes amélioraient déjà les couleurs du visage et les fonctions digestives, chez quelques-uns d'entre eux. Dès que les premiers bains avaient été administrés, on observait des modifications importantes chez tous; ils commençaient à devenir plus gais et plus vascularisés du visage. La saison finie, les enfants les plus éminemment lymphatiques se retrouvaient avec un *habitus* extérieur épanoui de santé, avec des téguments sanguifiés, pour ainsi dire, avec des paupières nettes et une humeur plus égale. Quelquefois le développement du volume des membres et un certain degré d'allongement du corps étaient au nombre des effets obtenus. Quand on parle de l'allongement du corps, chez les enfants de toutes les catégories qui ont pris les bains de mer, qu'on ne soit pas taxé d'exagération : c'est là un phénomène qu'il est commun d'observer, quand des états morbides quelconques ont entraîné, chez eux, un affaiblissement notable de tous les actes fonctionnels, et en particulier un retard dans l'accroissement du corps.

Les règles que nous venons de poser, relativement à l'application des bains de mer dans les bronchites des enfants, s'adaptent également bien aux toux sans fièvre, qu'ils sont sujets à contracter à leur arrivée ou pendant leur séjour sur les côtes de la mer. Attendre toujours que la toux soit parvenue à un certain degré de maturité, que l'état thermométrique de l'atmosphère ne se trouve pas à un degré d'abaissement notable, tenter la mer avec prudence et se tenir prêt à cesser de la pratiquer, si la toux augmente : tel est le résumé des précautions qu'il convient de prendre, dans tous les cas.

Les inflammations légères de la muqueuse nasogutturale, qui surviennent actuellement, non seulement chez les jeunes sujets, mais encore chez les adultes qui se baignent, se gouvernent en général comme les faits précédents. Dans un coryza ou dans une angine gutturale au début, quand l'état de l'atmosphère est à un degré suffisant de chaleur, le bain de mer est permis, à la condition d'être court, sauf à s'arrêter en chemin, si ces phlogoses locales s'exaspèrent à un certain degré ; ce qui est le cas le plus rare.

§ 10. **Enfants sujets aux états morbides de la muqueuse gastro-intestinale, ou qui en sont présentement affectés.**

Les enfants qui nous ont offert les conditions anormales du tube digestif, quoique de constitution différente, étaient généralement assez forts et assez bien nourris ; ils n'étaient privés d'énergie ou de résistance que sous le rapport des fonctions digestives, et quelques-uns d'entre eux portaient profondément empreint sur la figure, le trait physiognomonique propre aux maladies sous-diaphragmatiques dans l'enfance.

Les affections habituelles de ces enfants étaient : 1° de fréquentes irritations de l'estomac, avec sensibilité épigastrique ; 2° un état de constipation avec tension abdominale, qui avait succédé à une entérite ou à une dyssenterie, ou une alternative de coliques et de constipation, qui avait surtout de la tendance à se remontrer pendant l'été ; 3° des irritations intestinales avec coliques, avec ou sans diarrhée, survenant sous l'influence des régimes alimentaires les plus différents et s'accompagnant quelquefois de la procidence de l'anus.

Les bains de mer froids, de trois à cinq minutes, ont été donnés à ces enfants, sans aucune préparation, et ont été suivis, dans tous les cas, d'une réaction complète. Un petit nombre de ces bains constipèrent tout d'abord ceux qui avaient d'habitude le ventre relâché et resserrèrent davantage ceux qui étaient ordinairement constipés. Dans ces deux occasions, on fut dans le cas d'administrer, pendant quelques jours, un ou deux demi-verres d'eau de mer pure ou coupée, lesquels suffirent pour régulariser les selles; plusieurs fois des lavements d'eau salée amenèrent ce résultat, là où son usage intérieur avait échoué. On fut obligé quelquefois de suspendre momentanément les bains, dans le cours de la saison, pour modérer des crampes gastriques ou une certaine excitation morale développées chez les petits baigneurs.

Une ou deux saisons éclaircirent et colorèrent souvent le teint de ces enfants, leur donnèrent quelquefois un embonpoint notable, et apportèrent des améliorations variées dans l'état fonctionnel des organes. Dans les cas caractérisés par des coliques sans diarrhée ou avec diarrhée, les bains de mer furent suivis le plus souvent d'une guérison définitive, ou du moins d'un amendement réel de l'état des entrailles et de la procidence rectale. On n'eut pas à se louer au même degré de l'action thérapeutique des bains de mer, dans les autres états morbides des voies digestives.

Dans plusieurs des diarrhées habituelles, le résultat des bains ne se fit sentir que secondairement dans le cours de l'année, où les fonctions intestinales se montrèrent consolidées et toute la constitution éminemment modifiée.

CHAPITRE III

MALADIES DE LA JEUNESSE.

Maladies propres aux jeunes gens.

Cette catégorie se compose de jeunes gens, chez lesquels viennent de se déclarer les signes de la puberté, qui entrent dans une série nouvelle d'actes physiques et moraux, et par conséquent dans un ordre d'affections morbides nouvelles, lesquelles pourtant participent encore souvent des caractères de leur tempérament originel.

Parmi ces individus, il en est qui sont nés de parents nerveux, qui sont pâles et amaigris par une croissance rapide, par l'abus précoce de l'onanisme et des plaisirs ou par des pertes séminales nocturnes revenant tous les quatre ou cinq jours. Heureux, quand, à ces causes d'affaiblissement, ne se sont pas joints, au milieu de leur vie si jeune, l'une de ces maladies et l'un de ces traitements spécifiques qui sont si souvent pires que le mal! Dans cet état, ils présentent habituellement différents symptômes nerveux de la tête, sont sujets à s'exaspérer par l'occupation intellectuelle, ne mangent plus, dorment mal, et languissent dans une atonie complète.

Le premier effet des bains de mer très-courts, est de diminuer ou de faire disparaître, chez ces jeunes gens, la céphalée nerveuse, de leur rendre l'appétit et de faire cesser ou d'éloigner les pollutions. Lorsqu'ils ont achevé une saison de bains de mer et d'affusions, complétée encore par un exercice journalier, au milieu de l'atmosphère marine, les apparences de la santé se remontrent à leur visage; le sommeil et un certain degré de nutrition du corps leur reviennent; enfin, la blennorrhée, si elle existe, après s'être exaspérée quelquefois, se tarit en entier.

Des jeunes gens, également élancés, impressionnables, alliés de très-près à des individus affectés d'épilepsie ou morts d'affections cérébrales aiguës, sujets déjà à quelques symptômes nerveux (céphalalgie, engourdissement d'un bras, obscurcissement de la vue et accidents spasmodiques de nature variée, etc.), et peu capables de résistance au travail intellectuel, à la chaleur atmosphérique, etc., prennent aussi avec succès des bains de mer réunis à des affusions abondantes. L'un d'eux s'est prémuni pendant plusieurs années contre des accidents cérébraux qui paraissaient imminents, en venant chaque été aux bains, et il est arrivé aujourd'hui à pouvoir exercer amplement et impunément toutes les facultés de sa jeunesse.

D'autres jeunes gens ne sont qu'affaiblis; ils se sont livrés à une vie studieuse ou ascétique à l'excès, ou ils ont grandi démesurément, à la suite d'une maladie aiguë, dont la période de convalescence est actuellement terminée à peine (fièvre typhoïde, pneumonie, etc.). Ces individus prennent généralement *cum copiâ* des bains froids de huit à dix minutes, et souvent les doublent dans le même jour, à mesure qu'ils se fortifient. Ils ont de bonnes réactions, que favorise encore la natation, à laquelle ils aiment à se livrer le plus ordinairement.

CHAPITRE IV

MALADIES PROPRES AUX JEUNES FILLES.

§ 1. Développement de la puberté.

Nous ne parlons pas ici du nombre de jeunes filles, quittant l'enfance à peine, qui sont envoyées chaque année aux bains de mer, pour l'une des maladies particulières à leur âge, et qui sont mises dans des conditions organiques nouvelles, lesquelles aboutissent à l'apparition prématurée des règles; mais seulement de celles qui, n'étant pas pubères, mais en âge de le devenir, se trouvent dans des états variés de faiblesse générale, et viennent demander à la mer les moyens de combattre cette cause unique ou principale, à laquelle est rapporté chez elles le retard de la puberté. Cet affaiblissement, qui s'accompagne de maigreur, de pâleur, de la détérioration entière de la constitution, est originel, chez les jeunes filles, ou occasionné par une maladie antérieure ou une croissance rapide, et quelquefois entretenue actuellement par une altération plus ou moins profonde des actes digestifs.

Il est de la plus haute importance, chez les jeunes personnes faibles et non menstruées, de commencer la saison par les bains de mer chauffés et de ne leur permettre que des bains froids de deux à cinq minutes, accompagnés d'un certain nombre d'immersions. Des bains plus longs amènent infailliblement une réaction incomplète, et par suite, de la toux, de la faiblesse musculaire, etc. Une jeune impubère de quinze ans, ne put jamais se baigner au delà de deux ou trois minutes, et ne réagit même suffisamment à cette mesure, qu'à l'aide de frictions sur le corps et de l'ingestion du vin de Bordeaux chaud et sucré.

Une saison doit toujours être restreinte à un petit nombre de bains, chez les individus de cette classe (dix-huit à vingt); elle peut être doublée, mais avec un intervalle de repos de huit à dix jours au moins entre chaque saison. Au delà de vingt-cinq bains pris sans discontinuer, il se montre bientôt, chez eux, des signes indiquant que leur tolérance est en quelque sorte épuisée.

Il ne faut quelquefois qu'un petit nombre de bains de mer, d'autres fois la saison entière est nécessaire, pour qu'il apparaisse, dans ces cas, un *molimen* menstruel, lequel peut se borner à de simples phénomènes de congestion utérine ou aboutir à un écoulement sanguin, de quelques heures de durée seulement. Ce *molimen* est accusé le plus souvent par des douleurs vagues des lombes et de l'abdomen, par de la sensibilité hypogastrique à la pression, des pincements dans l'intérieur du bassin, des élancements aux aines et à la partie supérieure des cuisses, la bouffissure des paupières et un mouvement fébrile. Nous avons été conduit à modérer l'intensité de ces accidents précurseurs, par une déplétion sanguine, dans un cas où l'écoulement menstruel avait avorté.

Qu'une simple congestion menstruelle ou une irruption sanguine véritable, mais incomplète, soit, de prime abord, le résultat des bains de mer, chez les jeunes impubères, il est loin d'être rare que ces préliminaires deviennent, à la période mensuelle suivante, le signal d'une légitime menstruation, même dans des conditions de faiblesse générale très-prononcée. Quelquefois cette fonction nouvelle s'est ainsi établie définitivement, sous nos yeux, avant même que les sujets n'aient quitté les bords de la mer; mais le plus souvent dans les mois qui suivent leur départ. Dans la plupart des cas, le *molimen* menstruel se remontre une seconde fois, dans le cours de la saison, et peut se répéter même pendant plusieurs mois, sans aboutir à une manifestation sanguine. Une jeune personne très-débile et physiquement très-attardée, éprouva, pendant l'année qui suivit les bains de mer, chaque mois et à époque fixe, ces préliminaires de la menstruation, sans que la nature parvînt à compléter son œuvre, pour laquelle il fallut une seconde saison de bains de mer.

Ces phénomènes menstruels sont déjà préparés, pendant la saison des bains de mer, par des modifications partielles et générales de l'organisme : ainsi, on observe successivement le retour de la vascularité du visage et d'une certaine expression du visage, puis s'opère *gradatim* un changement notable dans l'état moral habituel et dans les fonctions de la vie nutritive. Une jeune impubère, sujette à des étouffements très-incommodes, respirait mieux chaque fois qu'elle sortait de la mer, et finit par se colorer et engraisser, avant que l'utérus ne donnât le premier signe de vitalité.

Chaque année, nous arrivent aux bains de mer pour la seconde fois, plusieurs de ces jeunes personnes, qui se présentent alors grandies, fortifiées et bien réglées, et viennent compléter les résultats qu'elles ont obtenus une première année.

§ 2. Troubles de la première menstruation.

Les jeunes filles qui, partageant les mêmes conditions de débilité générale que les précédentes, n'ont eu qu'une seule ou plusieurs époques incomplètes, irrégulières et peu abondantes, ou n'ont habituellement que des règles insuffisantes, et par suite éprouvent à chaque période des phénomènes de congestion faciale, des états nerveux variés, des douleurs lombaires, etc., se trouvent, relativement aux bains de mer, dans les mêmes conditions que les impubères, et n'en retirent pas de moins réels avantages. — Nous n'avons donc, en ce qui regarde l'administration et l'emploi propres aux bains de mer qui leur sont destinés, qu'à nous reporter aux détails qui viennent d'être établis.

Un état de la menstruation opposé à l'état précédent, amène aussi chaque année aux bains de mer, des jeunes personnes réglées depuis peu et d'une manière très-précoce. Elles viennent se prémunir, tantôt contre des périodes menstruelles d'abondance normale, mais qui se répètent deux ou trois fois par mois, tantôt contre des règles à la fois exagérées en quantité et en fréquence, et constituées par un sang où prédomine le sérum; et dans l'un et l'autre cas, elles se plaignent à chaque époque de douleurs utérines souvent très-violentes, qui entraînent pour un moment une énervation marquée des forces musculaires. Ces jeunes filles, bien que fortement constituées quelquefois, se fatiguent aisément et sont en général caractérisées par quelques-uns des attributs du tempérament lymphatique et par une lenteur remarquable des actes physiques et intellectuels.

Il est souvent convenable de faire débuter ces jeunes personnes par des bains de mer chauffés; car il en est qui s'effraient d'avance de l'impression des bains froids. Elles ont de bonnes réactions, à moins que leur séjour dans la mer ne dépasse le temps très-limité qu'on doit leur accorder, auquel cas elles sortent très-facilement refroidies du bain. Elles peuvent, en évitant ces dernières conditions, recevoir des bains de mer tous les jours et les doubler assez souvent. Il est remarquable que les pédiluves chauds d'eau de mer, qu'on leur administre pour favoriser la réaction, n'entraînent pas les conséquences qu'on en pourrait attendre, chez celles surtout qui ont la menstruation exagérée et rapprochée à la fois; les bains de mer neutralisent l'influence dérivative de ce moyen, par leurs effets toniques et la propriété qu'ils ont de répartir le sang à toute la périphérie du corps.

Dès les premiers bains, on observe sur le visage des jeunes filles le développement des capillaires du visage et de jour en jour on voit se raviver les plus faibles d'entre elles. A la première époque préfixe, on peut déjà constater l'un de ces deux cas : 1° les règles manquent et ne reviennent que quelques jours après; 2° elles se montrent fidèles à leur moment; mais elles arrivent en moindre quantité. Ces modifications se complètent le plus souvent dans les mois qui s'écoulent après les bains de mer, et mènent les jeunes personnes à un état normal de la menstruation, ainsi qu'à la disparition de tous les troubles fonctionnels qui dépendaient de son état pathologique.

§ 3. Faiblesse locale et générale.

Ces états se sont rencontrés,

1° Chez les jeunes filles formées, habituellement inappétentes, qui, après une maladie grave, ont grandi très-vite et restent maigres et élancées, et qui ont conservé, depuis leur enfance, une grande disposition aux fluxions catarrhales des oreilles, du nez, des intestins; chez celles qui, avec les conditions précédentes, montrent quelques signes de faiblesse dans la longueur du rachis, laquelle s'annonce par peu de tendance au mouvement et par un défaut de résistance à l'exercice.

2° Chez les jeunes lymphatiques récemment réglées, apathiques, quoique de constitution forte en apparence et d'une certaine impressionnabilité nerveuse, qui viennent de subir aussi un très-rapide accroissement du corps, lequel a entraîné une légère déviation de l'axe vertébral; chez celles qui sont sujettes chaque hiver à des bronchites plus ou moins prolongées, d'un caractère peu aigu; enfin chez celles qui ont un développement plus ou moins considérable de la glande thyroïde ou une incontinence d'urine nocturne persistant depuis l'enfance, et que n'a point enlevée la puberté.

3° Dans les cas où les phénomènes de la puberté, quoique bien établis, ont amené chez les jeunes filles des désordres fonctionnels ou certains états nerveux appartenant à l'hystérie, à la chorée, etc.

Les plus faibles et les plus nerveuses de ces jeunes filles doivent se préparer par des bains de mer chauffés, à température décroissante, et ne recevoir les bains froids qu'avec la plus grande surveillance. Elles sont trop souvent portées à exagérer la durée de ces bains, bien qu'ils leur occasionnent une grande suffocation dans les premiers temps et qu'il faille quelquefois favoriser la réaction, chez elles, par quelques moyens auxiliaires, tels que les pédiluves, les *ingesta* spiritueux, les frictions variées, etc.

Ces sujets se montrent non moins sensibles aux influences de la température de l'atmosphère maritime, qu'à la première impression de la mer; ils ont conséquemment besoin de s'en défendre par des vêtements chauds. Floyer combattait précisément par les bains froids cette sensibilité au *froid* atmosphérique, chez les jeunes gens faibles, et prétendaient ainsi donner plus de vigueur et de résistance à leurs actes corporels.

Quand on cherche à déterminer la nature et la somme des résultats, dont ces jeunes filles ont été mises en possession, par une saison de bains de mer, on trouve que les changements se sont surtout opérés dans les conditions caractéristiques de leur tempérament et de leur constitution acquise ou originelle. Quant aux manières d'agir plus locales des bains de mer, il en a été observé de très-sensibles dans plusieurs cas, où s'est opérée en partie la détuméfaction de la glande thyroïdienne et où a disparu ou diminué l'incontinence d'urine.

C'est dans cette classe de sujets qu'on a pu retrouver les effets secondaires des bains de mer, dans toute leur puissance, surtout chez les jeunes personnes faibles affectées d'une tendance à l'inclinaison de la colonne vertébrale.

Il est quelques jeunes filles, éminemment lymphatiques, qui présentent tous les signes rationnels d'un déplacement de l'utérus, tels que le tiraillement abdominal et la pesanteur pelvienne dans la station verticale et assise, les douleurs du bas-ventre pendant le décubitus qui succède à ces positions, la gêne du décubitus latéral, la dysurie, etc. Tous ces phénomènes symptomatiques sont augmentés, chez elles, par les bains tièdes, la marche, les efforts musculaires pour soulever un corps pesant, etc. La fièvre, la rougeur violacée et la bouffissure du visage, les palpitations, les urines claires tombant *guttatim*, sont souvent les préliminaires des règles qui se montrent très-abondantes. Nous n'avons jamais pu nous rendre compte de ces cas, dans lesquels on est privé d'ailleurs des ressources de l'observation directe; ils se sont toujours offerts à nous, accompagnés d'une excitabilité ou d'une sorte de *crasis* phlogistique, qui a rendu l'application des bains de mer presque impossible. Après avoir pris vingt-cinq bains, une de ces jeunes personnes avait complétement perdu l'appétit, ne pouvait se lever, avait la figure animée et les pieds froids, et demeurait au lit dans un état alternatif d'angine sub-aiguë ou de diarrhée.

CHAPITRE V

MALADIES COMMUNES AUX JEUNES FILLES ET AUX FEMMES.

§ 1. Chlorose.

La chlorose, à tous les degrés, s'est offerte aux bains de mer, le plus souvent entre l'âge de treize à vingt ans.

Dans le premier degré de la chlorose, les individus étaient caractérisés par l'intégrité de la constitution, et avaient conservé leur gaieté, leur sommeil, leur embonpoint et une certaine vie vasculaire de la figure. La nutrition se conservait à peu près intacte, bien que l'appétit fût sensiblement diminué. Les règles étaient douloureuses, avaient perdu de leur quantité ou n'avaient jamais été qu'incomplètes, et dans ces deux cas, se maintenaient régulières. Ce degré de la chlorose s'est presque toujours rencontré chez de jeunes personnes assez fortes.

A un degré plus marqué de la maladie, le visage était particulièrement pâle (pâleur chlorotique); les lèvres et les gencives étaient lisses et décolorées; la langue était sans papilles, et l'émail des dents terni. Il existait des céphalées ou hémi-crânies habituelles, de la dyspnée, de l'étouffement et des palpitations en montant les degrés d'un escalier. Il régnait dans les fonctions digestives les désordres les plus variés, depuis l'inertie (inappétence habituelle, nausées, disposition diarrhéique, amas de mucosité dans la gorge, etc.) jusqu'à la dyspepsie avec dégoût insurmontable pour le pain et la viande, et goût exclusif pour les aliments végétaux. Ces différents états avaient entraîné un amaigrissement notable, un affaiblissement des forces musculaires et un sentiment de fatigue continuel, surtout prononcé le matin. La menstruation n'avait point encore existé, ou se faisait rarement, incomplétement et parfois irrégulièrement; d'autres fois, elle avait disparu accidentellement depuis longtemps déjà, ne se remontrait que tous les deux ou trois mois, ou était suppléée par des épistaxis. Le sang qu'elle fournissait était pâle, aqueux et quelquefois entièrement altéré dans ses autres caractères physiques. L'humeur était également modifiée ; le plus souvent elle était mélancolique et avait rarement conservé une certaine gaîté. La peau, sensible au dernier point au refroidissement de l'atmosphère, était d'un blanc mat et d'un aspect anémique.

La chlorose à ce degré s'est rencontrée assez particulièrement chez de jeunes filles nouvellement réglées, fortes en apparence et très-faibles en réalité.

Au dernier degré de la chlorose, il y avait toujours absence de menstruation ; celle-ci avait disparu entièrement ou ne s'était jamais montrée qu'une seule fois, et encore incomplétement. Dans tous les cas, la disparition menstruelle avait été suivie d'une abondante leucorrhée et avait successivement amené tous les phénomènes caractéristiques de la chlorose : céphalée habituelle, teint pâle ou plutôt cachectique, inappétence ou appétits bizarres, gastralgie, langue et muqueuse buccale décolorées, ternissement de l'émail dentaire, serrement précordial, oppression en montant un escalier, dyspnée extrême, palpitations suivies de syncope, souffle plus ou moins étendu de l'arbre artériel, mélancolie, abattement profond, faiblesse musculaire, etc. Plusieurs de ces chlorotiques, eu égard à l'intensité de leurs palpitations et de leur dyspnée, avaient été traitées pour une affection du cœur. Quelques-unes étaient aux prises avec des symptômes hystériques d'une violence extrême, existant sous la forme de convulsions, de spasmes respiratoires, utérins, etc.

La peau des chlorotiques est accessible, au dernier point, à l'air qui règne sur les bords de la mer. C'est là, sans doute, d'où vient le sentiment de terreur qui saisit quelques-unes d'entre elles, à l'idée de recevoir un bain froid. En effet, le premier bain les impressionne et les suffoque au plus haut degré; mais ces sensations diminuent déjà au second et disparaissent en grande partie aux bains suivants; mais il n'est pas rare de voir le sentiment d'oppression qui suit la sortie de la mer, persister encore pendant quelques jours.

Il est donc rationnel, dans la majeure partie des chloroses, de commencer par deux ou trois bains de mer chauffés (35°-30° C., et un quart d'heure à vingt minutes), et de faire succéder des bains froids d'une brièveté extrême, en débutant par une minute, chez les plus jeunes sujets, et n'allant pas, chez les autres, au delà de trois à quatre minutes. Avec de telles conditions, la réaction, qu'on peut favoriser d'ailleurs par l'usage des pédiluves chauds, s'opère à un degré suffisant. Les bains trop longs, trop continus ou pris par des mers trop fortes, et les bains doubles, fatiguent promptement les chlorotiques : jamais l'une d'elles n'a été soumise à un bain de dix minutes, sans grelotter et souffrir de quelque manière Une jeune personne affectée d'une chlorose hystérique, fut saisie, après un bain de sept minutes, par des spasmes nerveux, avec perte de connaissance. Une seule, à notre connaissance, put faire deux saisons (quarante-deux bains) avec des avantages toujours croissants pour sa santé.

Outre que les bains de mer administrés avec des conditions irrationnelles, ont les graves inconvénients d'annihiler les effets spéciaux qu'on a le droit d'attendre d'eux, ils peuvent amener encore une série d'accidents très-variés, lesquels ont en général un caractère spasmodique, tels que des étouffements, une constriction gutturale analogue à la constriction hystérique, etc. On n'observe presque jamais ces suites dans le cours d'une saison rationnellement dirigée, et on est toujours sûr de les voir cesser par le retour aux règles consacrées en pareil cas.

Il est rare que, dans le courant même de la saison, les effets des bains de mer soient tels, qu'ils accélèrent d'emblée, pour ainsi dire, la venue de l'époque menstruelle, quand elle retarde, ou qu'ils la fassent reparaître, quand elle est interrompue, et, à plus forte raison, qu'ils la provoquent, quand elle n'a jamais existé. Le plus ordinairement, ils préparent ces résultats, comme on le voit au retour de la circulation périphérique. Cette première action concourt efficacement à détruire les concentrations céphalalgiques et les engorgements viscéraux entretenus par la stase du sang dans la trame des organes, et à développer le réseau capillaire superficiel du visage, des lèvres et des gencives : ce qui redonne aux chlorotiques, dans une proportion relative, l'expression de la santé. En ralentissant la circulation centrale, ils amoindrissent le souffle artériel et l'impulsion du cœur, et augmentent la liberté de respirer. Ils amendent encore les fonctions gastro-intestinale et la leucorrhée, d'où naissent bientôt l'appétit, la spontanéité des selles, l'embonpoint, et un accroissement de forces et de vie; enfin ils améliorent l'état moral, et remplacent la mélancolie habituelle par une gaieté et un sentiment de bonheur inaccoutumé.

C'est par ces modifications préliminaires, que les chlorotiques ont été mises, après leur saison, dans des conditions diamétralement opposées à celles où elles se trouvaient naguère. Maintenant, elles se montraient sanguifiées, avaient gagné un degré marqué de tonicité générale, et le liquide menstruel avait acquis, chez elles, la somme des globules rouges qui étaient nécessaires pour que leur menstruation se rétablit, se complétât et fournit un sang convenablement hématosé. Cette restauration des actes fonctionnels une fois obtenue, on pouvait s'attendre avec quelque confiance, à voir se réaliser, dans les mois qui suivent la saison des bains de mer, le fait si capital de la réapparition définitive des menstrues, et considérer dès lors les jeunes personnes comme en état de supporter les fatigues du mariage et de la maternité.

L'usage des ferrugineux dans la chlorose est consacré par des succès si journaliers, que la plupart des sujets qui en sont affectés, viennent aux bains de mer dans le cours d'un traitement martial. Le fer, employé sous toutes les formes et associé quelquefois aux amers et aux toniques, a produit déjà chez eux des effets plus ou moins avantageux. En face des bains de mer, qui atteignent si souvent leur but dans les pâles couleurs, nous avons l'habitude de supprimer les toniques et les martiaux pendant la saison ; seulement, la proximité des lieux nous est un engagement pour faire mélanger l'eau de Forges avec le vin des repas : nous aimons mieux destiner le fer à favoriser plus tard les effets secondaires des bains de mer. L'expérience d'ailleurs n'a-t-elle pas démontré que c'est exalter l'action des médicaments que de les suspendre temporairement?

A mesure que le nombre de bains de mer augmente, il faut favoriser leur action, chez les chlorotiques, par l'exercice sous toutes les formes, à pied, à cheval, en voiture, selon la mesure que l'accroissement des forces générales leur permet de supporter.

C'est un fait commun que le retour des chlorotiques aux bains de mer, après une première saison achevée avec succès. Elles arrivent avec le corps développé; et les phénomènes chlorotiques qui persistent encore, chez elles, ne sont que les linéaments de ceux de l'année précédente. Ce second voyage est destiné à compléter les résultats du premier et à rectifier ou compléter les conditions de la fonction nouvellement mise en action. Une jeune fille, chlorotique, âgée de quinze ans, pubère depuis sa première saison, était réglée deux fois en quatre semaines; elle atteignit le but désiré, après avoir repris les bains de mer.

La chlorose s'est présentée non rarement, à des époques plus avancée de la vie menstruelle des femmes. C'est dans ces cas surtout, qu'elle semblait tenir à des affections morales, qui entretenaient, chez les sujets, un état habituel de tristesse.

La chlorose que nous avons observée, chez les femmes, n'était plus, comme la précédente, cette individualité pathologique toujours à peu près semblable à elle-même; non-seulement elle se distinguait par des caractères particuliers de la chlorose de la jeunesse, mais encore elle différait d'elle-même par des traits distinctifs.

La variété qui se rapprochait le plus de la chlorose des jeunes filles, appartenait à des femmes mariées et mères, chez lesquelles la fonction menstruelle n'avait pas reparu depuis une dernière couche, et semblait remplacée par la leucorrhée.

Une deuxième variété de la chlorose s'est remontrée chez des femmes, d'un embonpoint lymphatique, mais d'une idiosyncrasie nerveuse acquise ou naturelle, qui s'exprimait, ou peut-être était amenée par des accès de névralgie et souvent par des douleurs précordiales remarquables par leur intensité et par la concomitance de la dyspnée. Des fausses couches, souvent nombreuses, avaient eu lieu, chez elles, et étaient attribuées à l'anémie.

La troisième variété de la chlorose semblait liée, soit comme cause, soit comme effet, à un état morbide des organes viscéraux de l'abdomen. Une femme adulte, mariée à dix-neuf ans, ayant eu trois enfants, grasse, de tissus mous, souffrit d'abord de l'hypocondre, du flanc et de la fosse-iliaque du côté droit, et présenta bientôt des symptômes névropathiques accompagnés de chlorose (sang pâle et rare, souffle carotidien, dyspnée facile en montant, pouls mou, assez fréquent, inappétence, faiblesse générale). En même temps, la sensibilité de la région hépatique devint très-vive, et on reconnut un engorgement du lobe gauche du foie, par *stasis* du sang.

Une disposition chloro-anémique plutôt qu'une véritable chlorose, forme la quatrième variété. Elle s'est présentée, chez des femmes délicates et nerveuses, avec ou sans souffle carotidien, avec sang menstruel rare et pâle, avec toux spasmodique parfois et circulation peu active. Ces symptômes avaient fait suspecter à quelques médecins, l'intégrité de la poitrine et n'avaient permis à d'autres de conseiller les bains de mer, qu'avec une grande timidité. Nous avons quelquefois hésité beaucoup nous-mêmes à les appliquer à de tels individus : ce n'est qu'après une exploration réitérée des organes thoraciques, que nous nous sommes décidé à les faire baigner ; et les résultats sont venus souvent justifier ce parti.

Les femmes chlorotiques ne sont point sensibles au même degré que les jeunes filles, à l'impression des bains de mer froids, peuvent user plus largement de leur emploi; mais n'en retirent pas des effets aussi sûrs et aussi complets. Pourtant un grand nombre ont été mises par eux, dans des conditions meilleures, sous le rapport des localisations où se concentre la sensibilité nerveuse, de l'affaiblissement général et des modifications physiques, que l'état pathologique avait imprimés au sang menstruel et à l'*habitus* extérieur.

§ 2. Métrorrhagie ou menstruation surabondante.

Après avoir prouvé l'efficacité des bains de mer, quand il est besoin de favoriser les préludes de la puberté, d'accélérer, d'augmenter et de rétablir l'écoulement menstruel, parler de cette efficacité dans certains cas de métrorrhagie, peut sembler impliquer contradiction. Pourtant rien n'est plus fondé que cette proposition générale : *Les bains de mer réussissent le plus* souvent, *chez des jeunes filles et des femmes épuisées par des pertes excessives ou l'habitude d'une menstruation sur-abondante, pourvu que ces accidents soient liés à des phénomènes généraux ou locaux de débilité.*

« Le bain froid arrête tous les flux de sang, » disait de son temps le judicieux Floyer [1]. Depuis longtemps déjà, les Allemands mettent en usage les bains de mer contre les hémorragies du système utérin, pourvu qu'elles soient de nature passive.

Les cas qui nous ont fourni cette section, concernaient des jeunes personnes et des femmes mariées de tout âge, de constitution originairement faible ou accidentellement affaiblie, qui éprouvaient de temps en temps des pertes sanguines ou avaient d'ordinaire des règles rapprochées, précipitées, abondantes, longues et souvent douloureuses, lesquelles entraînaient la nécessité de rester au lit. Sous l'influence de causes souvent inappréciables, quelquefois d'une marche un peu longue, ces époques revenaient parfois sous la forme de véritables pertes continues, au milieu desquelles le phénomène menstruel semblait s'accuser par un redoubleblement de l'hémorragie.

Ces accidents avaient donné au visage une grande pâleur ou un teint jaune et une certaine suffusion veineuse du nez, avaient amené un dépérissement graduel, des lassitudes spontanées, un sentiment fréquent de défaillance et de langueur générale, de la fatigue à marcher, l'obligation renouvelée du repos, de la tristesse et pourtant une certaine vivacité maladive, des douleurs lombaires, ombilicales ou iliaques, des tiraillements gastriques ou de la gastralgie, de l'inappétence, des

---

[1] Loc. cit.

états nerveux variés, une sensibilité excessive à l'action du froid, etc. Sous l'influence même de cet état asthénique, les pertes utérines avaient encore augmenté, et le sang avait perdu de jour en jour de ses éléments rouges, jusqu'à simuler habituellement un flux leucorrhéique abondant et de couleur roussâtre.

Des bains de mer de trois à cinq minutes, administrés sans secousses et avec une seule immersion, secondés par un repos convenable et quelquefois par une médication et une alimentation tonique, ont toujours et très-promptement modéré ces *profluvia* sanguins de nature passive. On a lieu d'être surpris de la promptitude, avec laquelle les premiers bains de mer améliorent déjà le lombago, font renaître la coloration des joues, l'appétit, les forces et la gaieté, chez les femmes qui en sont affectées. Il n'est pas rare de voir, avant la fin d'une première saison, se supprimer l'époque intercalaire, et la menstruation, déjà moins *en excès*, survenir sans douleur et avec une succession normale. Pendant le reste de la saison, on assiste, pour ainsi dire, au retour de l'organisation à de meilleures conditions, telles que le développement de la vascularité cutanée, le rétablissement du sommeil, l'amélioration de certains actes digestifs, la sédation des fonctions nerveuses, etc. C'est précédée par de telles améliorations, que survient, après une ou deux saisons, la cessation définitive et graduelle des accidents hémorragiques. Des résultats si complets n'ont pas été passagers, comme on pourrait le craindre; nous avons revu aux bains de mer ou retrouvé ailleurs plusieurs de nos sujets, avec une santé renouvelée de tout point, qui ne datait que de la disparition de l'hémorragie menstruelle obtenue par les bains de mer.

Le fait suivant servira à la fois de précepte et d'exemple, pour diriger l'emploi des bains de mer dans des cas pareils, et pour en faire connaître les effets spéciaux.

Observation II. — Une jeune personne de dix-neuf ans, d'une grande pâleur, très-constipée, ayant eu toujours des époques irrégulières et très-abondantes, était affaiblie depuis quelque temps par une perte sanguine continue, dont un redoublement irrégulier dans sa venue, servait à marquer la période cataméniale. Les bains de mer lui furent conseillés, et ses parents l'installèrent à Varangeville, joli village assez éloigné de la mer. Elle s'y baigna quelques jours pendant une demi-heure, en parcourant à pied, chaque fois, un chemin d'une demi-lieue. Ce mode vicieux n'amena aucune amélioration dans ses accidents et y ajouta une fatigue extrême; ce qui décida ses proches à venir à Dieppe chercher de meilleures conditions.

Les premier et second bains, administrés avec une seule immersion et dans une complète immobilité, furent de trois minutes; l'écoulement sanguin diminua. Le troisième bain fut donné avec deux immersions, et dura cinq minutes; la perte de la journée fut très-légère. Au sixième bain, l'apparition du sang avait presque complétement cessé, et était remplacée par un peu d'écoulement blanc; le sommeil et la mine s'étaient améliorés, et les selles s'étaient régularisées. Après le septième bain, il reparut un peu de sang vermeil, qui persistait encore en aussi minime quantité après le neuvième. Les jours du dixième et du onzième bain furent consacrés au repos, parce que les conditions de la mer étaient peu favorables. Au quinzième bain, le sang disparut sans retour; seulement, un peu de leucorrhée se montra pour se tarir de jour en jour. La saison fut de vingt-neuf bains; et, au moment de son départ, la jeune personne avait l'*habitus* extérieur entièrement changé et vascularisé, et elle pouvait faire quelques courses assez longues, pourtant au prix de quelques douleurs à l'hypogastre.

L'année suivante, la jeune personne revint aux bains de mer, avec des époques assez abondantes, mais régulières. Le jour de son arrivée, par le fait du voyage sans doute, elle fut prise de quelque écoulement sanguin qui cessa de lui-même le lendemain ; elle commença la saison avec une confiance entière. Au septième jour, elle prit des bains doubles qu'elle fit alterner avec des bains simples jusqu'à son départ; elle se sentait déjà plus forte, et avait la conscience de sa guérison définitive.

Après vingt-cinq bains, elle se reposa deux jours, et reprit une demi-saison. Après quarante bains, elle nous quitta très-fortifiée, très-engraissée, pourvue d'un sommeil complet, et avec une menstruation parfaite; seulement, la marche développait encore un peu de douleur au bas-ventre.

Mlle ... se fortifia encore beaucoup pendant les mois qui suivirent son second voyage et fut mariée dans le courant de la même année.

La disparition des flux ou périodes hémorragiques par les bains de mer, a engendré, chez quelques individus, un état pléthorique particulier, qui a réclamé l'emploi d'une saignée déplétive.

Il s'est encore présenté à nous des femmes qui avaient eu des pertes abondantes, qui en avaient été affaiblies à l'excès et qui venaient réclamer la restauration de leurs forces et la sédation des symptômes nerveux auxquels elles étaient en proie. L'action dynamique des bains de mer a conduit ces femmes, dans la plupart des cas, au but qu'elles se proposaient d'atteindre.

CHAPITRE VI

MALADIES PARTICULIÈRES AUX FEMMES.

§ 1. Influence des bains de mer sur la menstruation en général.

Disons d'abord quelques mots sur la conduite que doivent tenir sous le rapport de leurs périodes menstruelles, les femmes qui viennent aux bains de mer pour des causes étrangères aux troubles de la menstruation.

En thèse générale, de quelque manière que les règles se présentent, en quantité et en régularité, il nous a toujours paru sans inconvénient de faire continuer l'usage des bains de mer, jusqu'au jour de l'époque menstruelle, et c'est le plus ordinaire alors, que celle-ci, après quelques phénomènes précurseurs, un léger étouffement par exemple, survienne en sortant de la mer. Nous suivons encore le même parti, quand l'époque subit un retard de quelques jours, soit sous l'influence des bains de mer, soit par une cause accidentelle.

Il n'y a qu'un bien petit nombre de cas, où l'on doive prendre le parti de s'arrêter avant la venue de l'époque : c'est donc gratuitement, que beaucoup de femmes, par un excès de prudence, cessent leurs bains en circonstance pareille. Un retard menstruel de quelques jours, chez une personne placée dans des conditions supposables de conception, est le cas de suspension le plus fréquent que nous admettions.

Si, comme il arrive quelquefois par l'effet des bains de mer, le nombre de jours que durent ordinairement les époques normales, se prolonge au delà du terme accoutumé, et si, entre deux époques, se montre un peu d'écoulement sanguin, il est sans inconvénient de faire baigner pendant cette menstruation excédante : le bain de mer supprimerait impunément une déperdition sanguine, dont la somme dépasse celle de l'état physiologique.

Les effets des bains de mer sur la fonction menstruelle des femmes, ont dû être constatés du jour où ces bains ont été mis en usage contre leurs maladies. Citons quelques faits propres à faire pressentir déjà l'action spéciale, qu'on peut attendre d'eux dans les différents désordres de la menstruation.

1° Chez les femmes de tout âge et de toute constitution, qui viennent aux bains de mer pour des causes étrangères aux dérangements de la menstruation, c'est le plus ordinaire que les bains accélèrent de quelques jours la venue de celle-ci. Sur le nombre des individus, chez lesquels ce fait a été constaté, l'accélération a varié depuis trois jours jusqu'à onze.

2° Il n'est pas rare de voir, chez des jeunes personnes récemment menstruées ou des femmes bien portantes du reste, chaque bain, à une certaine époque de la saison, donner lieu à un écoulement sanguin de peu d'importance, et qui cesse d'ailleurs de lui-même.

3° Une femme chlorotique, d'âge adulte, se baignait pendant le temps de sa rare menstruation, et obtenait chaque fois de cette pratique irrationnelle en apparence, un écoulement sanguin plus abondant et plus riche.

4° Des femmes qui avaient cessé d'être réglées, depuis plusieurs mois, sous l'influence de l'âge critique, ont vu les bains ramener périodiquement le sang menstruel. Une femme, ayant *perdu* depuis deux ans, eut, après quelques bains, une époque très-forte qui dura tout un jour et s'accompagna de douleurs utérines assez violentes.

5° Enfin, des personnes se sont mises à l'eau avec leurs règles, sans qu'elles se supprimassent; loin de là, leur menstruation n'en était que plus abondante quelquefois.

6° Une action physiologique de cette nature a été observée chez un homme du Nord, touchant à la vieillesse, affecté dès longtemps d'hémorroïdes fluentes, lesquelles s'étaient arrêtées d'elles-mêmes et avaient été suppléées en quelque sorte par une hématurie quotidienne peu considérable. Qui ne sait que, chez certains individus, les hémorroïdes jouent le rôle important des règles, chez les femmes? Les bains de mer supprimèrent d'abord le mouvement sanguin de la vessie, puis le *molimen* hémorroïdal annoncé par des maux de reins, de la chaleur anale et urétrale, etc., aboutit, à l'aide d'un bain tiède, à une ample perte de sang.

A côté de ces faits, ce n'est pas chose rare que les menstrues soient retardées, sous la dépendance des bains de mer. Les femmes qui nous ont fourni des faits semblables, eurent des retards qui durèrent depuis dix jusqu'à quinze jours. Les phénomènes passagers amenés par cet accident, se bornèrent, chez les unes, à l'apparition de tous les préliminaires habituels des époques menstruelles, et livrèrent les autres à de la céphalalgie, de la congestion faciale, de l'étouffement, des nausées et à des réactions fébriles, accompagnées du refroidissement des pieds.

Le même mode d'action des bains de mer, au lieu d'occasionner un retard, ne fit parfois qu'amoindrir la période menstruelle ; de là, céphalalgie, palpitations, oppression, rougeur et pâleur alternatives du visage.

Il s'est observé des cas, où les bains de mer amenaient à la fois un retard de plusieurs jours, puis une insuffisance de l'époque menstruelle. Sous l'influence de cette double cause, on vit se développer, pendant quelques jours, une série d'accidents, tels que des palpitations, de l'étouffement, de la dyspnée en marchant, et de l'insomnie, à un degré qui nécessita une fois la saignée.

Enfin, il s'est rencontré des femmes jeunes, qui éprouvaient une suppression complète, accompagnée d'oppression, chaque fois qu'elles venaient prendre les bains de mer.

La raison de ces divers dérangements fut trouvée plusieurs fois dans une congestion céphalique habituelle, dans une irritation locale, dans un affaiblissement général, etc.; ces états morbides s'étaient développés ou augmentés, sous l'influence même des bains de mer. Une durée abusive des sept premiers bains de mer rendit compte d'un retard de quinze jours survenu, chez une jeune femme nullipare et éminemment lymphatique. Une autre fois enfin, l'influence d'un régime habituellement trop stimulant, fut la cause à laquelle on put attribuer l'atteinte portée à la fonction menstruelle. Ces cas de retard ou de diminution cataméniale arrivant, nous restons persuadés que l'une des causes précédentes sera le plus souvent constatée.

La règle générale applicable à tous ces retards, consiste à continuer l'usage des bains et à favoriser la venue des règles par des pédiluves donnés après chaque bain, à moins que, vu leur intensité, on n'ait à combattre spécialement quelques-uns des symptômes que nous avons signalés, tels que l'étouffement, les palpitations, etc.

§ 2. Dysménorrhée.

Cette maladie consiste, à son degré le plus léger, dans le retard habituel des époques et dans les états pathologiques qui en résultent.

Le degré plus prononcé de la dysménorrhée est caractérisé par la paucité, l'irrégularité et l'altération du sang menstruel, et s'accompagne souvent d'écoulement leucorrhéique, quelquefois abondant, et de phénomènes hystériques (migraine sus-orbitaire, attaques de nerfs, dyspepsie, appétit capricieux, désir des aliments peu substantiels, impressionnabilité au froid, sentiment de froid habituel, usage exagéré de vêtements chauds, de chaufferettes, etc.). Cette nuance de la dysménorrhée, très-fréquente chez les personnes fortes, qui tient souvent à une déviation facile du liquide sanguin vers la tête, est souvent inutilement combattue par de fréquentes émissions sanguines.

On donne aussi le nom de dysménorrhée à ces états, où la menstruation régulière, suffisante ou abondante et même excédante, est précédée, accompagnée et quelquefois suivie de douleurs utéro-hypogastriques, d'étouffements, de dyspnée, d'un état spasmodique général, de céphalalgie et d'affaiblissement musculaire. Nous avons ordinairement rencontré cette dysménorrhée, chez quelques filles continentes et quelques femmes adultes et nullipares. Une de ces dernières avait quelque abaissement de l'utérus, en même temps que la direction de cet organe était oblique de gauche à droite, etc.

Il est certaines femmes qui sont mises, soit avant, soit pendant l'apparition des règles, dans un état nerveux souvent bizarre (morosité, désir de la solitude, mélancolie, profond sentiment de malheur empreint sur la figure, etc.). Nous appliquons encore le nom de dysménorrhée, à ces époques qui ont une influence physique et morale si grande sur les sujets.

Il est bon de faire commencer les dysménorrhéiques, par quelques bains de mer chauffés, et comme leur réaction est généralement peu vive, d'associer aux bains froids les affusions abondantes, ou au moins les immersions, sans tenir compte du sentiment de répugnance qui se rencontre quelquefois chez elles, de ne pas leur faire dépasser certaines limites dans la durée du bain (trois à cinq minutes), et de ne leur permettre les doubles bains qu'avec une certaine discrétion.

Les bains de mer administrés avec ces conditions, dans la dysménorrhée, ont, dans la plupart de nos observations, manifesté les effets suivants :

1° Si une bonne partie de la saison s'était écoulée, au moment où survenait la période menstruelle, il arrivait ordinairement que celle-ci se montrait accélérée ou régulière comparativement au passé, ou que la quantité totale de sang perdue était augmentée dans une sensible proportion, ou enfin qu'il se manifestait une époque supplémentaire, quand déjà l'époque préfixe avait fini son terme depuis plusieurs jours.

2° Il n'a pas été sans exemple, que les époques menstruelles survenant déjà, pendant la saison, avec les caractères physiologiques précédents, se soient montrées exemptes des phénomènes nerveux qui les signalaient auparavant, tels que la dyspnée, les étouffements, etc.

3° Dans la dysménorrhée douloureuse, l'action particulièrement sédative des bains de mer a fait disparaître quelquefois les crises de la menstruation, avant la fin de la saison; mais le plus souvent l'utérus ne perd que peu à peu de son degré de sensibilité. Celle-ci ne cesse de se montrer, qu'alors que les effets secondaires ont atteint leur *summum* d'activité. En général, on peut dire que les crises et la rareté menstruelles sont les deux formes de la dysménorrhée qui échappent le plus à l'influence première des bains de mer.

4° A côté de ces faits, quelques rares exemples de retard menstruel ont été occasionnés par les bains de mer, chez les dysménorrhéiques. Ils ont servi à nous faire connaître, dans ces cas, l'innocuité relative de cet accident, quand il survient pendant l'usage des bains de mer : innocuité que nous sommes portés à attribuer aux effets sédatifs, que ces agents produisent sur l'utérus, ainsi qu'aux modifications physiologiques qu'ils impriment au reste de l'organisme.

§ 3. Aménorrhée.

Les cas d'aménorrhée qui se sont offerts aux bains de mer peuvent se ranger sous trois chefs :

1° L'aménorrhée était ancienne et tenait à la maladie chronique d'un organe étranger à la fonction menstruelle, à une tendance à l'obésité ou à une véritable polysarcie cellulaire. Dans certains cas, les règles n'avaient jamais existé.

2° Elle était récente et relevait d'une cause accidentelle, comme une émotion subite, une exposition au froid pendant l'une des époques, etc., ou bien elle dépendait de certaines conditions morbides de l'utérus, qui venait d'être débarrassé du produit de la conception;

3° Elle se rapportait à l'âge critique.

On le conçoit déjà, les effets des bains de mer doivent être bien différents dans ces variétés de l'aménorrhée. Dans la première variété, ils sont sans action sur le phénomène de la menstruation, et leurs résultats se bornent à des modifications hygiéniques de l'organisme. Les polysarques, en particulier, acquièrent la faculté de faire un certain exercice; le sang qui congestionne leur visage se distribue plus normalement, et leur constipation perd de son opiniâtreté. Les femmes qui n'ont jamais été menstruées et celles qui sont en proie à une maladie organique retirent quelque soulagement, sous le rapport général et particulier de leur santé; mais, dans tous ces cas, l'état aménorrhéique persiste.

Dans la seconde espèce d'aménorrhée, au contraire,

il y a tout à espérer des bains de mer. C'est un fait journalier, sous leur action immédiate, que le retour des règles suspendues accidentellement ou qui n'ont pas reparu depuis un dernier accouchement. Des *couches* qui se faisaient attendre depuis plusieurs mois ont pu apparaître, dès les premiers bains de mer.

On sait que la cessation naturelle des règles entraîne des accidents variés, suivant son ancienneté et suivant la constitution individuelle. Quand il est récent, on observe des signes de congestion sanguine vers différentes régions (rougeur faciale, engorgement indolent des ganglions cervicaux, douleurs ou gêne douloureuse aux aines, aux hanches et aux reins, semblables à celles des jours préliminaires des époques, etc.). Quand les femmes arrivées à l'âge critique, sont caractérisées par un tempérament nerveux prononcé, il se montre, chez elle, une prédominance de phénomènes spasmodiques, parmi lesquels on distingue surtout les formes connues de l'hystérie (ascension globiforme et constriction de la gorge, suffocation, tympanite habituelle, etc.). Les bains de mer sont donc destinés ici à prévenir ou à combattre les conséquences symptomatiques qui découlent de l'aménorrhée critique, et ils agissent souvent d'une manière efficace, par leur propriété décentralisante dans les mouvements congestionnaires, dont les organes sont le siège. Leur action sédative s'exerce avantageusement aussi, dans l'âge de retour qui s'accompagne de symptômes hystériques. Nous avons vu cette action manquer le plus ordinairement, au contraire, quand elle a eu à combattre des phénomènes nerveux d'un autre ordre (névropathie) qui sont aussi en relation avec la cessation des règles. Il nous a semblé résulter de plusieurs faits de ce genre, que les bains de mer, pouvaient ajouter même à l'excitation du système nerveux. Une dame, ayant cessé de *voir*, et se trouvant depuis aux prises avec différents symptômes névropathiques, tels que défaillance, palpitations, besoins continuels de manger, chaleurs brûlantes de l'abdomen, insomnie accablante, envies fréquentes d'uriner, suivie de l'émission d'une urine abondante et limpide, avait éprouvé de l'amélioration depuis six à huit mois, sous l'influence des bains froids domestiques, réunis aux affusions de la tête et des épaules. Les bains de mer augmentèrent cet état, encore qu'ils fussent pris avec toute la discrétion convenable

§ 4. Faiblesse générale.

Il est des femmes faibles, comme il est des enfants et des jeunes filles faibles. La faiblesse avec plus ou moins d'altération dans la nutrition, souvent traitée à contre-temps par des moyens débilitants, est leur principale maladie : d'elle dérivent quelques états symptomatiques variables, tels que des migraines erratiques, de l'insomnie, des douleurs sternales et intra-scapulaires, etc.

Toutes les femmes, et particulièrement les plus jeunes, sont exposées à ces états de langueur qui succèdent si souvent à des couches très-rapprochées, et même à l'accouchement le plus simple. Cette forme de débilité générale se caractérise par l'amaigrissement, le sentiment de fatigue, la pâleur, la voix un peu éteinte, les douleurs sterno-dorsales, les maux de reins, la gastralgie, la constipation, un peu de leucorrhée, l'absence ou l'irrégularité des règles ou bien encore les époques trop rapprochées ou une tendance à la métrorrhagie et quelquefois par des éruptions eczémateuses répandues sur différentes parties du corps.

Quelques autres femmes sont affaiblies, parce qu'elles se sont mariées trop jeunes, ou parce qu'elles sont épuisées de fraîche date, par le travail de l'allaitement ou fatiguées par les soins maternels; elles n'ont de courage et d'activité que pour remplir ces devoirs.

Le bref laps de temps qui s'est écoulé depuis l'accouchement, n'est point un obstacle à la pratique de la mer, chez les femmes affaiblies; après deux mois, on peut les baigner avec fruit, pourvu qu'il ne reste plus, chez elles, aucun signe d'excitation utéro-vaginale et qu'on ait le soin de leur éviter les vagues trop fortes. Les cas où ces nouvelles accouchées conservaient encore une sécrétion laiteuse assez active, n'ont point été rares aux bains de mer et n'excluaient pas non plus leur usage.

On fait commencer toutes ces personnes débiles par un certain nombre de bains de mer chauffés, depuis 35° jusqu'à 28° C., dont l'action stimulante se fait déjà sentir sur elles par des signes visibles.

Ces femmes ont généralement peu de réaction : aussi faut-il, pour l'obtenir suffisante, chez elles, les envoyer à la mer dans les beaux jours et aux heures de l'après-midi et les soumettre à des bains très-courts, d'une à deux minutes pour les premiers; une minute de trop les rend déjà moins réagissantes. Les bains doubles, à une certaine époque de la saison, ne leur sont point absolument défendus, pourvu qu'ils soient très-limités et peu suivis.

Un petit nombre de bains améliore déjà les couleurs du visage, l'appétit, le sommeil, chez ces femmes, leur redonnent des forces et atténuent les douleurs sympathiques qui les tourmentent. L'une d'elles voyait à chaque bain sa gastralgie disparaître. Un peu plus tard l'embonpoint se montre, la leucorrhée diminue, etc. Il n'est point rare d'observer chez les nouvelles accouchées, le retour *des couches*, après avoir été annoncé plusieurs jours d'avance, par une légère apparence d'époque : vestige menstruel qui n'empêche pas de continuer les bains.

Les effets thérapeutiques consécutifs des bains de mer viennent compléter ordinairement ceux des effets primitifs, et c'est pendant leur durée surtout, que la menstruation tend à se rétablir dans un mode plus normal.

§ 5. Faiblesse locale.

Depuis longtemps déjà, on avait reconnu l'utilité des bains froids contre l'avortement. C'est donc avec raison qu'on envoie aux bains de mer, les femmes qui ont eu une ou plusieurs fausses couches, celles qui ont les parois abdominales relâchées par des grossesses répétées, et celles qui viennent d'avoir des symptômes de métrite graves avec *phlegmatia alba*. Parmi celles qui sont affaiblies par des fausses couches successives, il en est que distinguent à un haut degré les caractères du tempérament lymphatique, que la faiblesse a rendues nerveuses, tristes, hypocondriaques, qui sont plus ou moins leucorrhéiques et chez lesquelles les organes digestifs sont en désordre (inappétence ou faim canine, sentiment de délabrement vers le scrobicule quand l'estomac est vide, digestions gazeuses, gastralgie, constipation).

Des femmes conservent souvent, même après l'accouchement le plus heureux, des douleurs lombaires qui dépendent, selon toute apparence, d'un certain degré de relâchement de l'utérus, ou plutôt d'une sorte de laxité des ligaments utérins non appréciables par les moyens ordinaires d'investigation. Cet état se rencontre, en général, chez de jeunes femmes, à circulation faible, affectées de leucorrhée, qui ont donné le jour à des enfants très-forts, ou qui ont déjà eu une ou plusieurs fausses couches. Ces douleurs se font sentir surtout quand elles marchent, quand elles sont agenouillées ou quand elles portent un objet de quelque poids. Si elles ont été une fois guéries, elles se montrent sujettes à se renouveler avec la plus grande facilité, à l'occasion d'un effort ou d'un exercice un peu trop violent.

Le relâchement de la symphise du pubis est la plus grave et la plus rare des suites de l'accouchement, qui se soit présentée aux bains de mer. Cet accident remonte souvent à plusieurs années et rend la marche fatiguante, par les douleurs incessantes qu'elle détermine aux aines et aux hanches.

Les bains de mer prévalent plus qu'aucun autre moyen, pour neutraliser les conditions locales et générales qui distinguent la santé de toutes ces femmes. Ils tendent à ramener les fonctions à leur normalité, comme on peut le pressentir déjà avant la fin de la saison, quand on voit, chez elles, s'accroître les forces et l'appétit et revenir un certain degré d'embonpoint, aussi bien que les apparences de la santé, telles que le développement vasculaire facial et l'épanouissement des traits du visage, etc.

Les effets toniques s'exercent rapidement et avantageusement, dans ces cas, sur l'ensemble des systèmes et sur les tissus en particulier, sur l'utérus surtout, considéré comme organe de la gestation. En effet, rien n'est commun, comme de voir l'utérus acquérir par les bains de mer, la force d'arriver à l'accomplissement de cette dernière et importante fonction.

Les bains de mer, le choc de la vague et les affusions pratiquées sur les lombes, ont toujours fait disparaître le genre de lombago, que nous avons signalé, aussi bien que la difficulté de la marche et ses coïncidences symptomatiques.

En général, les femmes qui tirent le meilleur parti des bains de mer, sous tous les rapports précédents, sont d'une constitution molle, d'un extérieur lymphatique, et ne sont devenues irritables qu'occasionnellement.

§ 6. Leucorrhée.

Les leucorrhées qui ont été observées aux bains de mer, étaient très-variées, tant sous le rapport de leur nature et de leurs symptômes, que sous celui de la constitution des individus qui en étaient affectés. Quelquefois d'origine *spécifique*, en général indolentes, avec ou sans prurit des parties génitales externes, elles coïncidaient souvent avec quelques douleurs sympathiques des reins ou d'un point de l'abdomen, avec un sentiment de précordialgie, une douleur et un délabrement gastriques, accompagnés de faim impérieuse ou d'appétit inégal et de pesanteur pendant la digestion. Le plus rarement, elles appartenaient à de jeunes filles; celles qui se sont offertes à notre observation étaient toutes blondes et avaient souvent les gencives presque ecchymosées. Les femmes leucorrhéiques étaient ou nullipares ou mères indifféremment; plusieurs avaient été mariées fort jeunes et étaient éminemment lymphatiques; d'autres n'étaient affectées de leucorrhée que depuis leur mariage. L'écoulement leucorrhéique avait des caractères physiques très-variés : il était épais, crémeux comme le mucus blennorrhagique, ou sanguinolent, ou mêlé de grumeaux concrets, ou clair, filant, transparent, comme l'albumine de l'œuf, etc. Beaucoup de ces femmes étaient fort affaiblies, amaigries, marchaient difficilement et étaient par là même condamnées à une vie inactive; plusieurs avaient le teint *utérin* très-prononcé. La plupart étaient mélancoliques et tristement préoccupées de leur maladie. Leurs règles étaient le plus souvent régulières, seulement parfois composées de sang peu coloré et peu abondant.

L'examen local qui a été fait plusieurs fois des organes qui sont le siège de la leucorrhée, a constaté presque toujours une ou plusieurs des conditions suivantes : souplesse et laxité de la muqueuse vaginale, déterminée sans doute par l'abondance de la sécrétion morbide; relâchement ou plutôt mobilité anormale de l'utérus, dilatation de son orifice, augmentation de volume du museau de tanche. La muqueuse vaginale n'a présenté le plus souvent à l'œil, aucun signe de phlogose, et la coloration générale en était plutôt pâle; ce qui expliquait pourquoi les femmes accusaient rarement quelque sensibilité des parties génitales internes. En effet, dans le petit nombre de cas où la leucorrhée se caractérisait par des symptômes d'irritation utéro-vaginale, la vulve, le vagin et le col de l'utérus, sans tuméfaction du reste, se montraient rouges, et parmi ces symptômes, dominaient surtout les douleurs hypogastriques et la sensibilité locale, qui se développaient à l'occasion du coït.

Toutes les leucorrhées, avant d'être envoyées aux bains de mer, avaient été traitées par les moyens usités, les astringents, les toniques, les martiaux, etc.

Les leucorrhéiques éprouvaient déjà un certain retour des forces et de l'expression normale de la figure, par le fait seul du voyage et de quelques jours passés sur les bords de la mer. Elles ont pu, le plus souvent, se dispenser de commencer par des bains de mer chauffés et débuter par les bains froids, avec immersions générales et surtout durée rationnelle (deux ou trois minutes progressivement augmentées). Il était de la plus grande importance, que les limites du bain fussent encore plus restreintes dans la leucorrhée accompagnée de quelques signes de phlogose génitale ; faute de quoi les douleurs locales se réveillaient avec violence, et l'écoulement redoublait quelquefois, au moment où il commençait graduellement à se tarir, et même il se développait quelque réaction générale, telle que frissons vagues, chaleur à la peau, rubéfaction du visage, etc. Chez toutes les leucorrhéiques en général, il était commun de voir des bains trop longs ou trop continus laisser après eux, une fatigue et une courbature des membres, ou des douleurs lombaires qui se dissipaient du moment, où on les suspendait quelque temps et où on les abrégeait suffisamment.

Les bains de mer ont rarement échoué dans les variétés de la leucorrhée. Ils agissaient tout d'abord sur l'écoulement, de deux manières bien différentes, en l'augmentant ou en le diminuant. Dans le premier cas, la sécrétion morbide se remontrait avec plus d'abondance que jamais, et, comme on se faisait une règle de poursuivre la marche commencée, ce n'était qu'après un certain nombre de bains, qu'on la voyait se ralentir jusqu'à son entière disparition. Dans le second cas, où l'écoulement disparaissait avec rapidité, ou il continuait à diminuer lentement chaque jour, en même temps qu'il subissait des changements dans ses caractères physiques.

Pendant que les bains modifiaient la sécrétion de la muqueuse génitale, ils amélioraient, en les neutralisant ou en les détruisant, les conditions anormales des autres organes, qui co-existaient avec elle ou en étaient la conséquence. On voyait l'appétit se développer, la pâleur utérine du visage s'éclaircir, un commencement d'embonpoint, ainsi que le sentiment général des forces et du mieux-être, reparaître et permettre l'exercice dans des proportions inaccoutumées.

Il est une pratique généralement suivie par les femmes affectées de leucorrhée, et dont les avantages nous ont toujours paru problématiques, tandis que ses inconvénients sont quelquefois infaillibles; elle consiste à se faire administrer un grand nombre d'affusions sur les reins, après la sortie du bain. Ce procédé peu judicieux amène, dans beaucoup de cas, dans ceux que distinguent des phénomènes irritatifs surtout, des douleurs lombaires et abdominales et l'augmentation de l'écoulement leucorrhéique.

Dans toutes les variétés de la leucorrhée, les douches dirigées autour du bassin et les injections vaginales d'eau marine pure ou mitigée par le lait ou les liquides mucilagineux, ont été associées aux bains de mer. Elles ont été souvent d'un effet utile; mais toutes les femmes qui se plaignaient de symptômes d'excitation marqués du vagin, en ont été sûrement irritées.

Parmi toutes les leucorrhées, dont les bains de mer ont fait en même temps disparaître les causes et les effets, il s'en est montré quelques-unes de rebelles à leur action thérapeutique. Rien ne pouvait rendre compte des différences qui nous étaient offertes sous ce rapport; elles ne pouvaient se trouver ni dans la nature, ou l'ancienneté, ou l'abondance de l'écoulement, ni dans la constitution des personnes, ni dans les notions fournies par l'examen local. Les bains paraissaient avoir une influence salutaire sur l'habitude extérieure des individus; mais la leucorrhée persistait, sauf de légères modifications dans ses caractères physiques.

Quelques leucorrhéiques sont revenues aux bains de mer plusieurs années de suite; beaucoup se sont contentées d'une seconde année. Voici quelle fut, chez plusieurs d'entre elles, l'influence propre de chacune des saisons : le bénéfice de la première année (résistance à la fatigue, amélioration des actes nutritifs, accroissement des forces générales et atténuation ou disparition de la leucorrhée) s'était continué pendant l'hiver. Au printemps suivant, la leucorrhée et quelques-unes de ses conséquences symptomatiques avaient reparu avec quelque intensité. Les effets de la seconde année avaient donc à s'exercer sur ce retour de la maladie. Dans ces circonstances, ils ont résolu plusieurs fois, sous nos yeux, le problème de la guérison complète.

§ 7. Lésions de position de l'utérus.

Parmi les maladies de l'utérus, les différentes espèces de déplacement tenaient le premier rang, quant à leur fréquence et aux heureux résultats des bains de mer. De ces déplacements, les simples abaissements, avec ou sans irritation locale, étaient de beaucoup les plus communs. Les versions ou déviations dans un sens ou dans un autre ne venaient qu'après, et parmi elles les anté-versions s'observaient le plus souvent. Enfin la réunion du déplacement en bas et de l'une des versions connues, complétait la liste des différentes altérations de la position de l'utérus. L'abaissement seul ou adjoint à l'une des versions était souvent porté au point de nécessiter l'usage habituel d'un pessaire, depuis un temps qui variait de quelques mois à trois années et plus.

Quand, à l'occasion des lésions de position utérine, nous avons pu faire l'examen des parties, ou quand nous avons été muni par nos confrères de renseignements suffisants, nous trouvions le plus souvent, avec l'abaissement variable dans son degré et avec la co-existence d'une des versions, le corps de l'utérus insensible, et son col, tantôt dans un état d'intégrité parfait, tantôt avec des lèvres tuméfiées, indolentes ou quelque peu douloureuses, et avec une mollesse plus ou moins grande et un orifice plus ou moins dilaté.

La cause la plus ordinaire de ces déplacements utérins remontait, ici, à une suite de couches rapprochées, là, à une ou plusieurs fausses couches, d'autres fois, aux circonstances même d'un accouchement laborieux. Dans quelques cas, la maladie utérine tirait son origine de la constitution propre des individus. Cette dernière cause était aussi la seule qu'on pût accuser, quand le déplacement existait chez des femmes nullipares, de même que ce déplacement était souvent, chez elles, la seule cause de la stérilité. En effet, nous avons souvent rencontré, parmi les nullipares affectées d'un déplacement utérin, des femmes blondes, d'un tempérament lymphatique, d'une complexion débile, qui avaient la muqueuse vaginale facilement phlogosée à chaque approche maritale, qui avaient habituellement de la leucorrhée et des règles douloureuses et surabondantes et présentaient parfois des symptômes hystériques.

Les différentes lésions de position de l'utérus se caractérisaient, suivant leur degré d'intensité et suivant la constitution individuelle, par des symptômes très-nombreux. Elles avaient donné lieu le plus souvent, depuis un temps variable, à la rareté de la menstruation, ou à différentes altérations du sang qu'elle fournit, à une grande difficulté à marcher et à se tenir debout, à des pesanteurs pelviennes très-incommodes, à des douleurs de reins, des aines et de l'un des flancs, à des coliques hypogastriques irrégulières dans leur développement, mais toujours très-prononcées pendant les jours qui précédaient les époques menstruelles, à une leucorrhée très-ténue, de caractères variés, susceptible d'être augmentée par une marche un peu forcée, à la gastralgie, à des digestions pénibles, au besoin fréquent de manger, à de l'essoufflement, à des états variés de névrose, à de l'altération dans les traits du visage, dans les forces générales et dans la nutrition ; circonstances qui étaient aggravées fâcheusement, les unes plus, les autres moins, par la préoccupation morale et un décubitus continuellement gardé, et assez souvent par l'habitude des bains trop chauds.

Jusqu'au moment où les femmes affectées des divers déplacements de l'utérus, arrivaient aux bains de mer, on avait successivement employé, chez elles, avec des avantages variés, le repos absolu ou relatif, les saignées locales, les émollients et les narcotiques à l'intérieur et à l'extérieur, les préparations toniques amères, ferrugineuses et anti-spasmodiques, les injections astringentes, les douches vaginales simples ou sulfureuses, les bains de rivière que Floyer conseillait de son temps contre la *procidentia uteri*, enfin l'usage de la ceinture hypogastrique (dans les anté-versions).

En général, les femmes affectées des simples abaissements de l'utérus, supportent très-bien les bains de mer, même un peu prolongés, surtout quand ils ne sont pas contrariés par le choc des vagues trop fortes. Une des rares personnes à qui on vit prendre impunément trois bains de mer dans la même journée, appartenait à leur classe. Les bains de mer ne se sont jamais montrés d'une administration aussi facile, dans les déviations de l'utérus, et par conséquent ne se sont jamais élevés au degré d'efficacité, qui a été constaté dans les simples abaissements. Un peu d'irritation locale les accompagne presque toutes, et demande qu'on veille avec soin à la brièveté des premiers bains et qu'on les fasse suspendre de temps en temps ; car elle est des plus promptes à se remontrer, sous une forme ou sur une autre, à chaque pas qu'on fait de trop.

Quand, pour tous les individus, le temps des premières épreuves est passé, on doit augmenter la durée des bains, et on peut même assez souvent les doubler dans la même journée, tout en se tenant prêt à rentrer dans les principes consacrés par l'expérience journalière, en raccourcissant et en suspendant convenablement le bain, en usant opportunément du bain de mer chauffé et même du simple bain tiède, etc. Nous regardons l'immersion et les affusions comme d'une administration indispensable dans tous ces cas. Il y a certainement, dans ces pratiques, une action réfrigérante, instantanée, qui s'exerce dans un mode avantageux, qui va droit à la propriété contractile des moyens d'attache de l'utérus et qui est des plus propres à replacer et à maintenir cet organe dans sa position normale. Nous avons entendu plusieurs femmes affectées d'un abaissement accuser, au-dessus du pubis, en entrant dans la mer, une sensation pendant laquelle il leur semblait que l'utérus remontait violemment.

Nous joignons assez habituellement aux bains de mer, chez ces femmes, des pratiques spéciales, telles que les lavements, les injections, les irrigations vaginales d'eau froide ou d'eau de mer, et même quelquefois les immersions réfrigérantes du siége, avant de se mettre au lit.

Une saison de bains de mer (vingt à vingt-cinq bains), et même une saison et demie (trente à trente-cinq bains), sont praticables dans tous les déplacements de l'utérus, et ne pourraient être portés au-delà, qu'après une suspension suffisamment longue. Ce nombre de bains, administré avec toutes les précautions indiquées, a obtenu les résultats les plus complets dans certains de ces cas et dans les désordres symptomatiques qu'ils avaient entraînés dans le reste de l'économie. Ces cas appartenaient à des femmes dans la fleur de l'âge, qui languissaient quelquefois depuis plusieurs années dans la souffrance, le défaut d'appétit et la dyspepsie, condamnées qu'elles étaient à passer leur vie dans la position horizontale. Chaque bain de mer pris le matin donnait à quelques-unes d'entre elles, des forces et une aptitude à marcher qui duraient une partie de la journée et semblaient s'épuiser, à mesure qu'elle arrivait à sa fin. Disons, à ce sujet, que ces personnes sont toujours très-prêtes à abuser de cette faculté nouvelle, et que la prudence exige qu'on ne leur épargne ni conseils, ni recommandations à cet égard, si on ne veut qu'elles dépensent les fruits de chaque jour en essais imprudents. Qu'elles attendent patiemment la fin de leur saison, en laissant accumuler chaque jour les effets tonifiants des bains, elles pourront alors sûrement marcher, au grand bénéfice de leur santé, et elles partiront en quelque sorte sanguifiées, fortifiées et pourtant amaigries.

L'action particulière des bains de mer a besoin d'être surveillée, sous certains rapports, chez tous les sujets qui nous occupent.

1° Les femmes qui ont un déplacement de l'utérus, sont plus ou moins constipées d'ordinaire, par le fait de leur inactivité forcée ; cet état habituel est encore augmenté par les bains.

2° Les bains développent encore, chez certaines d'entre elles, de la congestion céphalique accompagnée d'excitation générale.

Ces deux accidents ont pour effet d'amener, chez celles qui les éprouvent, une répugnance marquée à retourner au bain, et se combattent avantageusement, le premier par des lavements d'eau de mer, le second par quelques bains d'eau de mer chauffés, courts et à basse température.

3° La plupart de ces femmes offrent l'occasion de constater un fait, qui n'est pas sans importance, relativement à la pratique des bains. Après un chemin déjà fait dans la saison, on les entend, pendant les jours qui suivent leur époque, accuser quelques signes d'irritation utérine, qui n'était point ressentie par elles avant la période menstruelle. Il est facile de se rendre compte de ce point de physiologie pathologique : quand, au moment de l'époque et en vertu du *modus agendi* centrifuge des bains de mer, le sang a afflué vers les vaisseaux utérins, il s'en échappe pour constituer le *quantum* de la menstruation; mais une fois celle-ci terminée, l'excédant du liquide sanguin qui séjourne encore dans la capacité de ces vaisseaux, plus considérable que dans les circonstances ordinaires, devient une cause de douleur, une *épine* dans un organe où la sensibilité est déjà en excès, jusqu'à ce que les voies de l'absorption l'aient repris et rendu à la circulation. Il est donc important toujours de favoriser à la fois, par quelques bains de mer, la résorption de ce liquide stagnant et la sédation des douleurs qu'il entraîne ; les femmes s'exposent à la continuité de celles-ci, et, par suite, à perdre quelques-uns des résultats de leur saison, quand elles partent immédiatement après les règles.

Il est une hygiène à part, pour les femmes de cette classe; on doit leur prescrire, pendant la durée des bains, de se coucher tôt, de se lever tard et de garder chaque jour, au moins pour quelques heures, le décubitus horizontal, dans une position adaptée à l'espèce de déplacement qu'on veut combattre.

Les maladies de l'utérus par déplacement sont de celles qui ramènent aux bains de mer, plusieurs années de suite, les sujets qui en sont affectés. Les plus graves d'entre elles ne cèdent guère qu'au bout de deux ou trois saisons. Les femmes qu'on a été obligé de soumettre à l'usage d'un pessaire, ne peuvent être dispensées avant le temps de leur moyen mécanique ; et ce n'est qu'alors qu'on peut les rendre à la vie sociale et à ses fatigues. Voici le seul cas où, par un succès inespéré, on a pu échapper à cette règle :

Observation III. — Une dame souffrait d'une grave lésion de position utérine, qui l'empêchait entièrement de marcher, malgré le placement d'un pessaire. Par les suites de cette maladie, ses forces générales avaient décliné dans la même proportion que ses fonctions digestives. Après avoir été réduite à se faire porter pendant la première moitié de la saison, elle commença à faire quelques pas chaque jour ; à dater de ce moment, son estomac reprit quelque énergie et ses forces augmentèrent dans une certaine mesure. A la fin d'une courte saison, elle avait recouvré des conditions de santé qu'elle n'espérait plus. Cette impulsion une fois donnée, les résultats secondaires s'accrurent à ce point, que le pessaire fut abandonné sans retour, au bout de quelques mois. A son deuxième voyage, cette dame s'était fortifiée, avait engraissé et son utérus était remis en place ; elle put se rendre à pied à son bain de chaque jour. Cette année décida de sa guérison entière, et une couche des plus heureuses vint quelque temps après, donner la mesure des forces locale et générale qu'elle avait acquises par les bains de mer.

§ 8. Lésions du tissu de l'utérus.

Dans les maladies de l'utérus qui ont été observées aux bains de mer, les lésions de tissu viennent après les déplacements, dans l'ordre de fréquence et de gravité.

Ces lésions sont aussi, dans le plus grand nombre de cas, le résultat de fausses couches plus ou moins répétées, de couches rapprochées ou suivies d'un allaitement fatiguant par sa durée. Il n'est point rare non plus qu'elles se soient rencontrées chez des femmes nullipares, dont quelques-unes semblaient avoir subi l'influence d'une certaine prédisposition héréditaire, venant de leur mère ou de leur tante, mortes d'une affection utérine. Ces personnes tiraient plus souvent leur prédisposition des antécédents même de leur santé : ainsi, depuis leur puberté, les approches et le temps de l'écoulement menstruel étaient douloureux et accompagnés d'irradiations lancinantes vers l'un des ovaires. Ces phénomènes dysménorrhéiques avaient pris du développement quelques années après le mariage. C'est alors qu'une première hémorragie utérine avait donné l'éveil sur la nature des accidents, lesquels avaient été reconnus et traités avec plus ou moins de succès. D'autres fois pourtant les nullipares avaient depuis plusieurs années des pertes utérines, qui avaient résisté à un grand nombre de moyens, amené un grand affaiblissement et altéré profondément leur constitution, avant qu'on se fût enquis de leur véritable cause.

Les lésions du tissu utérin ont été observées beau

coup plus rarement chez des femmes arrivées à la fin de la vie menstruelle.

Les altérations de la texture utérine avaient subi le plus souvent des traitements nombreux. Les saignées dérivatives, les dépuratifs, l'iode et ses différentes préparations, l'eau de Vichy, les boissons gazeuses, les bains alcalins facticesde Plombières, de Baréges, les bains minéraux des Pyrénées, les bains de rivières, les injections froides, les révulsifs aux bras, le régime substantiel, la position horizontale et l'habitation à la campagne, avaient été successivement employés. La cautérisation, pratiquée avec différents modes, avait été appliquée sur celles qui la comportaient, et les avait fait disparaître ou mises en voie de guérison. Certains cas, méconnus dans leur nature, au contraire, n'avaient été traités qu'avec des moyens généraux, sous les noms de *faiblesse*, d'*épuisement*, de *fleurs blanches*, de *suites de couches*, etc.

Ces altérations affectaient deux formes bien distinctes, tantôt réunies, tantôt isolées, quand les femmes qui en souffraient arrivaient aux bains de mer. Celles de ces altérations qui avaient été traitées convenablement, quoique améliorées ou guéries au point de vue chirurgical, si on peut dire, se rattachaient facilement à l'une de ces formes, par la persistance de quelques-uns de leurs caractères ; celles, au contraire, qui avaient été tout à fait méconnues ou négligées, présentaient, à l'état natif, les caractères suivants :

1° Engorgement plus moins considérable du col utérin, le plus souvent indolent, consistant parfois en une sorte d'infiltration œdémateuse envahissant jusqu'à une partie du corps de l'utérus lui-même, qui n'était souvent qu'un degré d'altération, qui menait à la forme suivante ou qui lui succédait.

2° Engorgement avec état sub-inflammatoire, quelquefois douloureux au toucher, du col utérin, présentant, selon le cas, un développement notable et circonscrit des vaisseaux sanguins de la superficie, ou une tache rouge ecchymosée, ou une excoriation, ou une ulcération granulée plus ou moins profonde, unique ou multiple : altérations qui pouvaient occuper le contour entier de l'orifice utérin. Une seule fois, une ulcération avait pris la forme d'une échancrure étendue dans le sens longitudinal du col et paraissait résulter d'une lésion mécanique produite par un accouchemen antérieur.

Les engorgements non ulcérés, *dans un degré faible encore*, donnaient lieu à quelques pesanteurs et à quelques élancements de l'intérieur du bassin, à des maux de reins, surtout dans la station immobile, et *dans un degré plus fort*, à des douleurs sympathiques du pourtour du bassin ou de l'une des régions de l'abdomen. Ces dernières sensations avaient fait croire souvent, d'après leur siége, à une affection organique du foie, de la rate, de l'un des colons lombaires, à une obstruction abdominale, etc. A ce dernier degré, l'engorgement utérin occasionnait encore une difficulté très-grande à marcher, des étouffements, un écoulement leucorrhéique, qui se montrait avant ou après les époques menstruelles, la raréfaction et moins souvent l'exagération de celles-ci.

Les engorgements avec sub-inflammation du col utérin, qui se distinguaient par les lésions que nous avons signalées, montraient, suivant leur date et leur état actuel, une sensibilité plus ou moins vive au toucher et au palper de l'hypogastre. Ils se dessinaient encore, d'une manière plus ou moins continue, par des douleurs sympathiques des fosses iliaques, des aines, des hanches, des cuisses, des lombes, des mamelles, de la gorge, et par d'autres douleurs qu'on pourrait appeler *directes*, de l'hypogastre et de l'intérieur du pelvis, qu'une jeune femme comparait une fois à celles d'un panaris, et que d'autres individus exprimaient par les mots de chaleur douloureuse ou de sentiment de brûlure du col utérin. La marche était habituellement plus difficile que dans la première forme de l'engorgement utérin, et cette difficulté ne pouvait être exprimée par les femmes qui l'éprouvaient; elle tenait à la fois aux sensations intra-pelviennes et aux étouffements qu'elles ressentaient. La menstruation était diversement dérangée; souvent elle était surabondante et quelquefois était remplacée par de véritables pertes utérines, à la suite desquelles il ne se montrait plus chaque mois qu'un simulacre d'époque, caractérisé par l'écoulement d'un sang pâle, aqueux, etc. Une leucorrhée abondante, habituellement sanguinolente ou mucoso-purulente, de nature âcre parfois, contribuait à produire ce teint jaune *utérin*, si caractéristique, et, chez quelques femmes, l'œdème des jambes vers la fin de la journée, et à augmenter la faiblesse générale.

Dans ces deux états morbides de l'utérus, et surtout dans le dernier, les souffrances, l'inquiétude et la vie sédentaire forcée avaient altéré inégalement les actes digestifs et les fonctions nerveuses. Sous ce dernier rapport, les femmes étaient devenues impressionnables au moindre choc moral. Quelques-unes même tombaient dans une atonie nerveuse qui les menait à la névropathie et à ses formes variées;

c'est ainsi que l'une d'elles, quoique forte, était souvent prise d'espèces de vertiges, pendant lesquels elle craignait de sortir seule, dans la crainte de tomber, que plusieurs toussaient à faire soupçonner l'intégrité de leur poitrine, etc.

La plupart des désordres qui s'observaient dans l'ensemble de la santé et dans le système nerveux en particulier, n'étaient jamais relatifs à l'intensité de la lésion et semblaient tenir bien plutôt à la nature de la constitution individuelle. Ainsi, on peut dire que, sous le rapport des conséquences symptomatiques amenées par les lésions de texture de l'utérus, les femmes fortes, grosses, à peau brune étaient loin de ressembler aux femmes très-jeunes, naturellement nerveuses, demi-chlorotiques et de tempérament lymphatique. Poursuivons ces différences encore chez d'autres individus. De jeunes femmes, qui venaient aux bains de mer, après avoir subi des cautérisations multipliées, n'éprouvaient qu'un petit nombre des souffrances propres à ces maladies; leur menstruation n'avait pas subi une perturbation marquée; elles étaient seulement un peu amaigries, avaient quelque lombago, un degré de leucorrhée et avaient perdu de leur appétit et de leur activité. A côté d'elles, d'autres femmes naturellement délicates, mariées trop jeunes, plusieurs fois mères, étaient minées par des règles hémorragiques, par la leucorrhée, et vivaient plongées dans l'abattement physique et moral.

La plupart de ces affections utérines avaient suivi cette marche : de jeunes femmes, souvent de constitution délicate, avaient ressenti après leur mariage ou après une couche, des douleurs utéro-vaginales et lombaires, irradiant quelquefois jusqu'à l'anus; une leucorrhée plus ou moins abondante et de caractères variés, s'était établie; les règles s'étaient diversement dérangées; les fonctions digestives s'étaient détériorées, et en même temps s'étaient montrées la faiblesse générale, la fatigue à marcher au point de s'évanouir, etc. Ces accidents avaient été combattus par une foule de moyens, dont l'emploi inutile ou peu avantageux faisait sentir enfin la nécessité d'un examen direct. Celui-ci constatait les lésions locales et en suggérait le seul traitement vraiment rationnel, les cautérisations, les bains [de rivière, les injections ferrugineuses, astringentes, etc.

Un assez grand nombre de ces maladies avaient été beaucoup plus longtemps méconnues, parce qu'on avait tardé à les soumettre à l'observation directe, malgré la coïncidence de tous les symptômes caractéristiques. L'examen local avait été différé, tantôt parce que les femmes s'y étaient refusées par un sentiment de pudeur mal entendu, tantôt parce qu'on s'était laissé préoccuper par la leucorrhée et la métrorrhagie, lesquelles avaient été envisagées et combattues comme les causes essentielles de tous les accidents. D'autres fois, on était resté inactif, en présence de l'écoulement leucorrhéique et des dérangements qui l'accompagnaient, en faisant le raisonnement suivant : La jeune femme est nullipare, et sa leucorrhée existait déjà à une époque antérieure à son mariage; donc l'examen direct ne pourrait avoir de résultats propres à fournir une indication thérapeutique spéciale. D'après ce point de vue, on avait envoyé quelquefois à leur grand dommage, les jeunes femmes, aux Eaux thermales, pendant plusieurs années de suite. Une fois enfin, on avait pallié les souffrances et modéré la leucorrhée, et on avait laissé venir un second accouchement, qui avait fait éclater la maladie avec violence. Disons ici que la leucorrhée est un signe fort infidèle dans les maladies de la texture de l'utérus; son existence et sa quantité tiennent à la constitution des individus, plus qu'à la nature ou à l'étendue de la lésion, et une leucorrhée très-abondante n'est pas toujours le signe d'une altération profonde des tissus.

Que les femmes aient été soumises de bonne heure à un traitement rationnel, ou bien que ce traitement ait été différé par une erreur de diagnostic ou par un sentiment de pudeur mal entendu, elles étaient considérées comme guéries, à l'époque où les cautérisations et les autres moyens appropriés avaient détruit les lésions locales et fait tomber la phlegmasie spéciale qui les accompagnait. Pourtant, elles ne pouvaient encore marcher, étaient obligées de passer une vie couchée, se plaignaient toujours de leurs douleurs habituelles, restaient souvent dans un état de débilité avec anémie, langueur de la circulation, menstruation prolongée quelquefois, anorexie, etc. C'est dans cet état qu'elles arrivaient aux bains de mer. Il s'est présenté encore quelques cas, où l'investigation ayant constaté la nature des lésions, mais où le temps manquant, on avait envoyé des femmes aux bains de mer, sans leur avoir fait subir de cautérisations préalables; on supposait avec raison que ces moyens exerceraient une action résolutive salutaire sur l'inflammation locale, sur les lésions concomitantes, et par suite sur l'ensemble de la santé.

La force de réaction est très-variable chez les femmes malades de l'utérus; c'est pourquoi il est toujours à propos de les faire commencer par des bains de mer frais. Il ne faut jamais les laisser débuter par une mer forte; la violation de cette règle amène presque sûrement, quelquefois dès le premier jour, des phénomènes d'irritation locale. Les premiers bains, qui doivent toujours se donner courts au possible, avec des immersions et même des affusions préliminaires, produisent le plus souvent, chez ces femmes, beaucoup d'impression et de suffocation. Il ne faut pas s'y arrêter ; car ces sensations diminuent graduellement à chacun des bains suivants. Ils amènent quelquefois aussi un écoulement, d'apparence menstruelle, qui cesse de suite, ou bien constitue par sa persistance une véritable époque avancée. Ils font reparaître la leucorrhée qui avait cessé, ou augmentent pour un temps celle qui persistait. Ils exagèrent encore parfois à leur début les pesanteurs et les douleurs pelviennes, et même non rarement les autres sensations sympathiques. Quelques femmes perçoivent assez distinctement ces douleurs locales pour en placer le siége au point précis, où existait naguère une ulcération. A ce sujet, il faut dire dans un but tout pratique, que ce qui est *douleur* et *leucorrhée* dans l'appareil génital de la femme est très-exposé à se réveiller, sous l'influence des bains de mer, au commencement de la saison. Si ceux-ci ont été convenablement administrés, il ne faut pas s'alarmer du réveil de ces accidents; c'est même un fait intéressant à signaler que ces effets particuliers des bains de mer, qui, tout en exaspérant les douleurs habituelles, restaurent l'ensemble fonctionnel de l'organisme. Des personnes peuvent vivement souffrir de cette manière, reprendre néanmoins de jour en jour les apparences et la réalité de la santé qu'elles avaient perdues, et arriver ainsi à modifier avantageusement la lésion locale. Si pourtant on croit devoir opposer quelques moyens à ces premiers effets des bains de mer, et surtout si les conditions rationnelles n'ayant pas été exactement observées dans leur emploi, ces effets sont en partie sous la dépendance de cette cause, les simples émollients ou calmants donnés sous la forme de cataplasmes, d'injections et de lavements, suffisent pour les apaiser, ou bien un bain d'eau commune, à une température fraîche, un ou deux jours de repos et une discrétion excessive dans la durée des bains, conduiront au but qu'on veut atteindre.

D'après ce qui précède, il ne faut jamais oublier que les bains de mer, dans les lésions du tissu de l'utérus, sont d'une application délicate, et exigent toujours les plus grandes précautions; les inconvénients sont ici voisins des avantages, et on est pour cela obligé, faut-il dire, de *louvoyer* dans leur administration. En général, si les personnes affectées de ces maladies se plaignent fréquemment des effets des bains de mer, la cause nous en est toujours facile à trouver dans l'abus qu'elles font de prime abord du moyen employé. Celles qui, plus circonspectes ou mieux conseillées, se dirigent d'après des préceptes rationnels, n'éprouvent ordinairement que ces phénomènes d'excitation locale et générale, qui rentrent dans les effets attendus et qui cèdent d'ailleurs à quelques pratiques convenues d'avance.

Les données suivantes pourront, au reste, devenir des règles de conduite propres à guider ceux qui seront consultés en de pareilles circonstances.

1° On ne peut espérer d'obtenir quelque fruit des bains de mer dans les affections utérines par lésion de tissu, à moins de restreindre leur durée à un temps extrêmement court (cinq minutes pour le *maximum*) et de les faire suspendre de temps en temps, surtout pendant les jours de mer agitée. Il est trop ordinaire de voir des personnes payer le plaisir qu'elles ont trouvé à braver de fortes vagues, à prolonger le temps du bain au delà de ses limites rationnelles et à prendre les bains trop consécutivement, par un état nerveux général accompagné de nausées et du redoublement des inquiétudes habituelles, par l'exacerbation de leurs souffrances locales ou sympathiques, par une abondance insolite de leur écoulement leucorrhéique, par l'accélération ou l'augmentation de leurs règles, et par quelque excitation fébrile : c'est là ce que les femmes appelent être *irritées* par les bains de mer.

Ainsi, nous le répétons, le seul moyen d'éviter ces phénomènes locaux et généraux d'excitation ou au moins de ne les ressentir qu'à leur *minimum* d'intensité, consiste à prendre des bains très-courts et à les suspendre aussi souvent que l'exigent l'état habituel de la malade et les faits contingents de chaque jour. On peut être obligé, dans de certains cas, pour atteindre plus sûrement son but, de faire baigner deux jours de suite et de reposer le jour ou les deux jours suivants, ou de faire pratiquer la mer trois ou quatre jours et de la suspendre le jour d'après ; quelquefois un seul repos par semaine peut suffire. Il est de très-bonne règle de remplir les journées de suspension par des bains d'eau simple, de courte durée et de température basse.

Remarquons ici que les différences symptomatiques qui s'observent entre les femmes qui ont la force et l'embonpoint en partage et celles qui sont faibles, amaigries et nerveuses, se retrouvent entre elles non moins tranchées, quand il s'agit de la durée du bain de mer. Les premières ont une résistance, sous ce rapport, que n'ont pas les secondes à beaucoup près : il ne faut jamais perdre de vue ces observations toutes pratiques. Nous n'avons rencontré qu'un seul cas appartenant à une jeune femme nullipare, où cette discrétion excessive dans la durée du bain, étant établie sur la nature de la constitution acquise, dût être remplacée par une conduite opposée. Elle présentait des pertes utérines liées à une tache *vasculaire* du pourtour de l'orifice utérin; des bains courts ramenaient chaque fois un certain degré d'écoulement sanguin, lequel ne fut maintenu que par des séjours de sept à huit minutes dans la mer.

2° Les bains doubles produisent plus sûrement encore de la sur-excitation locale et générale, que les bains trop longs et trop suivis; on ne doit que très-rarement les permettre dans les lésions du tissu utérin. Si nous les laissons prendre, ce n'est qu'à de longs intervalles et sur la fin de la saison, à des femmes dont la susceptibilité a été éprouvée par nous, ou à celles dont les lésions locales ont été de peu de durée et n'ont pas eu, sur l'ensemble de l'organisme, cette influence profonde que nous avons signalée.

3° Il faut souvent que les personnes les plus débiles de cette catégorie, se fassent porter à la mer et à la promenade, durant les premiers temps de la saison. Elles ne peuvent espérer un premier résultat, sous le rapport de la marche, avant d'être arrivées à un nombre de bains suffisant. Elles n'essaieront donc de quelque exercice, qu'après cette condition remplie; elles seront même avares de ces essais. Il en est trop, parmi elles, qui dépensent en un jour ce qu'elles ont amassé de forces en plusieurs semaines.

4° La saison doit être de peu de durée; les bains trop nombreux réveillent certainement les douleurs locales et sympathiques propres aux affections du tissu utérin et raréfient quelquefois le sang menstruel, au delà du besoin. On ne peut, dans ces circonstances, établir rigoureusement le nombre de bains qu'on doit accorder à une saison. Des bains bien pris et en petit nombre ont une salutaire influence sur ces maladies, tandis qu'un seul bain de trop provoque quelques-uns de ces phénomènes *irritatifs*, que nous avons fait connaître et qui ne s'apaisent qu'après un repos de plusieurs jours.

5° Un grand nombre de femmes affectées des différentes lésions de la texture utérine, se montrent sensibles à l'extrême aux changements de température si brusques et si fréquents de l'air de la mer, et elles en souffrent, en raison même de leur défaut de résistance et d'exercice; elles ne doivent venir respirer sur les bords de la mer, quand la température extérieure est à ses *minima*, qu'en s'abritant et en se couvrant suffisamment. Ces conditions atmosphériques ont amené souvent le renouvellement des douleurs anciennes, chez celles qui s'y exposaient sans de telles précautions.

6° Les femmes peuvent continuer, pendant les bains de mer, l'usage des injections astringentes, toniques et résolutives qui leur ont été recommandées, mais à la température froide bien entendu, et doivent de préférence, dans un cas d'irritation locale, adopter les émollients sous cette forme. On ne peut songer à employer les demi-lavements et les injections d'eau mer froide, comme des agents avantageux de sédation et de tonification locale, avant que la maladie utérine n'ait été modifiée par les bains de mer et n'ait surtout perdu de ses caractères d'excitabilité.

Certainement les femmes auxquelles nous ne nous adressons avec tant d'insistance, que par un sentiment très-vif de nos devoirs, peuvent prendre irrationnellement un certain nombre de bains, avant d'être en proie à ces phénomènes irritatifs; mais, à une époque qu'on ne peut prévoir d'avance, ils font explosion avec une intensité proportionnée à l'accumulation de leur cause. Deux personnes allèrent impunément, l'une au quinzième bain, l'autre au vingt-unième. Ce ne fut qu'après avoir pris quarante-sept bains de suite, sans autre suspension que celle qui fut obligée par la durée de ses règles, qu'une autre femme fut saisie d'une douleur ovarienne très-violente, laquelle s'exaspérait surtout dans la station assise et se répétait sympathiquement en différents points de l'abdomen; ses nuits furent troublées pendant plusieurs jours, et il fallut un déploiement opiniâtre de différents moyens anti-phlogistiques et calmants, pour vaincre cet état accidentel, qu'il eût été si facile d'éviter.

Les effets thérapeutiques des bains de mer, dans les maladies du tissu utérin, se sont montrés très-différents, suivant la nature et l'intensité des lésions qui les caractérisaient.

Les engorgements du col utérin sans phlogose, qui étaient dépourvus de sensibilité, qu'ils eussent été ou non le siége d'excoriations ou d'ulcérations, ont été mis facilement en voie de guérir par les bains de mer; tandis que ceux qui étaient *actifs*, douloureux, rouges, étaient actuellement accompagnés d'excoriations ou d'ulcérations plus ou moins profondes, ou paraissaient à la veille de présenter ces lésions, demandaient plus de temps et de soins dans l'administration des bains, avant de subir leur action modificatrice. Nous avons fait, à cette occasion, une remarque qui peut devenir une donnée pratique pour les médecins qui croient aux bains de mer dans la curation de ces maladies. Les engorgements *actifs* du col utérin, qui avaient été précédemment traités par de petites saignées souvent répétées, semblaient avoir perdu de leur aptitude à être excités par ces bains, quand ceux-ci avaient été rationnellement administrés ; ils arrivaient plutôt à perdre leur sensibilité au toucher, et les crampes utérines qui annonçaient ou qui accompagnaient, dans certains cas, chaque époque menstruelle, disparaissaient aussi plus promptement, ainsi que les souffrances sympathiques des organes éloignés.

Après une saison unique, conduite avec discrétion et rarement doublée, les femmes affectées des différentes lésions du col utérin se retrouvaient en général dans l'état suivant : sous le rapport local, l'engorgement et la phlogose avaient diminué et perdu de leur sensibilité et de leur coloration ; les solutions de continuité s'étaient cicatrisées ou avaient changé d'aspect ; leur surface était d'un rouge plus vermeil, avait quitté l'aspect granulé et s'était élevée au niveau des environs. Les bains de mer avaient agi ici à la manière des moyens résolutifs et stimulants. Sous le rapport général, les femmes étaient fortifiées de tout point et se sentaient plus aptes à marcher ; la plupart éprouvaient un sentiment de bien-être général et s'en réjouissaient ; celles qui étaient pâles, lymphatiques et néanmoins essentiellement impressionnables, étaient colorées du visage et se trouvaient prémunies contre les impressions morales, en raison même de la résistance physique qu'elles avaient acquise. Un état saburral permanent, des souffrances prolongées et surtout la vie inactive et les préoccupations tristes avaient entraîné, après eux, des états nerveux très-variés, la langueur des fonctions digestitives, et souvent une atteinte grave à la nutrition. Ici encore la disparition des causes avait amoindri de jour en jour l'intensité des effets.

C'est dans les affections utérines que surviennent les effets secondaires les plus imprévus. Nombre d'exemples nous ont montré des femmes qui quittaient les bains de mer, sans amélioration apparente et qui, dans les mois suivants, entraient en possession d'une série d'effets bénéficiels, sur lesquels elles ne comptaient plus ; elles voyaient successivement s'atténuer et disparaître quelquefois la série des symptômes généraux et locaux propres à leur maladie. Nous retrouvons chaque année de ces personnes avec le teint éclairci, une allure nouvelle, un état moral nouveau et des forces pour marcher. En parlant des forces acquises par les bains de mer, nous sommes amenés naturellement à déterminer la mesure, dans laquelle les femmes qui quittent les bains de mer, doivent se livrer à l'exercice. Dans un certain nombre de cas, il ne faut pas se relâcher de sitôt avec elles sur la prescription d'un repos relatif, après la saison ; car là, une fatigue intempestive ramènera encore longtemps quelques sensations intrà et extrà-pelviennes, telles que pesanteurs, crampes utérines, lombago, etc. Hors de ces cas, nous avons établi cette règle générale : Immédiatement après la saison, l'exercice ne doit être permis que dans une proportion inférieure à la somme des forces, que les sujets doivent aux bains de mer.

Les maladies utérines par lésion de tissu, qui ont porté l'atteinte la plus profonde à l'organisme, exigent plusieurs années de bains de mer, pour être considérées comme guéries. A leur retour, les femmes qui en souffrent, doivent continuer de s'en tenir à des bains *rationnels*, parce qu'elles conservent toujours, malgré l'amélioration qu'elles ont obtenue primitivement ou secondairement, une susceptibilité particulière à l'action de la mer. Une dame, qui fréquente les bains de mer tous les ans depuis sa guérison, n'est jamais parvenue à dépasser cinq minutes de bain, sans éveiller en elle quelques signes d'irritation utérine. Nous avons rencontré quelques personnes qui, venant aux bains de mer pour la troisième et la quatrième fois, présentaient encore un peu de leucorrhée, comme un dernier vestige de leur maladie guérie ; chaque année, cet écoulement, avant de disparaître entièrement, s'exaspérait pour un temps, par le fait des effets excitants de la mer.

Le retour aux bains de mer est quelquefois exigé par la récidive des lésions locales. Les femmes qui, à notre connaissance, se trouvaient dans ce cas, avaient vu reparaître, souvent sans cause connue, les douleurs de reins, les élancements utérins, la leucorrhée, etc. Les cautérisations, ainsi que tous les autres moyens appropriés, avaient été repris suivant le besoin.

Les maladies utérines qui ont consisté autrefois en une lésion isolée de position et de texture, et qui ont cédé à la longue à l'usage du pessaire, à la cautérisation, etc., laissent, après elles, quelques symptômes particuliers ou quelques épiphénomènes, lesquels sont souvent une cause de souffrances et surtout d'inquiétudes chez les femmes. Ces symptômes sont : la teinte bistre du visage, la faiblesse et la fatigue à marcher, la céphalée, la précordialgie, la gastralgie, le sentiment de laxité des parois abdominales, une sorte d'embarras gastrique chronique (langue habituellement sale, anorexie, abolition du goût, etc.). Les épiphénomènes sont : les engorgements indolents ou sensibles encore à la pression du tissu cellulaire des fosses iliaques et des glandes inguinales ou mammaires, lesquelles sont susceptibles d'augmenter après une fatigue. Ces différents états se présentent à nous souvent, et sont traités avec succès par les bains de mer chauds et froids et les douches d'eau de mer. Celles-ci endolorissent d'abord les glandes, et ce fait est ordinairement le signal de leur détuméfaction, laquelle, comme dans tous les engorgements adéniques, commence toujours par le tissu cellulaire ambiant, avant d'atteindre la glande elle-même. Une dame, qui avait un de ces engorgements glandulaires de l'aine et de la fosse iliaque droite, qui persistait depuis la guérison d'une affection utérine, en éprouva une notable diminution après une saison de bains de mer. Elle revint l'année suivante pour terminer sa cure. Les bains cette fois réduisirent ses glandes à des noyaux insensibles, et donnèrent encore du ressort à ses parois abdominales et de la force à tout son système musculaire.

La coïncidence des deux altérations de l'utérus, est un fait qui s'observe communément aux bains de mer.

Les caractères symptomatiques qui en ressortent, ne diffèrent guère de ceux qu'on rencontre dans les lésions à l'état d'isolement. L'usage des bains de mer y a été le même; mais leur efficacité ne s'est pas élevée, dans les cas les plus complexes, au niveau de celle qu'ils ont atteinte dans l'état pathologique isolé du tissu utérin.

§ 9. Névralgie utérine.

Nous avons observé aux bains de mer une maladie utérine, qui offre les plus grandes analogies symptomatiques, avec les maladies précédentes et qui en diffère pourtant essentiellement, en ce qu'elle existe sans aucune des conditions matérielles qui les caractérisent. Les souffrances qui lui sont propres tourmentent les femmes qui les endurent, à l'égal de celles qui accompagnent les lésions les plus graves de l'utérus, et ce n'est qu'après un temps très-long, qu'on parvient à les convaincre, que ces douleurs ne correspondent pas à un état d'altération de cet organe. En effet, tous les moyens d'investigation locale établissent péremptoirement que l'utérus, aussi bien que ses annexes, sont, chez elles, à l'état physiologique. Cette maladie utérine affecte ce caractère, qu'elle se reproduit pendant l'hiver et se suspend en été, qu'elle revient par crises, par accès, souvent sans cause appréciable, quelquefois après un refroidissement des pieds, ou par le fait seul de certaines conditions atmosphériques. Une fois la crise passée, ces individus rentrent dans la sécurité et dans les habitudes ordinaires de la vie.

Quelle est donc la nature de cette maladie?

En tenant un compte exact de l'état sain des parties, de l'intégrité de la fonction menstruelle, du caractère intermittent des douleurs, de leur retour sous l'influence du froid, de la coïncidence, chez le même individu, d'autres localisations rhumatismales, pendant lesquelles jamais l'utérus ne s'éveille, des douleurs d'entrailles et des douleurs névralgiques du col, des épaules et du péricrâne qui viennent parfois les remplacer, on ne peut méconnaître ici l'action d'un principe morbide qu'il faut bien appeler *rhumatisme* ou *névralgie*, puisque l'ignorance de sa nature ne nous permet pas de lui donner un autre nom.

Voici le résumé des faits d'utéralgie qui ont passé sous nos yeux. Les femmes qui les ont présentés étaient toutes arrivées à une époque très-avancée de leur existence menstruelle ; une seule avait passé l'âge critique. Leur maladie, dont la naissance remontait déjà à quelques années, se caractérisait par des douleurs susceptibles de se déplacer plusieurs fois dans la même journée, siégeant à la région lombo-sacrée, au pourtour du bassin et de l'hypogastre et à d'autres régions plus éloignées de l'abdomen, et enfin par un écoulement blanc inaccoutumé, dont l'apparition était bornée à la durée des crises et coïncidait quelquefois avec un facile dérangement des fonctions gastro-intestinales.

Pendant la saison, l'exposition au vent froid de la mer ou quelques bains trop longs, ont rendu parfois à ces personnes, un de leurs accès douloureux. L'une de ces crises, qui avait été provoquée par le froid du rivage, dura dix jours, et réclama, eu égard à sa violence, les déplétions sanguines, les narcotiques et les vésicants.

Les bains de mer méthodiquement pris, n'ont jamais ramené ces douleurs, malgré leur action réfrigérante; ils les ont, au contraire, efficacement combattues, quand elles existaient, et en ont prévenu ou du moins éloigné le retour, quand elles n'existaient pas.

La pratique nous offre presque chaque année des exemples de ces effets thérapeutiques, que le raisonnement, d'ailleurs, parvient facilement à expliquer, quand on se rend compte du mode d'action des bains de mer sur toute la surface de la peau en général et sur l'organe utérin en particulier.

§ 10. Stérilité.

La médecine a cru de très-bonne heure, en Angleterre, à l'action des bains de mer dans la stérilité des femmes. Les observateurs de ce pays, d'après un grand nombre de faits biens constatés, croient encore aujourd'hui à leur efficacité dans l'état atecnique. Les femmes stériles que nous avons vues depuis dix ans, nous ont fourni plusieurs exemples de ce succès, qu'on doit regarder ici comme bien avérés. L'opinion du monde parle de faits semblables avec une exagération qui altère ou détruit ce qu'ils ont de réel; car elle aime à croire aux actions spécifiques des moyens thérapeutiques. Le *modus agendi* des bains de mer dans la stérilité n'a rien de spécifique, bien qu'on ne puisse souvent, dans l'obscurité qui entoure la physiologie des organes de la génération, se rendre compte, d'une manière tant soit peu satisfaisante, de la nature des modifications que ces organes reçoivent d'une telle action. Ce qu'il nous est donné de savoir dans beaucoup de cas, c'est qu'un état morbide quelconque de l'utérus est la cause évidente de la stérilité et que les bains de mer n'ont de prise sur celle-ci, qu'en détruisant celui-là. On rencontre des femmes stériles, parce qu'elles sont leucorrhéiques, qu'elles ont des règles trop rares, trop abondantes ou trop rapprochées, qu'elles ont un déplacement ou un engorgement utérin, et qui cessent de l'être, par la raison seule que les bains de mer ont fait disparaître ces conditions pathologiques. La stérilité qui n'est point sous la dépendance de l'une de ces causes, cède aussi un certain nombre de fois à l'espèce de dynanisme exercée par le *même moyen ;* mais on est réduit à ignorer les changements, à l'aide desquels il a rétabli, dans ces cas, la normalité des fonctions génératrices ; on observe seulement que, chez toutes les femmes, chez celles surtout où ces changements sont connus, et chez celles où on est réduit à ne pas les découvrir, la modification locale, quelle qu'elle soit, n'existe jamais sans coïncider avec des améliorations importantes dans le reste de l'organisme.

Cette manière d'envisager l'action des bains de mer dans la stérilité, est non moins applicable à des faits qui se répètent chaque année sous nos yeux. Il est commun de voir des femmes non stériles, mais qui n'ont pas eu d'enfants depuis plusieurs années, devenir enceintes après leur saison, par la raison seule qu'elles en ont reçu les modifications locales et générales dont il vient d'être question.

§ 11. **Névroses des nerfs ganglionnaires. (Hystérie, attaques de nerfs, gastralgie, dyspepsie, etc.)**

Ces maladies sont aussi particulières aux femmes, et n'ont pas afflué aux bains de mer en moins grand nombre que les précédentes. On le concevra facilement, le nom sous lequel nous les désignons et qu'on leur applique quelquefois dans la pratique médicale, n'est qu'une formule née du besoin de localiser les maladies, qui établit en effet leur siége avec quelque probabilité, qui exprime quelques-uns de leurs symptômes et qui ne fournit que des indications bien vagues sur leur nature.

Ces névroses, qui reconnaissaient souvent pour causes une émotion subite et violente ou des affections morales longuement agissantes, se sont montrées à nous chez des femmes généralement nerveuses et amaigries, beaucoup plus rarement chez des sujets bien constitués et intacts sous le rapport des forces. Toutes ces femmes étaient tristes et profondément préoccupées de leur santé et parlaient avec émotion de leurs souffrances; à mesure qu'elles se livraient à l'analyse de leurs sensations, on voyait leur visage se colorer, leurs mains trembler et les larmes s'échapper de leurs paupières.

Les circonstances anamnestiques et actuelles ne permettaient pas de méconnaître un *élément hystérique* dans la plupart de ces névroses. En effet, des symptômes hystériques proprement dits en avaient été le point de départ primitif ou bien des sensations qui irradiaient encore de temps en temps de l'utérus vers les autres viscères, ou bien encore quelque lésion de position de cet organe ou une suppression brusque des règles, servaient à indiquer la source d'où émanaient tous les accidents.

Ces névroses étaient des localisations douloureuses de la tête, de la poitrine, du cœur, de l'abdomen ou des désordres nerveux des fonctions viscérales. Il faudrait un livre pour tracer un tableau de toutes les névropathies de ce genre qui ont été soumises à notre observation : nous nous bornerons à décrire leurs caractères les plus saillants.

Lorsque la tête était le siége habituel de la névrose, les malades étaient opprimées par un sentiment invincible de somnolence, au milieu de la vie la plus active, au milieu d'un jour consacré à l'exécution de projets faits à l'avance, ou ne pouvaient rester assises, ni marcher sans être prises de courbature, d'endolorissement des membres et même de lypothimies, phénomènes qui disparaissaient tous, dès qu'elles prenaient la position horizontale.

Une sensibilité exagérée, qui allait jusqu'à des douleurs lancinantes et se montrait localisée au rebord des fausses côtes gauches ou à l'ombilic (précordialgie, gastralgie), semblait placer le siége de la névrose aux plexus nerveux du cœur et de la région épigastrique. Cette concentration de la sensibilité vers un point unique de l'abdomen, entraînait une grande impressionnabilité aux abaissements de la température extérieure et au moindre mouvement de l'air refroidi, et laissait les individus sans défense contre les influences morales. Il n'était pas rare que certaines fonctions, telles que la menstruation et le sommeil, se fussent conservées intactes. Si l'estomac n'eût été sujet aux sécrétions gazeuses, ses fonctions se fussent presque toujours trouvées dans leur état physiologique : il y avait appétit, et même appétit exagéré, digestion facile, besoin impérieux et fréquent de manger des substances nourrissantes, surtout des viandes faites ; seulement, la nutrition était incomplète, comme on le voyait à un état plus ou moins marqué d'amaigrissement. Chez quelques individus, les souffrances nerveuses se bornaient habituellement à une gastralgie avec constipation plus ou moins facile à retour, sous l'influence des impressions morales, ou à un état de névropathie intestinale, caractérisée par des alternatives de constipation et de diarrhée, et sujette à varier dans son siége et ses caractères. Nous avons observé une entéralgie, qui se montrait comme un véritable accès, au réveil de chaque jour, laissait une grande lassitude pour toute la journée, et était liée, comme cause ou effet, à un retard dans les époques.

Ces différents états locaux alternaient ou co-existaient indifféremment avec des étouffements, des palpitations, de la congestion faciale ou projection subite du sang vers le haut, de la céphalée ou un sentiment de vague et de pression de la tête, etc. Cette simultanéité ou cette succession des phénomènes nerveux du cerveau, du cœur, de l'abdomen et de l'utérus, si commune dans les névropathies, n'est autre chose que la mise en jeu des rapports *consensuels* des différentes parties du système nerveux.

Ces liens sympathiques se dévoilaient chaque jour, entre les nerfs de la vie viscérale et ceux de la vie de relation, chez les femmes affectées de la névrose ganglionnaire, quand la maladie, par exemple, se traduisait au dehors par l'appareil symptomatique suivant :

spasmes de la respiration, palpitations accompagnées d'angoisses, de crampes lancinantes aux précœurs et d'une dyspnée extrême, bourdonnements ou sentiment de percussion à la tête et battements de tout le corps ; quand, après avoir manifesté son action sur un des organes dévolus à la vie nutritive, elle s'était convertie en accès de crampes localisées à la tête, au larynx, au cou et à différentes parties de l'écorce du tronc et des membres, ou se présentait sous la forme d'une éclampsie, dont les retours n'avaient rien de fixe, sous le rapport des causes occasionnelles.

La névropathie se caractérisait non moins souvent par des accès d'hystérie proprement dite ou de forme hystérique (oppression sternale, constriction gutturale, ascension globiforme, sensation de chaleur au visage, perte de connaissance, convulsions cloniques, etc.). Ces accès affectaient quelquefois une tendance marquée à la périodicité, ou alternaient ou s'associaient encore avec des crises épilepsiformes plus ou moins régulières dans leur retour. Ces cas d'*attaques de nerfs* hystériques, hystériformes ou épilepsiformes, appartenaient à des filles ou à des femmes jeunes, d'éducation physique molle, d'un jugement peu sûr, d'une belle apparence de santé, d'une constitution forte et même musculaire, d'une menstruation irrégulière, difficile et peu abondante. Ils se liaient quelquefois, chez elles, à un sentiment prononcé de mélancolie et presque toujours à un état d'impressionnabilité extrême, surtout en ce qui touchait leurs affections ; sur ce point, la plus légère atteinte les livrait aux spasmes, aux serrements précordiaux et aux larmes. Voici un exemple de névropathie hystérique.

OBSERVATION IV. Une femme de vingt-six ans, mariée depuis un an et demi, eut, au bout de trois mois de mariage, une fausse couche, de laquelle résulta un état nerveux particulier, localisé successivement à la tête, à l'estomac et à l'utérus. Depuis plusieurs mois, les symptômes du côté de la tête prédominaient et se renouvelaient surtout sous forme d'accès, aux époques menstruelles (pâleur du visage, larmes, absence, volonté bizarre, enfin symptômes hystériques très-prononcés, quelquefois alarmants). Elle avait habituellement un caractère d'enfant, composé d'indécision et de mobilité, de crainte, de vacillation et de bizarrerie.

Cette personne commença sa saison (1838) par un bain d'une minute, suivi d'une affusion qui lui causa un saisissement très-vif, jusqu'à la faire crier. Elle sortit de l'eau réagissante et se plaignant d'un peu de mal de tête. Le bain suivant fut pris avec une sorte de résistance de sa part et suivi immédiatement d'une quasi-perte de connaissance, bien que la réaction cutanée se montrât parfaite. L'état de trouble où la jetait l'affusion céphalique, lui avait fait refuser d'en recevoir une, avant d'entrer dans la mer. Le troisième bain fut mieux pris; le quatrième, de cinq minutes, fut pris dans la même journée, fut précédé et suivi d'une affusion. Dès lors, on tendit non à augmenter la durée du bain, mais seulement le nombre des affusions.

Dans la journée du sixième bain, la malade se plaignit de douleurs névralgiques aux extrémités inférieures; mais elle se trouvait beaucoup mieux sous tous les rapports; elle était d'une tranquillité morale remarquable. Elle avait pris les deux derniers bains sans répugnance.

Dans la soirée du septième bain, après avoir bien dîné, accès nerveux commençant par du frisson et accompagné de délire, d'œil hagard, etc. Cet état dura quelques heures se termina par un sommeil profond. Le lendemain matin, sentiment d'une courbature générale.

Le jour du huitième bain, qui avait été terminé par une demi-douzaine d'affusions, léger accès nerveux qui n'obligea pas la malade à se coucher. Au neuvième bain, l'accès se reproduisit légèrement; mais elle était mieux qu'elle n'avait été depuis six semaines, sous le rapport physique et moral.

Elle ne prit que vingt bains, parce qu'elle fut arrêtée par son époque, et éprouva, à cette occasion, les linéaments de sa crise périodique. Elle partit avec un grand soulagement, qui devint bientôt une guérison complète.

Elle revint guérie l'année suivante; les bains consolidèrent encore sa guérison.

Nous plaçons encore parmi les névroses ganglionnaires, les états locaux ou généraux si variés d'excitation nerveuse, avec affaiblissement des forces, que nous ont montrés les femmes jeunes, moralement très-impressionnables et qui succédaient souvent à de violents chagrins, à l'avortement ou à l'accouchement plus ou moins laborieux. Ils se caractérisaient, chez les unes, par des douleurs et des mouvements nerveux dans la continuité des bras, par des crampes aux poignets, par de l'angoisse thoracique, de l'anxiété précordiale, etc.; chez les autres par des palpitations purement nerveuses et par une *âme facile à ébranler*. La névrose de ce genre se présentait d'autres fois dans les conditions suivantes : elle appartenait plus généralement à des femmes qui avaient passé l'âge du mariage, et beaucoup moins souvent à des personnes mariées, qui étaient affaiblies parfois outre mesure par la vie sédentaire, étaient devenues nerveuses et restaient impressionnées au plus haut degré par une multitude d'influences : celle-ci par les changements de l'atmosphère; celle-là par tels ou tels aliments; une autre par les agents thérapeutiques les plus usuels, etc. On reconnaissait très-souvent la cause de cet état névropathique dans une affection morale profonde ou des chagrins continus, dans des émissions sanguines ou un régime diététique abusif.

Le traitement et le régime anti-phlogistique, les différents agents calmants et révulsifs, les Eaux minérales de Plombières et de Marienbad, les bains salés avaient été employés contre la pluralité des maladies précédentes, le plus souvent en les exaspérant : rappelons seulement l'exemple d'une dame étrangère, bien constituée, à laquelle les Eaux de Marienbad donnèrent ce qu'on appela une fièvre gastrique, qui amena une gastralgie avec crampes et *deliquium animi*, et qu'une saison de bains de mer guérit complétement.

Les névropathiques chez lesquelles prédominent l'affaiblissement, la pusillanimité ou l'irritabilité, devront débuter par quelques bains de mer tièdes, d'un quart d'heure à vingt minutes, et de 33°-32' C., purs ou mitigés par une livre d'amidon. Elles associeront toujours les affusions et les immersions aux bains de mer froids : il n'y a qu'une excitabilité et des appréhensions extrêmes qui pourront les dispenser de ces deux pratiques, et dans ces cas, celles-ci seront remplacées par des copieuses ablutions céphaliques et pré-thoraciques, faites avant et après le bain. Quoique l'action première des bains froids, chez elles, soit très-suffocante, elles réagissent bien et se montrent rosées du visage, en sortant de la mer; quelques-unes même ont présenté, dès le premier ou deuxième bain, une activité des capillaires sanguins qui allait, depuis un sentiment de chaleur cutanée et d'animation générale, jusqu'à quelque petite réaction fébrile (chaleur, sueur, agitation nocturne); d'autres, chez lesquelles existait, comme le signe préliminaire de l'époque menstruelle, un mouvement hémorrhoïdal prononcé, fluent ou non fluent, l'ont vu renaître sous l'influence de la même cause.

On ne saurait exprimer à quel point il est nécessaire, dans la majorité des névropathies, de fixer d'avance les conditions principales du bain de mer, celles surtout qui regardent la durée, ainsi que l'état de l'atmosphère. Malgré les apparences de réaction excédante, la durée la plus courte est le plus sûrement exempte d'inconvénients (deux à cinq minutes). Quelques bains prolongés à une ou deux minutes de trop et pris par une température trop basse, réveillent facilement les douleurs qui siégeaient à la région épigastrique ou utérine ou à quelque partie des membres, et amènent l'insomnie, l'angoisse précordiale et un état de faiblesse générale. Nous avons eu maintes fois l'occasion de remarquer, combien l'abus dans la durée du bain était préjudiciable dans ces maladies.

Chez les femmes névropathiques, le teint s'éclaircit, s'anime et s'épanouit déjà, au bout de quelques jours de bains de mer. La propriété sédative de ces bains, à laquelle se joint celle qu'ils possèdent également de décentraliser la vie, si l'on peut s'exprimer ainsi, calme, chez elles, l'élément névralgique, soit aux précœurs, soit à l'épigastre, soit à la tête, et dévie par là le sang qui tend à affluer vers celle-ci. Leurs divers modes d'agir, sous tous ces rapports, se font surtout sentir efficacement dans les variétés de l'hystérie, avec accès nerveux. Une hystérie épilepsiforme n'eut qu'un accès beaucoup plus court et moins caractérisé qu'à l'habitude, pendant une saison de quarante bains. Les bains de mer ont été prônés hautement par les observateurs du nord de l'Europe, contre ces affections du système nerveux, qui dépendent à la fois, suivant leur langage, d'*un épuisement* et d'*un éréthisme, et qui se manifestent surtout par des douleurs, des spasmes et des convulsions.*

Après leur action sur le système nerveux proprement dit, l'effet le plus sûr des bains de mer dans les névroses, consiste à régulariser l'action digestive de l'estomac, là où cet organe a des besoins qui dépassent la mesure normale, et sécrète des gaz dans l'état de vacuité. En augmentant les forces générales et en restaurant en particulier le *ton relâché* du système nerveux, ils rendent la marche possible ou facile et le corps plus réfractaire aux impressions de l'air, et, en atténuant ou enlevant les localisations douloureuses, ils améliorent à un haut degré l'état moral des malades.

Un autre genre de névrose, dont le siége exclusif est l'estomac, où l'hystérie ne paraît pas jouer le premier rôle, comme on l'a vu dans la majorité des cas précédents, et qui pourrait s'appeler à bon droit la *gastralgie dyspeptique* ou bien la *gastrodynie réunie à la dyspepsie*, à cause des douleurs que cette maladie fait éprouver à l'estomac et des perturbations qu'elle entraine dans les fonctions de cet organe, amène chaque année un certain nombre de femmes aux bains de mer. Cette névrose remonte quelquefois à des causes morales déjà anciennes, qui ont occasionné de prime abord des crises gastralgiques violentes, donne lieu en quelques mois à une altération assez profonde dans la constitution des femmes qui en sont atteintes, et porte quelquefois l'affaiblissement et l'amaigrissement assez loin, pour qu'elles deviennent entièrement inaptes à l'exercice. Tous les *ingesta* sont une cause de souffrances pour l'estomac dans la gastralgie avec dyspepsie; cet organe, après avoir été soumis pendant longtemps à un régime alimentaire débilitant, manifeste néanmoins ses préférences pour les aliments hautement nutritifs. La langue, humide, sans rougeur, devient particulièrement brûlante par l'usage de certains aliments gras (bouillon, beurre, etc.); la constipation est un signe constant de cette maladie, et il n'est pas rare que la menstruation conserve sa régularité normale. Une fois pourtant, nous avons observé l'aménorrhée complète, dont une hématémèze et un mélæna des plus graves, semblaient avoir été les phénomènes supplétifs. Le corps tout entier est douloureux au toucher, et se trouve péniblement et quelquefois étrangement impressionné par l'air de la mer. L'esprit contracte une teinte d'hypocondrie, à travers laquelle il juge toutes les influences qui doivent agir à la périphérie cutanée.

La dyspepsie sans gastralgie s'est montrée plus rarement aux bains de mer. Cette maladie a pour résultat d'amener peu à peu, par une série de longues souffrances, les femmes qui en sont affectées à ne pouvoir digérer les plus petites quantités d'aliments solides ou liquides. Les symptômes qui accompagnent cette affection parvenue à son dernier période, sont variés à l'infini et souvent bizarres. Le défaut d'alimentation a ralenti le pouls, a produit le marasme et causé une faiblesse qui rend la station et la marche impossibles: tout fait croire à une lésion organique et fait prononcer le plus grave pronostic; mais seulement, il est essentiel de remarquer que le vomissement des matières ingérées n'est jamais venu se ranger parmi les désordres de l'estomac.

Ces deux états morbides de l'estomac, dans les exemples qui ont passé sous nos yeux, avaient été dénommés et traités souvent, comme une phlegmasie chronique de la partie supérieure du canal digestif (gastrite et gastro-duodénite chroniques, irritation chronique de l'estomac et du duodénum), à cause des phénomènes de sensibilité concentrés dans les régions des hypocondres et de l'épigastre, et des troubles divers de la chymification, tels que pesanteurs, douleurs, gaz, tuméfaction variable de ces régions par l'accumulation de ceux-ci, battements épigastriques, aménorrhée et constipation extrême. On avait donc appliqué à beaucoup de ces cas, un traitement obstinément anti-phlogistique, et on ne s'était élevé jusqu'à l'emploi de quelques moyens toniques et dérivatifs, qu'après avoir éprouvé les résultats pernicieux de cette méthode. On avait rarement reconnu, de prime abord, l'état nerveux de l'estomac à l'ensemble des phénomènes existants; mais, quand on était tombé dans cette donnée juste, on avait dirigé contre lui les affusions froides sur la tête et sur le corps, et un régime alimentaire fortement nutritif. Quoi qu'il en soit, plus tard, après une longue série de souffrances et un amaigrissement considérable, on était toujours arrivé, dans tous les cas, à caractériser les désordres gastriques, d'état essentiellement nerveux de l'estomac, sans lésion matérielle de sa structure, succédant ou non à la gastro-duodénite chronique (dyspepsie); c'est alors qu'on quittait les aliments de nature peu réparatrice et les bains relâchants, et qu'on reconnaissait que les substances très-animalisées se digéraient plus facilement que les autres. Par une conséquence naturelle, après avoir fixé le véritable diagnostic, on adoptait l'usage des bains salés ou sulfureux artificiels, l'oxyde de bismuth, les liquides gazeux, quelques eaux minérales alcalino-salines (Plombières, Vichy, Chateldon, etc.), et on conseillait les bains de mer comme des agents puissamment toniques et destinés à modifier l'altération profonde, dans laquelle était jeté l'organisme.

Chaque année nous donne l'occasion de vérifier l'expérience qui établit, que les bains de mer chauffés, même à très-basse température, sont plutôt nuisibles qu'utiles chez les dyspeptiques et les gastralgiques, et que 28° C. dans une baignoire les refroidissent, sans les tonifier. Pour concéder quelque chose à leurs craintes, nous leur faisons quelquefois affusionner la tête avec de l'eau à $+25$ °C., dans un bain à 32°, avant de les envoyer à la mer, que le grand nombre d'entre eux redoutent beaucoup; mais généralement, nous leur prescrivons les bains froids dès le début. Ceux-ci doivent leur être donnés d'abord, d'après les proportions les plus restreintes de la durée et dans les circonstances les plus favorables de la température atmosphérique et de l'état de la mer. Pour les premiers jours, une immersion générale ou une immersion et une demi-minute suffisent toujours; car l'impression que ces malades en éprouvent est des plus vives et se manifeste par beaucoup de suffocation, par des cris et par un état nerveux qui se prolonge parfois dans la journée. Quelques-unes *perdent la tête,* comme elles disent, avalent de l'eau et se livrent à des efforts pour la rejeter. Cette impression exagérée se renouvelle plus ou moins les jours suivants, et cesse presque toujours, à l'aide d'une persévérance raisonnée, et peut déjà être atténuée d'ailleurs en n'immergeant pas la tête. Après avoir surmonté ces premiers pas, il n'est pas rare de voir les plus délicates se passionner pour le bain et en sortir chaque jour avec le sentiment de la faim et la figure rosée et empreinte de satisfaction. Arrivées à ce point de tolérance et après s'être habillées, il faut que les dyspeptiques prennent chaque jour un potage consommé préparé à l'avance, et que leurs bains reçoivent graduellement quelque durée de plus, ainsi que l'adjonction d'un certain nombre d'affusions sur la tête.

Il est très-rare que la première impression des bains de mer se répète chaque jour avec la même intensité; mais nous avons rencontré, il faut le dire, des femmes très-affaiblies, qui continuèrent de vivre sous l'influence morale amenée par sa persistance, et qui durent cesser entièrement de se baigner. Quelques-unes même, rendues craintives et pusillanimes ou livrées à une véritable terreur après un premier essai, ne voulurent plus tenter le bain froid, et lassèrent, par leur résistance, les prières de leurs proches et les encouragements du médecin.

Le degré de réaction périphérique est toujours suffisant chez les femmes dyspeptiques, se développe dès la sortie du bain administré avec des conditions rationnelles, et s'entretient facilement par un exercice proportionné à leurs forces. Pourtant, l'une d'elles, qui ne sortait de son malaise habituel, qu'en prenant la position horizontale, ne put obtenir cette réaction consécutive qu'en se tenant dans une immobilité complète, entourée de vêtements chauds et les pieds posés sur une chaufferette. En marchant, au contraire, le résultat désiré ne venait pas, comme si la déperdition des forces occasionnée par l'exercice musculaire, enlevait, chez elle, une partie de la vitalité qui est nécessaire à la réaction cutanée.

Une fois que les bains pouvaient être appliqués

avec continuité aux dyspeptiques et que l'habitude en avait atténué ou annihilé les effets impressifs, on voyait de jour en jour leurs forces musculaires revenir et leur nutrition s'annoncer par l'effacement des saillies osseuses. Leur appétit se montrait vif; la gaieté et l'épanouissement vasculaire du visage et l'humidité de la langue reprenaient des proportions nouvelles; le retour spontané des selles était le résultat quelquefois instantané des premiers bains. La plage devenait le lieu de prédilection de ces malades. Disons ici, à l'occasion de la sur-activité acquise par l'estomac et du goût passionné que les névro-dyspeptiques manifestent pour respirer l'air marin, disons que ces conditions nouvelles pour eux, sont des écueils où elles viennent échouer bien souvent. Il faut donc qu'elles se surveillent incessamment sous ces deux rapports, et, si elles ont failli déjà, qu'elles se hâtent de reprendre une conduite plus judicieuse, à moins qu'elles ne veuillent perdre les fruits de leur saison.

L'élément *douleur*, s'il existait actuellement, était le dernier à offrir quelques signes de sédation ; quelquefois même, une certaine exaspération n'était pas rare dans la sensibilité morbide de l'organe souffrant.

L'action thérapeutique des bains de mer compte de nombreux succès dans les dyspepsies, avec ou sans gastralgie; mais ce qu'on croirait à peine, c'est que les cas qui se sont montrés rebelles à cette action, appartiennent presque tous à la première variété de ces maladies (dyspepsie avec douleur), tandis que la seconde (dyspepsie simple), en raison peut-être de l'affaiblissement profond de toutes les fonctions de l'organisme, nous a fourni plusieurs exemples des résultats les plus inattendus. Pour justifier cette interprétation, nous

... que, parmi les névroses qui avaient le caractère de la gastralgie, celles qui se sont trouvées réfractaires aux modifications propres aux bains de mer, sont particulières à de jeunes filles *fortement* constituées, chez lesquelles les souffrances gastriques alternaient avec des maux de tête, de manière que tantôt l'une et tantôt l'autre se montrait prédominante.

OBSERVATION V. — Une dame, après huit années de dyspepsie, était arrivée à ne prendre dans la journée qu'un peu de liquide, encore était-elle jetée chaque fois qu'elle eut bu, dans une torpeur qui durait deux à trois heures. Des bains de mer furent conseillés, malgré l'existence d'un coup plus que suspect de la poitrine; ils durent être employés sous forme d'essai, avec toutes les précautions imaginables. Le premier bain consista en trois immersions : l'impossibilité de marcher rendit la réaction assez lente. Le deuxième bain permit déjà à la malade de rester levée et de prendre quelques cuillerées de bouillon; ce qu'elle n'avait pu faire depuis longtemps. Le quatrième, qui fut d'une minute, rendit possible l'ingestion d'une plus grande quantité de bouillon. Le septième, qui s'éleva à six minutes, mit la malade dans le cas de passer plusieurs heures sur sa chaise, de marcher une demi-heure et d'écrire une longue lettre. Au onzième bain, qui fut de dix minutes, elle mangea dans toute sa journée, des potages gras, de la viande de caille, de la fécule et de la compote; elle resta levée et se promena à pied au grand air. Au seizième bain elle se rendait à pied sur le bord de la mer, et faisait trois repas par jour; ses yeux et les traits de son visage avaient repris une expression de vie remarquable. Après le vingtième bain, elle toussa davantage, ressentit des douleurs de poitrine et de l'insomnie; ces raisons empêchèrent de poursuivre plus loin les bains de mer. Deux jours de repos amendèrent ces accidents, et la malade quitta Dieppe.

§ 12. Névralgies de la tête et de la face (Tic douloureux), céphalées, hémi-crânies.

Nous mettons ces maladies au nombre de celles qui sont particulières aux femmes ; car les exemples nombreux, qu'elles ont offerts à l'application des bains de mer leur appartenaient tous. Nous les rangeons aussi sous le même titre ; car le plus souvent, si elles ont eu des caractères symptomatiques qui les distinguaient l'une de l'autre, elles en ont eu aussi de communs, qui les rapprochaient étroitement.

Les névralgies de la tête et de la face étaient des affections vagues et passagères, ou des affections opiniâtres et anciennes, contre lesquelles avaient échoué tous les moyens connus, notamment les Eaux minérales qui n'avaient fait que les aggraver, et même l'avulsion de plusieurs dents, qui avait été au moins inutile. Les unes avaient une grande tendance à revêtir le type intermittent, les autres ne revenaient que de loin en loin, comme de violents accès, dont la durée variait depuis une heure jusqu'à un ou deux jours, et dans les deux cas, les accès plus fréquents l'hiver que l'été, étaient marqués par des phénomènes de congestion momentanée et circonscrite à une partie du visage. Elles consistaient tantôt en un endolorissement du péricrâne, limité à l'une des moitiés symétriques de la tête, tantôt en une douleur de l'un des côtés de la face, qui envahissait en même temps l'œil, la tempe et l'une ou l'autre mâchoire (névralgie dentaire). Elles se montraient plus rarement sous la forme de ces névralgies, localisées à tel ou tel nerf périphérique de la face, et qu'on connaît sous le nom de *tic* douloureux (névralgie sus ou sous-orbitaire). Elles participaient des hémi-crânies par l'existence des vertiges et par leur influence sur les contractions de l'estomac, et aussi des névroses du grand sympathique, par une certaine disposition syncopale, par les spasmes précordiaux, et par la grande susceptibilité à l'humidité atmosphérique qui accompagnaient chacun de leurs accès. Une gastralgie susceptible de prendre aussi le type intermittent quotidien, et, soit comme cause, soit comme effet, un certain degré de dyspepsie, étaient des états additionnels, qu'il n'était point rare de rencontrer dans le cours de ces maladies.

Ces douleurs n'étaient pas toujours caractérisées par des accès marqués; elles pouvaient prendre encore fréquemment un type continu, et de temps en temps présenter seulement dans leur marche, un redoublement d'intensité. Sous l'une ou l'autre forme, elles étaient non moins cruelles et n'entraînaient pas des troubles moins profonds dans l'organisme en général.

Il est des personnes détruites à la lettre par la continuité et la violence des douleurs névralgiques; elles se présentent avec de la faiblesse générale, de l'amaigrissement, de l'anorexie, des digestions mauvaises, un teint pâle et cachectique; elles sont tristes et impressionnables au plus haut degré, d'un moral affaibli ou bizarrement affecté. Quelques-unes ont contracté une habitude congestionnaire de la tête, qui les engage à se faire saigner, et souvent à tort. Les plus affaiblies d'entre elles offrent souvent cette disposition particulière, qu'elles se trouvent très-mal de l'usage des bains tièdes ou chauds.

En arrivant sur les bords de la mer, les femmes affectées de névralgie, sont, à un degré extrême, sensibles aux vents dominants et au froid de l'atmosphère, et avec quelques précautions qu'elles s'y exposent, quand elles viennent sur le tard de la saison ou pendant un été comme il s'en voit de loin en loin, elles paient leur tribut à ces conditions de l'air marin, par une crise nouvelle ou un redoublement de leurs douleurs actuelles.

Avec cette susceptibilité, ces personnes doivent, en général, selon la température régnante et selon l'époque de l'été où elles commencent, ouvrir leur saison par quelques bains de mer tièdes. Leur disposition habituelle les rend très-craintives, à l'occasion de leur début dans la mer, et nous en avons vu quelques unes renoncer à la pratique des bains, par une crainte exagérée des effets de réfrigération. Une fois qu'elles ont surmonté ces premières appréhensions, la saison s'achève le plus souvent sans accidents, et il n'est pas rare que les femmes les plus timides, toutefois en observant les repos convenables, aient prolongé celle-ci, au delà des limites fixées d'avance, soit pour augmenter leurs résultats, soit pour céder au plaisir qu'elles trouvaient à se baigner.

Nous ne savons si la thérapeutique possède un moyen de combattre les névralgies du crâne et de la face, plus sûrs que les bains de mer très-courts réunis aux affusions ; car, les uns pratiqués sans les autres, ou du moins sans l'immersion totale du corps, augmentent la douleur quand elle existe, la rappellent quand elle a déjà cessé, ou du moins développent sûrement des congestions faciales à différents degrés.

Voici, après quelques bains de mer ainsi administrés, les effets qui sont le plus fréquemment observés :

1° Le moment de l'invasion des accès est retardé ; 2° les préliminaires d'une crise névralgique, qui sont des pronostics ordinairement certains pour les malades, manquent pour la première fois de certitude ; la crise ne vient pas ; elle est enrayée ; 3° le premier ou le second bain produit un accès, que le bain suivant enlève sans retour pour tout le temps de la saison ; 4° le côté de la face ordinairement entrepris est le siége d'un engourdissement ou d'un sentiment de froid ; 5° des accès, quelque violents qu'ils fussent, ont été arrêtés subitement par un bain de mer, comme on l'a vu souvent dans une crise d'odontalgie. Ce dernier fait, si important dans la pratique des bains de mer, s'est renouvelé souvent sous nos yeux, depuis que nous avons eu l'idée, pour la première fois, d'en faire naître expérimentalement l'occasion.

Les premiers bains de mer ont quelquefois déplacé le principe de ces névralgies, l'ont mis hors de son siége primitif, pour ainsi dire, et ont ainsi dénoncé leur nature. Dans quelques cas, il n'y avait plus actuellement aucune trace de névralgie, ni des autres symptômes nerveux, quand une douleur se développait dans les muscles du col et s'étendait aux épaules et dans la continuité de l'un des bras jusqu'au poignet. Ce fut, dans d'autres cas, une douleur de goutte avec ses caractères distinctifs, qui se montra à l'un des gros orteils, ou un accès de gastralgie qui survint chaque jour, à heure fixe, ou enfin une odontalgie qui se déclara subitement, indépendamment de toute lésion des dents, et qui dura jusqu'à ce qu'elle se fût épuisée, en quelque sorte, par sa propre violence. Les bains de mer furent toujours continués dans ces circonstances ; mais avec une grande circonspection, et après la disparition de cette affection supplétive, les individus se trouvèrent pleinement en possession des fruits, qu'ils avaient primitivement recueillis.

Tous ces différents modes d'agir des bains de mer, aussi bien que tous les effets thérapeutiques qui en découlaient, nous ont été dévoilés par des névralgies souvent des plus invétérées, qui ont disparu avant la fin de la saison, les unes pour plusieurs mois, les autres pour ne plus reparaître. A mesure que le temps s'écoulait et que s'éloignait l'époque des accès névralgiques maintenant jugulés dans leur existence actuelle ou maîtrisés dans leur apparition par l'action des bains, on voyait les traits des névralgiques se détendre et l'aspect *grippé* de leur visage disparaître; leurs corps acquérait plus de résistance contre les variations présentes de l'atmosphère, plus de force contre la fatigue, plus de sommeil, etc. Les femmes partaient engraissées, colorées, gaies et épanouies.

Les malades affectées de névralgie reviennent chaque année aux bains de mer, pour la deuxième ou troisième fois; les unes, ayant pris possession des résultats secondaires, viennent consacrer leur guérison par une nouvelle saison, et arrivent avec des caractères extérieurs de santé bien différents de ceux qu'ils avaient apportés précédemment; les autres viennent redemander à la mer un bénéfice qu'elles ont obtenu déjà, mais qu'elles ont perdu. Une d'elles, à la suite d'épreuves morales et de fatigues physiques, vit un tic douloureux guéri par deux ans de bains de mer, passer de l'autre côté de la face et s'y établir avec des contractions musculaires excessivement douloureuses : elle en fut débarrassée complétement par un troisième voyage.

Les céphalées se sont montrées circonscrites ou générales dans leur siége, et les hémi-crânies ont été indistinctement périodiques ou irrégulières dans leur invasion. Les unes et les autres affectaient, dans leur retour, la forme de crise ou d'accès qui se trouvaient fréquemment en connexité avec quelques symptômes hystériques, chez les jeunes femmes, et qui étaient quelquefois liées aux approches des époques menstruelles, chez les femmes de tout âge, et aux troubles qui précèdent la puberté, chez les jeunes personnes.

Les bains de mer administrés avec les affusions, sont un mode indispensable dans les céphalées et les hémicrânies. Plusieurs des dernières ont pu être suspendues momentanément, ou seulement reculées dans leur invasion par un premier bain, selon qu'il était pris au milieu d'un accès violent ou dans l'intervalle des crises; d'autres n'ont cédé qu'à un certain nombre de bains ou même à une saison entière ; quelques-unes enfin ont été simplement modifiées.

Observation VI. Une dame de cinquante-deux ans, d'apparence déjà décrépite, souffrait de migraine accompagnée constamment de gastralgie, depuis un grand nombre d'années. Après avoir pris vingt-huit bains de mer, elle la vit disparaître entièrement. Cet effet remarquable se continua pendant l'hiver qui suivit la saison; mais au printemps suivant, une fièvre typhoïde, de forme ataxique, enleva cette personne. Jusqu'à quel point la suppression d'une douleur si ancienne contribua-t-elle au développement de cette maladie funeste? il est très-difficile de le déterminer.

Les bains de mer n'ont pas été moins heureux dans

les céphalées proprement dites. Une céphalée, qui tourmentait cruellement la malade depuis cinq ans, consistait en une douleur fixe et circonscrite du pariétal gauche (*clavus hystericus*), avec sentiment de chaleur à la tête au moment de l'accès. Elle annonçait chaque mois la venue de l'époque menstruelle et durait autant qu'elle ; elle avait imprimé au visage une teinte jaune cachectique et entraîné différents troubles dans le reste de l'économie. Cette douleur fut guérie sans retour, dès l'instant des premiers bains de mer, au grand avantage de la santé générale.

Les individus sujets aux douleurs nerveuses de la tête (hémi-crânies ou céphalées) supportent mal l'exagération dans la longueur et la répétition des bains de mer.

Que les bains de mer aient fait disparaître entièrement ces douleurs ou les aient seulement atténuées, ils ont corrélativement amené des modifications salutaires dans la santé de ceux qui en étaient affectés.

Des faits et des résultats de ce genre ont été souvent signalés par les médecins allemands, dans le traitement des diverses variétés de la *céphalalgie* par les bains de mer, et par Floyer, à l'occasion des bains d'eau froide.

CHAPITRE VII

MALADIES PARTICULIÈRES AUX HOMMES.

---

§ 1. Névroses du système nerveux ganglionnaire.
(Hypocondrie, gastralgie, etc.)

Un grand nombre d'hommes jeunes, adultes ou plus qu'adultes, quelquefois forts, le plus souvent amaigris ou d'une constitution nativement maigre, d'un tempérament bilieux et nerveux à la fois, d'une impressionnabilité physique et morale très-grande, qui ont fréquenté les bains de mer, nous ont présenté des maladies que caractérisaient d'évidentes analogies avec les maladies du système nerveux ganglionnaire, observées chez les femmes : c'étaient aussi des lésions nerveuses plus ou moins anciennes des organes viscéraux; mais non plus modifiées cette fois par les phénomènes sympathiques de l'organisation sexuelle.

Ces névroses, dont la cause évidente fut trouvée plusieurs fois dans une direction opiniâtre du cerveau vers l'étude de matières abstraites, dans l'accession d'un chagrin, dans une vie exclusivement sédentaire, dans un séjour forcé au lit pendant plusieurs mois, dans une chute sur la tête, dans des habitudes solitaires, etc., revêtaient le plus ordinairement les formes variées de l'hypocondrie et s'accompagnaient de localisations douloureuses au cerveau, au cœur, aux régions de la rate et du foie et aux différentes portions du tube digestif. Parmi ces états locaux concomitants, les gastralgies, avec constipation habituelle, ont été les plus fréquents ; puis venaient les douleurs intestinales avec borborygmes, avec ou sans diarrhée, qui n'accusaient aucun signe de phlogose.

L'hypocondrie affectait le caractère d'accès, qui suivaient quelquefois dans leur développement les changements de l'atmosphère, amenant de l'humidité. Ces *crises* s'accompagnaient d'une foule de sensations anormales, telles que malaise, fourmillements généraux, sentiment de défaillance, exaspération morale, éructations gazeuses; puis après, bâillements, émission abondante d'urine, etc.

Hors du temps des accès et dans les habitudes ordinaires de la vie, l'état de l'hypocondriaque se caractérisait par des modifications morales très-variées; son caractère était à la fois timide, sombre, mélancolique et ennuyé; il aimait la solitude, et pourtant était sans cesse poursuivi par le désir de changer de place; il avait perdu toute force d'attention dans les occupations intellectuelles; il s'exagérait cent fois par jour les moindres sensations éprouvées par lui, se préoccupait incessamment de ses souffrances réelles ou imaginaires, et son existence était aussi bien troublée par l'analyse constante qu'il faisait de tous ses maux, que par les soins minutieux qu'il portait à tout ce qui était relatif à la santé. Un hypocondriaque avait sans cesse l'esprit tendu vers les conséquences redoutables d'un simple écoulement urétral tout à fait indolent; un autre, parce qu'il avait la tête entreprise, n'espérait plus de bonheur et voyait tous les objets décolorés autour de lui. Le premier avait une manie ambitieuse et stérile qui le portait vers les études abstraites; le second avait la funeste passion des livres de médecine, et retenait de sa lecture tous les noms scientifiques qu'il comprenait le moins, et les appliquait à ses souffrances. Sous le rapport physique, l'hypocondrie se distinguait par les caractères suivants : figure morne, certaine perméabilité du visage à l'abord du sang, ou véritables mouvements congestionnaires de la tête, avec céphalée variable, sans étourdissements d'ailleurs, qui faisaient croire au malade, dans les moments de *raptus,* à l'imminence d'une attaque d'apoplexie, et pourtant intolérance marquée pour les déperditions sanguines, lesquelles entraînaient une foule de phénomènes nerveux souvent inexprimables par leur étrangeté; sommeil tourmenté par des rêves sinistres, appétit tantôt impérieux, tantôt inégal, pouvant en général être satisfait assez amplement, excepté toutefois dans les cas non rares où la diarrhée et les sensations gastro-intestinales se montraient habituellement, sous l'influence des variations atmosphériques ou du plus léger écart de régime. Les viandes, et surtout les viandes brunes et rôties, étaient les aliments qui convenaient le mieux à l'estomac, dont la vacuité donnait sympathiquement un degré d'excitation à la tête, dans un mode congestionnaire et moral. La gastralgie et les digestions accompagnées de sueurs, éveillaient aussi parfois des sensations anormales de la tête. Les extrémités étaient dans un état perpétuel de refroidissement, et les membres étaient souvent douloureux, faibles et fatigués.

Quelques hypocondriaques, actuellement en état de gastralgie, ont dû subir une sorte de traitement préparatoire, avant de commencer les bains de mer. L'expérience nous prouve chaque année, que cette première condition doit être remplie dans tous les cas semblables, si on ne veut que les bains produisent des effets d'excitation locale et générale. On atteint ce but avec une application de sangsues, soit à l'estomac, soit à l'anus, avec quelques bains d'amidon, l'usage de l'eau minérale de Vichy mitigée, les purgatifs salins, un régime alimentaire approprié, etc. A l'égard des purgatifs salins, disons qu'ils nous ont paru surtout favorables aux hypocondriaques qui prennent les bains de mer, et qu'ils doivent être repris chez eux pendant la saison.

Chez ces malades, que Floyer faisait déjà baigner à l'eau froide, en tant qu'ils se montraient disposés à quelque dyspepsie, on ouvre la saison par des bains de mer frais. Ils ont une grande appréhension des bains froids; nous en avons observé qui attendaient de jour en jour la venue d'une température plus douce, et gagnaient ainsi le tard de l'été, sans avoir pu se baigner. L'un d'eux, nanti de notre autorisation, se rendit sur le bord de la mer, se déshabilla, fut saisi d'une terreur subite, et rentra dans sa tente, sans avoir pris de bain, encore qu'il se fût bien trouvé; des bains de rivière, à quelques semaines de là. Pourtant, la réaction de leur peau est vive, au sortir de la mer, et les palpitations, les étourdissements et la rougeur cutanée, même celle qui demeure permanente, sous forme d'éruption, pendant toute la journée, ne sont pas rares chez eux. Une fois hors du bain, les hypocondriaques se montrent fiers et contents; mais, comme il est dans leur nature de s'effrayer de tout et toujours, on en voit, dans le courant d'une saison même avancée, redouter encore à l'excès le refroidissement de l'atmosphère, la force des vagues, etc.

Les hypocondriaques réclament urgemment les affusions répétées, en raison de leur congestionnabilité et des sympathies variées dont leur cerveau est le siége. Nous joignons souvent l'usage du pédiluve chaud après le bain de mer, pour venir en aide à cette indication, et nous avons dû même quelquefois nous restreindre à des affusions seules, à cause de la prédominance des phénomènes congestionnaires de la tête.

Les bains sans affusions, ou prolongés, ou doubles, ont, chez plusieurs hypocondriaques, amené des douleurs mobiles et lancinantes du péricrâne, sans céphalée proprement dite, ni sans augmentation de la congestion sanguine habituelle, ou ont exagéré l'état des souffrances habituelles, de la gastralgie en particulier. Après des bains rationnels, au contraire, ces individus sentent s'affaiblir et disparaître même leurs souffrances pour un temps plus ou moins long; ils deviennent de jour en jour plus gais, plus épanouis et plus confiants; ils restent plus ou moins avec leur excessive impressionnabilité; mais ils apprécient plus justement leur position dans le passé et le présent. En même temps que les effets des bains s'accumulent, les céphalées habituelles cessent, et les sensations bizarres de l'innervation en désordre de la tête et des membres, s'atténuent. Nous avons vu les bains combattre victorieusement les congestions des hypocondriaques, et surtout leur sensibilité extrême aux variations atmosphériques. L'un d'eux ne se ressentit pas de ses maux de tête accompagnés de congestions pendant six mois, et ne regagna qu'au bout de deux ans son impressionnabilité au froid de la mer et de l'atmosphère.

On sait combien ces sortes d'hypocondries, qui se composent à la fois de dérangements dans la vie organique et d'un trouble moral souvent voisin de l'aberration, sont rebelles à tous les moyens. Qu'on ne s'étonne point, si elles ont offert quelquefois peu de prise à l'action thérapeutique des bains de mer. En effet, si plusieurs des plus graves ont été soulagées pour un temps par leur usage, il faut dire que celui-ci est resté sans aucun effet sur un certain nombre d'autres; mais il reste des cas plus simples où les résultats de la saison ont été plus heureux, où les actes digestifs acquéraient de jour en jour de l'énergie, où le teint se développait uniformément, où la vie morale s'améliorait sensiblement. Ces cas étaient ceux où l'hypocondrie se caractérisait principalement par la normalité des fonctions de la vie végétative, par un degré moyen de congestionnabilité et par un état moral susceptible d'impressions variées, il est vrai; mais tourné moins exclusivement vers les préoccupations relatives à la santé. Un de ces hypocondriaques, qui recueillit le bénéfice le plus réel et le plus durable, éprouvait, après chaque bain, un sentiment de gaieté qui lui était devenu étranger depuis longtemps.

Enfin quelques-uns de ces malades se sont parfaitement bien trouvés de l'usage de bain de pluie écossais, quant à l'*entreprise* habituelle de leur tête. L'un d'eux a dû certainement à ce moyen une guérison prompte et complète qui ne s'est pas démentie depuis. Chez quelques autres, les douches froides en arrosoir, administrées sur l'épigastre, ont paru accélérer la disparition de la gastrodynie.

Mentionnons ici deux névroses qui se rapportent par plus d'un côté à ces affections, mais auxquelles manquait pourtant le caractère distinctif de l'hypocondrie. Elles appartenaient à des hommes d'un âge mûr, d'un tempérament essentiellement nerveux, duraient depuis plusieurs années et avaient épuisé toutes les ressources de la thérapeutique. Elles consistaient en lésions simultanées des fonctions nerveuses des vies animale et nutritive; ainsi les malades étaient à la fois tourmentés par des convulsions cloniques de la mâchoire inférieure, des soubresauts dans les muscles postérieurs du tronc, des vertiges, des étourdissements qui survenaient sous l'influence d'une multitude de causes, et par des nausées et des crampes gastriques accompagnées de dyspepsie.

Dans le premier cas, les bains de mer furent supportés sans aucun contretemps et mirent le malade dans des conditions de santé nouvelles. On ne put, dans le second, malgré la plus stricte réserve, appliquer ce moyen, à cause de l'extrême excitabilité du sujet.

§ 2. Asthénie nerveuse.

Cet état pathologique, que nous n'avons rencontré que chez des hommes très-jeunes, consiste dans une incertitude des mouvements musculaires, laquelle s'exprime par le tremblement habituel des mains et une impressionnabilité très-grande, un ébranlement nerveux facile et une habituelle céphalée. Cet état nerveux général se présenta de bonne heure chez un sujet touchant à peine à la jeunesse, de grande taille, d'une maigreur extrême, d'une figure inanimée et de pupilles dilatées. On peut dire que l'éducation physique de ce jeune homme fut faite par les bains de mer; car il les prit pendant plusieurs années de suite et se développa sous leur influence. Chaque saison voyait disparaître, chez lui, les accidents nerveux ; ces résultats persistaient encore plusieurs mois après, mais semblaient s'épuiser, à mesure que l'hiver approchait de sa fin. Ils ne devinrent définitifs, qu'à l'époque où le corps eut acquis son entier accroissement.

Il est une autre variété de l'asthénie qui est encore plus distinctement que l'état précédent, une sorte d'*affaiblissement nerveux*, que caractérisent le sentiment de fatigue habituelle, la faiblesse lombaire, la pâleur, l'inappétence, la tristesse, et qui tient à un excès d'étude ou à une vie à la fois contemplative et sédentaire à l'extrême. Il a été observé particulièrement chez des hommes de lettres, des séminaristes et des ecclésiastiques de tout âge. C'est avec juste raison qu'on conseille les bains de mer adjoints aux affusions céphaliques, aux individus qui souffrent de cet état nerveux. Quelques bains donnent déjà une autre expression des yeux; puis, à quelque temps de là, l'épanouissement de la physionomie et le coloris des joues ne tardent pas à se montrer. Une saison entière excite, chez ces sujets, les fonctions nutritive et musculaire, et surtout donnent lieu à une sorte d'expansion morale, qui est un véritable bienfait pour ceux qui vivent sous le poids de cette asthénie nerveuse.

§ 3. Anaphrodisie à divers degrés.

Des hommes adultes, pâles, maigres, nerveux, généralement constipés, chez lesquels l'onanisme dans la jeunesse, et des excès vénériens plus tard, souvent unis à de nombreuses affections syphilitiques, avaient, depuis plusieurs années, affaibli plus ou moins ou anéanti totalement la virilité, ou chez lesquels l'anaphrodisie s'était déclarée sans cause connue depuis plusieurs mois et augmentait de jour en jour, en raison même de la défiance qu'ils apportaient dans l'exercice de leurs forces, sont venus demander aux bains de mer le rétablissement de leur faculté perdue ou affaiblie. Aucun d'eux n'offrait une cause matérielle apparente, qui pût rendre compte de leur impuissance; quelques-uns étaient affectés simultanément d'un écoulement prostatique assez abondant, et presque tous avaient les actes digestifs languissants, et pourtant les forces musculaires peu altérées, et avaient subi sans succès des traitements très-variés.

Les anaphrodisiaques réagissent suffisamment à des bains de mer courts, et, sans être trop sensibles au froid de la mer, ils grelottent infailliblement après des bains prolongés.

Une ou deux saisons de bains souvent doublés, d'une durée rationnelle, associées aux douches d'eau de mer dirigées sur les lombes, sur le périnée, sur les hanches, sur les aines et en dedans des cuisses, et favorisées par un régime alimentaire convenable et quelque équitation, a produit, dans plusieurs de ces cas de *Venus languida*, des avantages marqués, relativement à l'appétit, à l'écoulement prostatique et à différents actes de la faculté abolie. Les effets relatifs à cette dernière étaient annoncés souvent par des rêves érotiques, des érections, des émissions séminales spontanées, de l'agitation nocturne, etc. Ces phénomènes précurseurs se sont arrêtés là, chez les plus épuisés; chez beaucoup d'autres, ils ont annoncé et préparé le but qu'on voulait atteindre.

§ 4. Excitabilité des organes génitaux.

Plusieurs adultes occupés sédentairement, d'un tempérament nerveux, habituellement continents, avaient depuis plusieurs années, avec des phases diverses d'intensité, des érections nocturnes fatigantes, le plus ordinairement sans rêves érotiques et sans perte séminale. Chaque nuit laissait, après elle, une pesanteur de la tête et un certain état d'hypocondrie. L'usage continu de la copulation ou la continence entière n'avait aucune influence sur cette habitude morbide, qui avait été traitée vainement par les immersions froides et les émulsifs à l'intérieur.

On associa aux bains de mer, dans tous ces cas, des pilules de camphre et d'assa-fetida; les premiers augmentèrent souvent les érections et donnèrent lieu à un sentiment de lassitude générale, et à une plus grande fatigue des aines, du bas-ventre et des cuisses.

Les bains de mer ont paru avoir peu de prise sur ces états d'excitation génitale. Pourtant, dans un cas, une saison amena une rémission assez notable dans les accidents, pour que le baigneur revînt pendant deux étés de suite.

§ 5. *Profluvium seminis* nocturne et diurne.

Cette maladie se montre aux bains de mer très-communément et à tous les degrés, dans l'âge jeune et dans l'âge adulte. Quand elle existe dans la jeunesse, et qu'elle ne s'accompagne point de phénomènes nerveux prononcés, elle cède souvent promptement à l'action de ces bains ; quand, au contraire, elle survient chez les adultes, et qu'il se montre coïncidemment un trouble profond dans le système nerveux, elle n'en recueille le plus souvent qu'un bénéfice incomplet.

Les cas simples ont été offerts par des jeunes gens de tempérament très-différent, fortement ou assez bien constitués, chez lesquels les pollutions avaient donné lieu, depuis qu'elles existaient, tantôt à des palpitations nerveuses, tantôt à des pesanteurs de tête, avec habituel refroidissement des pieds, à un certain degré de faiblesse générale et à une nuance d'hypocondrie.

Les cas plus graves se sont rencontrés chez des adultes livrés déjà à l'hypocondrie, et plus rarement chez des jeunes sujets. Dans ce dernier cas, la maladie avait pour cause une longue habitude de l'onanisme qui, à une époque plus ou moins reculée, avait développé à la fois une irritabilité et une faiblesse excessives dans les vésicules et les canaux spermatiques, d'où était résultée la spermatorrhée. Celle-ci avait entraîné bientôt, chez la plupart de ces individus, de graves conséquences dans les fonctions du cerveau et de l'estomac (mélancolie, hypocondrie, affaiblissement de la mémoire, trouble dans le développement de l'intelligence, vertiges, sommeil agité, désordres gastriques, etc.). Ces accidents avaient été vainement combattus par la foule des moyens connus, tels que les sédatifs, l'extrait alcoolique de noix vomique, la cautérisation urétrale même, etc.; seulement, dans certaines circonstances, quelques bons effets avaient été éprouvés déjà de l'usage des bains et des lavements froids.

On ménage la susceptibilité des individus spermatorrhéiques, en les faisant débuter par quelques bains de mer tièdes. Les bains de mer froids, de cinq à dix minutes, précédés et suivis de nombreuses affusions, leur amènent en général de bonnes réactions. Le premier effet des bains de mer, chez les plus jeunes, est d'arrêter les pertes séminales nocturnes, que nous avons vues plusieurs fois remplacées par des érections inaccoutumées et incommodes par leur continuité. Cette action si prompte a aussi parfois suspendu ou éloigné les pollutions chez les adultes; mais on ne doit point, à cette occasion, présumer trop en faveur des effets définitifs de la saison. La suspension du *profluvium seminale*, chez ceux qui en sont affectés, ramène la gaieté; car ils en sont préoccupés non moins qu'affaiblis. Ainsi, il n'est pas rare, pendant la saison, que la perte spontanée leur arrive une fois, après avoir été suspendue; ce fait si simple, qui les tourmente au delà de toute raison, est regardé par eux comme un échec sans réparation possible et les précipite du faîte de leurs espérance, où ils ne se maintenaient pas, d'ailleurs, sans quelque nuance d'exaltation.

Les bains de mer, à un certain temps de la saison,

occasionnent quelque fatigue à ces corps, qui ont perdu une si notable portion de leur résistance; mais on doit peu s'y arrêter d'ordinaire. Un jeune homme de dix-neuf ans, fort affaibli par la spermatorrhée, put doubler les bains tous les deux jours, et recueillit des avantages signalés de la saison, bien qu'il se trouvât dans ce cas.

Une saison prolongée de bains rationnellement doublés, a fait disparaître plusieurs fois sous nos yeux, tous les accidents locaux et généraux de ces *profluvia*, à l'état de simplicité; mais jamais elle n'a été signalée par de tels résultats dans les cas les plus complexes, qui se sont, au contraire, trop souvent montrés rebelles à son action. Nous n'avons vu qu'un cas de ce genre atteindre à une cure radicale, pendant la période des effets secondaires. Si on observe, après leur saison faite, les individus qui ont le plus à se louer des bains de mer, on les trouve quelquefois modifiés à un degré considérable; leur appétit est excité, leurs forces musculaires augmentées, et leur moral dans un état qui contraste entièrement avec celui qu'ils ont présenté en arrivant.

Les pollutions spontanées peuvent tirer auxiliairement parti des douches froides dirigées sur tout le pourtour du bassin, aussi bien que du régime alimentaire froid.

CHAPITRE VIII

MALADIES COMMUNES AUX DEUX SEXES.

Les maladies qui nous restent à passer en revue, n'ont plus rien de spécial, sous le rapport de l'âge et du sexe des individus. Pour que l'exposé en soit plus facile et plus clair, nous les diviserons ainsi :

1° Lésions purement fonctionnelles et altérations matérielles des centres nerveux et des nerfs sensoriaux;

2° Affections bronchiques;

3° Affections chroniques des organes digestifs;

4° Rhumatismes et névralgies des membres;

5° Dermatoses;

6° Affections qu'on peut appeler *chirurgicales* ou externes, à cause de leur siége, qui est appréciable par les sens, et de leur nature, qui les rend le plus souvent tributaires des moyens de la chirurgie ;

7° Série de cas variés qui n'ont point de connexions entre eux.

A. LÉSIONS PUREMENT FONCTIONNELLES DES CENTRES NERVEUX ET DES NERFS SENSORIAUX.

§ 1. Anomalies nerveuses du cerveau (Cérébropathie).

Ces maladies se rencontrent chaque année aux bains de mer. Toutes celles que nous avons eues sous les yeux, différaient l'une de l'autre en beaucoup de points, et toutes pourtant avaient des caractères communs qui les liaient ensemble. Elles existaient chez des jeunes gens diversement constitués, chez des adultes hémorroïdaires, plus rarement chez des vieillards, plus fréquemment chez les hommes que chez les femmes. Ces individus, doués quelquefois du tempérament nerveux, avaient tous abusé longuement du travail matériel ou intellectuel, ou avaient été soumis à quelque préoccupation morale longuement agissante.

Parmi ces états morbides, les uns affectaient la forme d'une *céphalalgie* avec sentiment de chaleur constante du *vertex* ou des régions sus-nasale et sus-orbitaire, laquelle irradiait derrière les oreilles et jusqu'à l'occiput, où la sensation semblait devenir plus profonde; les autres prenaient la forme d'une douleur fixée à l'un des côtés de la tête, qui, rejoignant la ligne médiane, s'étendait plus ou moins dans la longueur du rachis et rayonnait parfois en passant vers la région précordiale, où elle était d'ailleurs plus incommode que douloureuse. Dans ces deux formes, le grand angle des yeux était le siége d'une injection permanente qui suivait, dans son intensité, les divers degrés des souffrances céphalo-rachidiennes. Toute impression morale aboutissait aux points douloureux, en y causant un ébranlement qui se répandait à la surface des membres, à la manière d'un frissonnement; les individus ne pouvaient éprouver la moindre tension d'esprit, ni penser à une même chose, ni lire, ni écrire, ni s'appliquer à quoi que ce fût enfin, ni fixer les objets voisins ou éloignés, sans perdre le fil de leurs idées et ressentir une fatigue inexprimable de la tête, qui se répétait aussi quelquefois, comme un écho douloureux, le long de l'épine vertébrale et dans la continuité des membres, avec un tremblement des mains : seul phénomène nerveux qui vînt se dessiner à l'extérieur. Sous l'influence de cette sensibilité exagérée du *sensorium commune*, la mer leur devenait un mirage douloureux, et la nuit leur apportait des rêves fatigants. La conversation suivie, l'ingestion des aliments chauds, une certaine moiteur de la peau et l'action d'une température atmosphérique un peu élevée, faisaient naître des étourdissements chez quelques-uns d'entre eux. Corrélativement, leur visage portait l'empreinte de la souffrance, la disposition habituelle de leur humeur s'était altérée, leurs fonctions digestives étaient languissantes, aussi bien que la fonctionnalité de leur peau.

Quand cette longue série de phénomènes morbides se rencontrait chez les femmes, il était habituel de voir les accidents s'amoindrir à l'époque des règles.

On commença quelquefois la saison des baigneurs affectés de cérébropathie, par quelques bains de mer frais, dans le but de les faire arriver plus facilement aux bains froids; cette formalité remplie, on se bornait à leur appliquer, pendant les premiers jours, un petit nombre d'affusions isolées (une à quatre), auxquelles on associait bientôt les bains froids, de courte durée. A une certaine époque, un double bain n'était point exclu chez eux; nous en avons retiré même un bénéfice réel, quand il s'agissait de combattre la congestion consécutive du bain de la matinée. Il était assez commun chez eux, en effet, de voir un certain degré de congestion faciale ou céphalique se développer dans la première moitié de la saison. Les douches d'eau de mer, dirigées sur la région cervico-dorsale de l'épine et sur les membres supérieurs, nous ont aussi servi avantageusement d'auxiliaires.

Ce mode d'administrer les affusions et les bains de mer a amené souvent une rémission instantanée et passagère dans les phénomènes nerveux. Plusieurs baigneurs voyaient chaque jour, en sortant de la mer, disparaître momentanément toute espèce de fatigue cérébrale. Après un certain temps, il n'était pas rare que l'une des localisations céphalo-rachidiennes s'exaspérât, en même temps que les autres s'atténuaient, ou que le cuir chevelu se montrât douloureux au toucher, dans une certaine étendue, là où n'existait point précédemment de douleur locale, comme si la maladie tendait à se concentrer sur un seul point.

Plus tôt ou plus tard, à une époque très-variable de la saison, la plupart des baigneurs de cette classe s'apercevaient que leur cerveau avait acquis plus de résistance aux causes qui l'ébranlaient naguère si péniblement, que leur tête était *fortifiée,* comme ils le disaient, et que les sensations céphaliques ne se remontraient plus qu'amoindries. Généralement, les résultats d'une saison plus ou moins prolongée ne sont que partiels et portent à la fois sur les symptômes spéciaux de la maladie et sur les désordres subis par l'état général. Nous avons retrouvé de ces névropathiques qui avaient dû leur guérison définitive à cette somme d'effets primitifs, qu'était venue compléter plus tard l'action secondaire des bains de mer.

Une autre forme de ces névropathies du cerveau, laquelle préoccupait non moins tristement les malades, était celle où prédominaient les étourdissements, avec ou sans dureté de l'ouïe, et le plus souvent sans aucun signe de congestion sanguine de la tête. Ces étourdissements, dont l'origine remontait une fois à l'époque du choléra de Paris, d'autres fois à une cause morale, étaient on ne peut plus variables dans leur développement, leurs caractères symptomatiques, leur marche et leur fréquence. Ils se sont montrés quelquefois, comme des espèces d'accès, entraînant le sentiment d'une perte de connaissance imminente et d'un affaiblissement musculaire, qui rendait tout exercice impraticable, et produisait, tant que durait la crise, une incapacité absolue de lire et d'écrire. Une fois, la demi-surdité qui les accompagnait était comparée, par le malade, à un voile qui aurait amorti les ondes sonores et obscurci les idées; elle était ordinairement suspendue par le simple changement de la température atmosphérique, du vent, etc.

Dans toutes ces formes d'étourdissements, le moindre abaissement de la température atmosphérique causait un malaise intolérable aux patients; toutes aussi s'étaient aggravées, quand on avait voulu leur opposer les déperditions sanguines, et avaient résisté d'ailleurs à beaucoup d'autres moyens (dérivatifs internes et externes, anti-spasmodiques, Eaux minérales, etc.). Un cas, parmi les désordres nerveux de ce genre, avait été combattu déjà avec succès par les bains de mer ; un autre avait été soulagé par des affusions, d'une chaleur tempérée, pratiquées dans une baignoire.

Nous avons de même toujours traité ces étourdissements, au début, par des affusions seules progressivement augmentées chaque jour, auxquelles étaient joints bientôt les bains de mer très-courts. En général, la succession des affusions isolées et des affusions associées aux bains très-limités, est d'une application urgente dans ces maladies. Jamais ceux-ci n'ont été administrés, en excluant celles-là, sans qu'ils ne ramenassent sûrement les étourdissements, escortés de quelques autres accidents, tels qu'un sentiment de plénitude de la tête, de percussion occipitale, etc. Le retour des étourdissements décourage les malades, toujours portés d'ailleurs à s'alarmer ; ils ne vous laissent pas toujours la liberté de réparer leurs faux pas ; car ils mettent souvent à abandonner les bains de mer, la même opiniâtreté qu'ils ont mise à vouloir les prendre, *comme tout le monde*.

L'action définitive des bains de mer ne s'est pas élevée à un degré d'efficacité marquée, chez les baigneurs qui souffraient d'étourdissements nerveux ; quelques-uns ont pu éprouver, pendant la saison, quelque rémission dans leurs inquiétudes ; mais il n'est pas à notre connaissance que le symptôme le plus saillant de leur maladie ait été combattu victorieusement.

§ 2. Aliénations mentales.

Parmi les faits d'aliénation mentale que nous avons eu l'occasion d'observer, nous en avons choisi treize, de caractères symptomatiques différents, dans le but de faire connaître ce que l'on peut attendre de l'action thérapeutique des bains de mer dans cette maladie.

Le premier cas appartenait à un homme d'âge mûr, chez lequel la maladie paraissait tenir à une habitude de *raptus* sanguins vers la tête.

Le second, à une jeune fille nymphomane qui offrait déjà les signes préliminaires de la démence.

Les troisième et quatrième, à deux individus affectés de ce désordre de l'intelligence, qui a reçu le nom de *paralysie du cerveau*. Chez l'un et chez l'autre, cet état était caractérisé, à des degrés différents, par un air morne, un embonpoint croissant, un appétit vorace, une force digestive prononcée, et pourtant, par un affaiblissement graduel des mouvements musculaires, une sorte d'automatisme de la volonté, etc.

Comme on devait s'y attendre, les bains de mer ont été sans résultat, chez ces quatre aliénés. Le premier, après avoir reçu de la saison un surcroît d'excitation, vint à Paris succomber à une attaque d'apoplexie. Chez le quatrième, pléthorique déjà, les bains provoquèrent un afflux continuel du sang vers la tête, des crises de céphalalgie souvent très-violentes, etc. A la suite de ces accidents, le malade fut saisi subitement par un accès de manie furieuse, au milieu de laquelle il fut enlevé.

Les cas suivants nous ont offert des variétés moins graves de l'aliénation mentale, et par conséquent nous ont permis de constater les bons effets des bains de mer, dans certaines maladies de l'intelligence.

1° Un jeune mélancolique, qui offrait une lésion de la mémoire et un certain bégaiement, vivait dans un état d'abattement et de désespoir sans cause.

2° Un adulte mélancolique, nouvellement retiré de l'activité des affaires, présentait une aberration partielle des idées et des sentiments, joints à une absence totale d'énergie morale.

3° Une femme mariée, très-forte, prédisposée aux dérangements de l'esprit par des conditions héréditaires et par des causes morales sans cesse agissantes, se distinguait par une grande apathie corporelle, et par une préoccupation et des inquiétudes incessantes sur l'avenir de ses enfants, qu'elle voyait faussement compromis ; ce qui lui faisait verser des larmes sans fin.

4° Une jeune personne de vingt ans, de forte constitution, contrariée par un simple événement de famille, avait été prise de quelques accès de démonomanie, qui cédèrent à un traitement moral et physique approprié. Ils faisaient place maintenant à un état de calme apparent, au fond duquel on découvrait des idées, que caractérisaient à la fois beaucoup de bizarrerie et quelque aberration.

5° Une jeune personne avait une lésion partielle des sentiments, qui rattachent l'homme à la maison et au pays qui l'ont vu naître.

6° Une jeune monomane sentait de temps en temps quelques impulsions vers l'homicide.

7° Un jeune homme bilieux, dyspeptique, était poursuivi par l'idée du suicide, laquelle était entretenue chez lui par des circonstance de fortune et par des écarts de vie habituels.

8° Un jeune hypocondriaque était aussi livré à un penchant décidé au suicide.

9° Une femme célibataire se montrait sujette à des hallucinations passagères, de caractère très-variable et qui faisaient invasion au milieu du jour seulement. Hors de ces courts moments, la malade était dominée par une tristesse constante.

Les quatre premiers cas ont complétement guéri à la suite d'une saison prolongée, et ce résultat, à notre pleine connaissance, a été sanctionné par le temps. Le cinquième offrait les signes précurseurs d'un succès non moins entier, quand des circonstances majeures obligèrent le malade à quitter précipitamment les bains de mer, avant l'achèvement de la première saison. Les autres faits ont tous été modifiés heureusement, pendant la durée des bains, de manière à nous suggérer le plus favorable pronostic; mais nous devons à la vérité de déclarer que les renseignements propres à nous éclairer sur l'issue définitive de la maladie, nous ont totalement manqué.

C'est surtout dans les différentes aliénations mentales, que les bains de mer doivent agir à la fois par leurs effets thérapeutiques, par le changement de lieu et les distractions qu'il entraine, par l'éloignement des objets qui entretiennent le délire, etc.

Il est à peine besoin de dire, que la condition essentielle de tout succès dans le traitement des aliénations mentales par les bains de mer, consiste dans la réunion de ceux-ci avec les affusions. On est frappé de l'absence complète d'impression, que produit, chez presque tous les aliénés, même à la première fois, l'opération des affusions. Leur insensibilité au refroidissement de la température extérieure a déjà été signalée, si nous ne nous trompons. Aussi peut-on leur donner bientôt des bains prolongés et les doubler souvent dans la même journée. Ils réagissent énergiquement; ils ont besoin d'une sédation puissante; ils la demandent et la supportent bien.

Sous l'influence des premiers bains de mer, le sommeil des aliénés, qui était le plus souvent agité, devenait relativement calme. Ils éprouvaient surtout par le fait des affusions, un bien-être dont ils aimaient à parler; celles-ci en effet les débarrassaient souvent de leurs sensations céphaliques, si infiniment variées.

D'après leur *modus agendi* déjà connu, les bains de mer sont éminemment aptes à combattre l'impressionnabilité nerveuse, qui préexiste au développement de la folie et persiste à toutes les époques de son cours. C'est en effet un résultat qui a été constaté, chez la plupart des aliénés, pendant la période des effets secondaires.

§ 3 Désordres partiels de l'intelligence; mélancolie sans aberration.

A côté des maladies de l'intelligence, on a rencontré aux bains de mer plusieurs autres désordres nerveux du cerveau, non caractérisés par une aberration des facultés mentales et affectives; mais qui offraient pourtant une perturbation marquée dans la vie *psychique* des individus qui en étaient affectés. Ils consistaient, chez les uns, en des alternatives d'excitation et de collapsus dans l'état mental, avec céphalée partielle ou générale; chez les autres, en une lésion de la mémoire et une inaptitude à tout exercice intellectuel. Ils étaient ordinairement tous accompagnés d'insomnie et de langueur dans les fonctions gastriques. Causées quelquefois par des revers dans la fortune ou dans les affections, ils se rencontraient plus particulièrement chez des gens d'âge consistant et chez des vieillards.

Les bains de mer ont eu peu de prise sur ces altérations partielles du système intellectuel.

Les mélancolies accompagnées de céphalalgie ou de simples embarras de la tête, de serrement phrénique et de différents troubles gastriques, étaient plus fréquentes que les affections précédentes. Elles se montraient plus particulièrement chez les jeunes gens faibles des deux sexes, chez des jeunes filles surtout, qui subissaient l'influence de quelques causes morales. L'une d'elles, de nature affectueuse et expansive, après avoir eu une *inclination* contrariée, restait apathique, indifférente à tout et ne sortait de cet état que pour verser d'abondantes larmes et pour se livrer au désespoir. Quelques-unes, dont la mélancolie n'avait pas d'objet, étaient dans l'habitude de la vie, des sujets très-impressionnables et de peu d'intelligence.

Les bains de mer réunis aux affusions ont toujours produit une grande impression chez les mélancoliques et leur ont constamment amené de bonnes réactions ; mais ils sont restés sans action sur leur maladie et sur les états morbides qui coïncidaient avec elle.

§ 4. Névroses de la vue.

La médecine spéciale nous a envoyé chaque été plusieurs de ces névroses, et nous a fourni l'occasion de constater les effets thérapeutiques des bains de mer dans cette classe de maladies. Les individus qui nous les ont offertes venaient d'abord presque tous de l'Allemagne et de la Suisse, où les villes les plus considérables, telles que Munich, Leipsik, Berlin, Genève, possèdent un de ces hommes qui se consacrent exclusivement à la médecine des yeux, et qu'on vient consulter de toutes parts. Qui ne sait combien la science et l'art ont gagné à cette spécialisation de la pratique médicale? Ces médecins, et après eux les étrangers, qui, sortis de leur école, sont venus s'établir en France, ont vu les premiers, que les névroses de la vue étant des maladies locales essentiellement liées à un état morbide de l'économie, marqué le plus ordinairement par un caractère d'*asthénie*, il fallait s'adresser pour les combattre à un agent thérapeutique, dont le mode d'action s'exerce principalement sur l'ensemble de l'organisme. Nous devons à ce point de vue vrai les données pratiques importantes, que nous possédons aujourd'hui sur ce sujet intéressant, et qui ont servi d'abord à établir, à nos yeux, qu'aucune des névroses des autres organes ne réclame l'application des bains de mer avec autant de chances de succès que la névrose visuelle, soit qu'elle se présente à l'état simple, soit qu'elle se trouve jointe à quelques phénomènes morbides du cerveau.

Les névroses de la vision appartenaient toutes à des individus au-dessous de trente ans, et leurs causes les plus ordinaires ont été trouvées souvent dans des excès vénériens et des *profluvia seminis* spontanés. Elles se compliquaient, dans le plus petit nombre de cas, d'un état congestif et de douleurs de la tête : conditions qui étaient le plus habituellement observées chez des artistes ou quelques autres individus, arrivés par des travaux excessifs à un état complexe d'épuisement et de surexcitation.

Les troubles de la vision qui caractérisaient la névrose étaient fort divers; ici les yeux étaient assiégés sans cesse par une multitude de petits corpuscules arrondis, de couleur noire, sitôt qu'ils lisaient ou regardaient fixement un objet voisin; là, la faculté visuelle tombait dans un affaiblissement notable par le fait des mêmes causes. Chez quelques individus, la vue était obscurcie ou altérée d'une manière particulière; le sommeil, l'instant du lever et toute application continue étaient les circonstances qui ramenaient les accidents pour toute la journée. Ces états de la fonction visuelle avaient été considérés, tantôt comme une sorte d'hyperémie locale des nerfs optiques, tantôt comme une diminution, un affaiblissement dans l'action nerveuse de la rétine. Presque tous avaient épuisé inutilement un grand nombre de moyens thérapeutiques.

Toutes les névroses de l'œil furent soumises à une saison ou à une saison et demie de bains de mer (vingt-cinq à quarante bains). Ces bains eurent dans quelques-unes d'elles et durant la première moitié de la saison, une certaine tendance à produire un peu de congestion céphalique et même de trouble de la vision, surtout quand les prédispositions déjà existantes favorisaient déjà la venue de ces accidents. Aussi ferons-nous à cette occasion une remarque fondée sur l'expérience, c'est que les bains de mer sont beaucoup moins efficaces dans la première période des névroses de la vision, qu'on pourrait appeler *congestive*, que dans les périodes subséquentes. Eu égard à ces raisons, les bains de mer durent être toujours administrés avec une grande brièveté et avec des affusions et des immersions répétées.

En dernier résultat, les bains de mer rétablirent complétement la normalité de la vue, dans deux cas des plus prononcés, pendant la durée même de la saison. Une amélioration marquée fut le résultat observé dans plusieurs autres, et l'un de ces derniers obtint une guérison entière dans les mois qui suivirent l'usage des bains de mer. Aucune de ces névroses ne resta sans ressentir une modification favorable des accidents locaux, et sans une influence évidemment salutaire sur l'état général et l'*habitus* de la santé.

Plusieurs individus, après avoir obtenu une première fois une diminution dans quelques-uns des symptômes de leur maladie, revinrent une seconde et une troisième fois prendre les bains de mer; chaque voyage ajouta à la somme du *mieux*, chez quelques-uns de ces baigneurs.

OBSERVATION VII. Un jeune homme de la province, exempt d'excès, sans congestion céphalique apparente, éprouvait un trouble de la vision, qui consistait à voir voltiger devant ses yeux une multitude de petits globules noirs, sitôt qu'il les fixait sur un livre ou sur un objet voisin de lui. Il avait épuisé tous les traitements, quand M. Maunoir, de Genève, considérant sa maladie comme une congestion des capillaires sanguins des nerfs optiques, l'envoya à Dieppe. Une saison de bains de mer associés aux affusions, rétablit complétement sa vue.

Nous avons vu encore, mais beaucoup plus rarement, la névrose visuelle nous apparaître, non plus caractérisée par la diminution ou le désordre de l'appareil nerveux de l'œil, mais bien par son exaltation, sous l'influence des excitants ordinaires. Nous avons obtenu des bains de mer, dans cette variété de la névrose, des effets non moins complets que dans la première. L'exemple suivant suffira à faire connaître la physionomie de cette névrose, ainsi que l'action thérapeutique que les bains de mer ont exercée sur elle.

Observation VIII. — Un jeune homme de dix-huit ans, très-sain et très-sage, mais s'étant appliqué continuement au travail (myope à un degré qui lui faisait porter des verres de couleur n° 16), se trouvant affecté d'une exaltation douloureuse de la sensibilité visuelle, qui se réveillait surtout par la lecture, par la réflection des rayons solaires, par la lumière artificielle, par la force du vent, consulta M. Maunoir, de Genève. Venu à Dieppe (1837) par les conseils de ce praticien, il s'offrit à nous avec une transparence parfaite des cristallins et une contractilité normale de la pupille, et commença la saison par deux jours d'affusions céphaliques pratiquées sur le bord de la mer, sans se baigner. Le troisième jour, il prit un bain d'une minute, le quatrième de deux minutes, en insistant surtout sur les affusions. Les effets primitifs de ces bains se montrèrent presque nuls chez lui. Au sixième bain, il s'aperçut d'un peu d'amélioration dans sa vue; il put lire deux heures et demie sans souffrir. Ce ne fut qu'à son treizième bain qu'il lui fut permis de doubler dans la même journée. A cette époque, l'amélioration des yeux continuait; il estimait qu'ils se fatiguaient quatre fois moins qu'à son arrivée, et il souffrait notablement moins en lisant et en supportant la réverbération du soleil. Au dix-huitième bain, il essaya de l'action de la lumière d'une lampe, et sa vue supporta bien cette épreuve. Son teint d'ailleurs était éclairci et son visage semblait débouffi. Le jour du vingt-quatrième bain, il écrivit pendant deux heures, et resta exposé au soleil de la plage; en rentrant chez lui, il éprouva aux paupières une sensation particulière qui n'était pas de la douleur. Après le vingt-sixième bain, il fut impunément de soirée dans un salon vivement éclairé.

Ce jeune homme partit après une saison de trente-quatre bains, avec une guérison qui se consolida dans les mois suivants.

L'amaurose n'est souvent qu'un degré plus avancé des maladies précédentes et doit trouver ici sa place.

Dans le petit nombre de faits que nous avons observés, l'amaurose n'était jamais complète et était toujours bornée à un seul œil, ou du moins l'organe congénère n'avait tout au plus subi, dans quelques cas, qu'un léger commencement d'affaiblissement. Il y avait, chez quelques individus amaurosés, des particularités de complexion, soit natives, soit acquises, qui les avaient préparés à leur maladie; et, comme dans les autres névroses, des causes de fatigue visuelle ou d'épuisement général y avaient aussi concouru.

C'est ainsi que nous avons rencontré l'amaurose aux bains de mer, chez des dessinateurs, chez des bureaucrates et chez un sujet de vingt ans à peine, qui s'était adonné très-jeune à des habitudes solitaires.

Le premier et constant effet des bains de mer associés aux affusions dans l'amaurose, est de rétrécir immédiatement la pupille dilatée, et de maintenir cet état, pendant un temps de la journée qui varie beaucoup. Ce phénomène a pris une fois, bien avant la fin d'une saison, un caractère de permanence qui ne s'est pas démenti. Il s'est trouvé assez souvent que les modifications favorables imprimées à la fonction affaiblie de la rétine, par le bain du matin, se continuaient une grande partie de la journée, à la parfaite conscience des baigneurs. Un amaurotique plus qu'adulte continue de fréquenter chaque été les bains de mer; à chaque bain un peu actif sous le rapport des vagues, l'horizon de sa vue s'étend pour un temps. Les effets des bains de mer obtenus dans l'amaurose, pendant la période secondaire, sont en général les seuls qui aient un caractère de durée. Nous avons revu plusieurs années de suite des personnes amaurosées. L'une d'elles nous a fourni un exemple de guérison entière, après trois voyages aux bains de mer. Les autres ont retiré chaque fois d'une nouvelle saison des avantages croissants, jusqu'à un point où l'amélioration se montrait stationnaire.

B. LÉSIONS MATÉRIELLES DES CENTRES NERVEUX ET DES NERFS SENSORIAUX.

§ 1. Hémiplégies.

Des hémorragies de l'un des hémisphères du cerveau, avec leurs conséquences symptomatiques, ont été traitées par les bains de mer. Plusieurs de ces faits ont révélé complétement tout le service, que ceux-ci sont destinés à rendre dans la paralysie récente de la moitié du corps. Il faut seulement modifier cette assertion, pour les cas de ce genre qui appartenaient à des individus jeunes, doués d'embonpoint et d'un tempérament sanguin très-développé. Il est rare que les bains, même administrés avec un usage rationnel, à plus forte raison, quand ils n'avaient pas cette condition, n'aient pas donné lieu, chez eux, à un état permanent de congestion céphalique, qu'on fût obligé de combattre par la saignée et par l'usage modifié du bain.

L'hémiplégie plus ou moins complète et la faiblesse ou la paralysie partielle d'un bras, d'une jambe, des doigts, affectant la forme hémiplégique, survenues graduellement et sans attaque, qu'on a l'habitude de rapporter à une affection chronique du cerveau ou de la moelle épinière, et dont on ignore le plus souvent la nature, et les hémiplégies faciales tenant à la paralysie de la septième paire, ont participé aussi, quoique à un moindre degré à quelques-uns des effets thérapeutiques des bains de mer. Comme ces paralysies se sont montrées très-diverses, sous le rapport de l'âge des individus qui en étaient affectés, de leur nature et de leur ancienneté, la mesure de ces effets s'est proportionnée en général à ces conditions.

Dans l'hémiplégie apoplectique et l'hémiplégie liée à une lésion organique de l'encéphale et du nerf facial, l'action tonifiante des bains de mer relevait toujours la constitution détériorée, les forces et les digestions affaiblies des individus qui en étaient affectés. Là où ces maladies étaient accompagnées de céphalée ou de crises douloureuses dans les membres paralysés, cette action devenait surtout puissamment sédative. Ce n'était ordinairement qu'à dater de ce moment, que les effets dynamiques des bains de mer s'exerçaient sur la fonction innervatrice, selon qu'elle était plus ou moins altérée. Il y avait, dans tous ces cas, toujours chance d'augmenter l'énergie de ces différents modes d'action, en veillant à la durée des bains, en leur associant les affusions et en détruisant les mouvements congestionnaires de la tête par une émission sanguine pratiquée à propos.

Deux jeunes personnes hémiplégiées d'une jambe, avec un certain degré de tremblement musculaire, obtinrent des avantages marqués d'une première année de bains de mer, et chez l'une d'elles l'affection paralytique céda entièrement à l'action des effets secondaires. Toutes deux vinrent compléter et confirmer, l'année suivante, les résultats qu'elles avaient déjà obtenus.

§ 2. Paraplégies.

De nombreux cas de paraplégie, appartenant à des personnes d'âge et de conditions physiologiques très-différentes, ont été traitées, sous nos yeux, par les bains de mer, les affusions et les douches. Ces maladies, plus ou moins anciennes, se sont offertes à tous les degrés, depuis la simple faiblesse (parésis), accompagnée de quelques douleurs passagères des membres inférieurs, jusqu'à la paralysie presque complète, à laquelle s'associait ou non la demi-paralysie de la vessie ou l'inertie du rectum. Les unes permettaient aux individus qui en étaient affectés, de marcher avec une canne ou à l'aide d'un bras, les autres les obligeaient à se faire porter ou conduire en voiture.

Plusieurs paraplégies avaient une origine évidemment rhumatismale, et remontaient au fait de l'habitation dans un rez de chauseée humide ou dans une maison nouvellement restaurée ou exposée à des conditions d'humidité ; quelques excès vénériens, des pollutions spontanées, des travaux intellectuels excessifs, une alimentation mauvaise et l'abus des mercuriaux, n'étaient peut-être pas étrangers à la formation de quelques autres paraplégies. Un cas tenait évidemment à des impressions morales très-tristes et très-fortes à la fois, aggravées encore par des fatigues excessives du corps.

Toutes ces maladies avaient commencé par des courbatures continuelles, par de la fatigue, par une sorte de vacillation cérébrale, par la difficulté de courir ou de marcher vite, par l'affaiblissement du jet de l'urine et par une douleur localisée aux lombes ou au sacrum. Après un temps variable, il s'était joint à ces symptômes un sentiment de fourmillement plantaire, d'engourdissement aux orteils, puis à la totalité des pieds, et un certain degré de refroidissement de toute la longueur des extrémités inférieures, avec incertitude et faiblesse dans les mouvements volontaires de ces parties; mais sans altération proportionnée dans la sensibilité de la peau. La faiblesse était quelquefois plus marquée à une jambe qu'à l'autre, dominait indifféremment dans les muscles fléchisseurs ou extenseurs, et, quel que fût son degré, n'excluait pas pourtant les contractions musculaires pendant le séjour au lit. Une sorte d'irrégularité dans les mouvements du visage et de la langue, un trouble de la vue consistant en un voile répandu devant les yeux, et une forte dilatation des pupilles co-existèrent plusieurs fois avec les phénomènes purement paraplégiques.

A mesure que la maladie s'éloignait de la date de son invasion, les facultés intellectuelles perdaient de leur énergie chez les paraplégiques. Il n'était pas rare de voir survenir, chez eux, différents phénomènes cérébraux, tels que tintements et bourdonnements des oreilles, chaleurs de la téte, agitation du sommeil ou insomnie, quand ces phénomènes ne s'étaient pas montrés déjà. La faiblesse musculaire allait graduellement en augmentant; les membres paralysés s'amaigrissaient, et cet alanguissement de l'action organique perpétuait à l'infini les plaies survenues à ces parties. Quand les malades se présentaient aux bains de mer, ou leurs membres étaient arrivés au *maximum* de leur amoindrissement, ou déjà ils avaient repris quelque volume, parce que la maladie, après être parvenue à son *summum*, commençait à rétrograder.

Avant d'en arriver à ce point, les symptômes de la paraplégie s'étaient lentement et successivement développés et avaient mis des mois, des années même à compléter le tableau que nous venons de tracer.

On avait combattu la maladie par tous les moyens ordinaires, locaux et généraux, internes et externes. Les bains de Barèges artificiels et les bains de vapeur avaient été mis en usage dans la majorité des cas. Les bains russes avaient paru une fois exercer sur la marche des symptômes une influence favorable. C'est donc après avoir épuisé toute la thérapeutique que les paraplégiques étaient envoyés aux bains de mer.

Nous avons reconnu qu'il était utile d'administrer quelques bains de mer chauffés aux paraplégiques qui commencent leur saison; car l'impression première du froid de la mer est presque constamment très-vive et même douloureuse chez eux; souvent même leurs membres, par le fait de cette impression, restent engourdis et enraidis pendant toute la durée du bain. Un paraplégique des moins affaiblis pourtant, comparait ce que l'eau lui faisait éprouver, à la sensation douloureuse qui se ressent aux doigts engourdis par le froid, quand vient la réaction de chaleur. Tant qu'il reste sous l'influence de ce phénomène immédiat, le baigneur, qui a conservé encore une partie de sa faculté de marcher, la perd à peu près complétement pour un temps de la journée. Ce surcroît d'impuissance musculaire se continue pendant les premiers jours de la saison, et même quelquefois pendant sa durée entière. Le mode excessif, suivant lequel la sensibilité est actuellement sollicitée, soustrait le paralytique à cette loi de l'habitude qui atténue, chez le plus grand nombre, l'intensité des effets d'impression. Les paraplégiques qui sont dans ce cas ne peuvent jamais se guérir d'un sentiment d'effroi, à l'approche du bain de chaque jour, bien qu'ils viennent souvent se baigner à la mer, depuis plusieurs années. Pourtant, malgré cette impressionnabilité excessive, ils supportent très-bien les bains de mer d'une certaine durée (dix à douze et même vingt minutes pour les plus robustes), et il est même ordinaire de leur en accorder bientôt deux dans la journée, et d'y joindre les douches d'eau de mer à basse température et dirigées sur la région vertébrale et les membres paralysés. La douche d'eau de mer, ce moyen puissant contre la paraplégie, ne s'administre qu'auxiliairement pendant les bains de mer, et ne vient qu'à une époque déjà avancée de la saison.

Le retour plus ou moins complet de la fonction vésicale, quand celle-ci a participé à la paralysie, est la première modification qu'éprouve l'état des paraplégiques. A dater de ce moment, on ne tarde pas à observer l'amélioration de quelques fonctions digestives (l'appétit, la chymification, la défécation, etc.). Les effets du bain de mer sur l'influx innervateur de la moelle, sont ordinairement signalés tantôt par des secousses tétaniformes qui se font sentir le long du rachis et qui se communiquent aux membres paralysés et même quelquefois aux membres supérieurs, sous la forme de crampes ou d'irradiations rapides, tantôt par des douleurs lombo-sacrées qui se propagent dans la longueur des cuisses, en suivant le trajet des nerfs sciatiques; c'est là un retour passager de la sensibilité nerveuse affaiblie. Alors la chaleur reparait aux extrémités; leurs muscles tendent à rentrer sous l'empire de la volonté; les lombes reprennent quelque sentiment de force; l'estomac, débilité lui-même par l'alanguissement général de l'action nerveuse, commence à présenter des signes de restauration. C'est surtout le matin, après le repas qui a suivi le bain, que se font sentir ces effets, auxquels viennent s'ajouter ordinairement un certain degré de congestion ou simplement d'épanouissement de la figure.

Après une saison plus ou moins prolongée, voici en général les résultats que les paraplégiques retirent des bains de mer : ils ont perdu une partie de l'hésitation ou du défaut d'assurance musculaire qui est habituelle à leur marche, et ont recouvré un sentiment *d'être* et de chaleur aux jambes qui avait cessé et qui leur permet des promenades qu'ils n'auraient pu entreprendre à quelques semaines de là; ils ont éprouvé une sédation puissante, sous le rapport de ces douleurs des lombes et de la continuité des membres inférieurs, qui escortent quelques paraplégies rhumatismales, et ont regagné le sommeil, quand il était troublé par ces douleurs qui affectent si souvent le caractère nocturne.

Quant aux effets observés, en particulier, dans les différents degrés de la paralysie vésicale, qui ont co-existé avec la paraplégie, il ne nous a pas été rare, comme nous l'avons dit, de voir la vessie reprendre son ressort normal dès les premiers bains. Dans les autres cas, des effets réels ont toujours été obtenus, dans une certaine proportion, durant le cours de la saison; mais ce n'a été qu'après les bains finis, qu'on a pu regarder la fonction de la vessie, comme entièrement rétablie. Enfin ce n'est qu'exceptionnellement, que les bains de mer ont été impuissants à faire sortir cet organe de son inertie. Il est à remarquer que la paralysie vésicale isolée, indépendante de la paraplégie, ne semble pas participer au même degré à l'efficacité des bains de mer; un certain nombre de faits nous ont suffisamment édifié sur ce point. Un vieillard fort débilité ne se débarrassait de son urine, qu'en usant de la sonde quatre fois par jour. Une saison de bains de mer, auxquels on ajouta des douches d'eau de mer froide sur les lombes, l'hypogastre et les aines, amenèrent la vascularité du teint, le sentiment des forces générales, la caloricité des membres, l'étendue du jet urinaire et une sensibilité insolite à l'impression de l'injection froide; mais jamais la vessie ne put sortir de son inertie. L'année suivante, ces résultats furent confirmés, et la santé générale, qui inclinait toujours à l'affaiblissement, fut maintenue dans un certain équilibre; mais la vessie resta de même insensible aux effets tonifiants des bains de mer.

Il y a des paraplégies qui guérissent après le premier voyage fait aux bains de mer, et qui guérissent sans retour, tandis que d'autres ne sont qu'arrêtées dans leurs progrès ou améliorées à des degrés différents. A quoi tiennent ces différences? Il est difficile de le décider toujours. Un jeune homme de trente ans, d'une santé habituellement bonne, fut amené en voiture et porté à bras jusqu'à la mer pendant les premiers jours; à chaque bain, ses forces augmentèrent. Il put d'abord marcher avec deux cannes; puis après avec une seule. Dans la dernière moitié de la saison, il venait sans peine, et plusieurs fois par jour, se promener à l'air de la mer. En quelques semaines, il était rendu à ses forces et à son activité normales. Un an après, sa guérison se maintenait complète.

Les paraplégiques, chez lesquels l'action thérapeutique des bains de mer a été moins complète, reviennent le plus souvent plusieurs années de suite. Quand ils arrivent de nouveau, on trouve que les effets secondaires ont toujours ajouté leur bénéfice à celui de la saison passée. Ils se présentent dans un état d'amélioration notable, sous le double rapport de la force et de la solidité des membres inférieurs.

Il est venu aux bains de mer des adultes qui avaient eu, à quelque date peu éloignée, une myélite aiguë, depuis laquelle ils conservaient quelques symptômes légers de paraplégie, tels que faiblesse marquée des jambes, surtout dans l'immobilité de la station verticale, quelque endolorissement de la région dorso-lombaire, etc. De tels individus ont toujours retiré des avantages marqués d'une saison de bains de mer froids, accompagnés de copieuses affusions.

Il est une sorte de lésion fonctionnelle du mouvement musculaire des membres inférieurs, qui existe indépendamment de toute cause matérielle qui se pourrait trouver dans la moelle vertébrale ou ses annexes. Plusieurs exemples de cette lésion se sont rencontrés aux bains de mer, et ils ont fourni de la manière la plus positive une preuve nouvelle de leurs effets thérapeutiques, dans les affaiblissements de l'innervation.

OBSERVATION IX. M. P..., anglo-américain de vingt-six ans, naturellement gai, était affecté d'une débilité musculaire des membres inférieurs, sans lésion apparente de la moelle, ou, en d'autres termes, d'un affaiblissement dans l'innervation de la moelle, sans cause organique appréciable. Quand il faisait une course un peu longue, il commençait à sentir de la pesanteur aux mollets, différentes sensations de tension aux muscles des cuisses; et, arrivé au terme de sa course, il était obligé de s'asseoir. Il avait les yeux saillants, les pupilles dilatées; la lecture était impossible sans fatigue; les jambes étaient le siége de sensations qu'il comparait à celle qu'on éprouve à la main, quand on l'approche du feu, après l'engourdissement du froid. La main et le poignet droit avaient éprouvé déjà pour un temps les mêmes sensations.

M. P... fut envoyé à Dieppe (1837), où il prit les bains les plus courts, associés aux affusions. Après un certain nombre de jours, il n'avait encore rien gagné, et il commença à joindre aux bains les douches de 32° à 30 C. sur la colonne vertébrale, les lombes et les membres inférieurs.

Au vingt-troisième bain et à la cinquième douche, son *habitus* extérieur était modifié : il avait engraissé et avait meilleure mine; mais ses muscles ne s'étaient pas fortifiés; seulement, il se plaignait de douleurs inaccoutumées au sacrum et de picotements aux cuisses.

Après trente bains et six douches, il partit avec un commencement d'amélioration. Peu de temps après, il nous écrivit qu'il ressentait les effets heureux des bains de mer; et, à notre retour à Paris, un mieux notable put être constaté. M. P... fit un voyage en Italie pendant l'hiver suivant, et revint guéri.

Enfin, une espèce de paraplégie, où les bains de mer sont toujours restés à peu près sans action, s'est présentée un grand nombre de fois chez des enfants ; nous voulons parler de ces maladies qui dépendent de l'atrophie de quelques cordons rachidiens, laquelle entraîne à la fois la paralysie et l'amoindrissement des membres inférieurs, soit d'un côté, soit de l'autre, ou des deux côtés à la fois. Les bains de mer, dans ces cas, modifient puissamment la constitution des enfants ; mais agissent à peine, nous le répétons, sur les parties privées de l'influx nerveux.

§ 3. Affaiblissement ou altération variés de la vue.

L'affaiblissement de la vue résultant de la répétition des congestions cérébrales, et plusieurs autres altérations de ce sens, qui avaient été précédés de symptômes plus ou moins graves, appartenant à une lésion du cerveau et de la moelle épinière, ont été souvent traités par nous avec les bains de mer réunis aux affusions. Dans l'un et dans l'autre cas, le trouble de la fonction visuelle était, le plus ordinairement, borné à un seul œil.

Dans le premier cas, le mouvement ascensionnel du sang vers la tête a bien été plusieurs fois entravé par l'égale distribution de ce liquide vers tous les points de la périphérie, et les fonctions ont bien subi une sorte d'excitation générale favorable, pendant la durée des bains de mer ; mais l'affection principale n'a pas été modifiée d'une manière sensible.

Il en a été de même en ce qui regarde les effets des bains de mer dans le second cas. Quelques-unes des expressions symptomatiques, par lesquelles se caractérisaient les désordres de la vue, ont été amendées pendant la saison même ; certaines même ont disparu plus tôt ou plus tard sous son influence ; mais la nature matérielle de la cause prochaine, d'où émanaient ces désordres, les a soustraits toujours à l'action thérapeutique des bains. Citons un des faits de ce genre, parce qu'il réunit presque à lui seul les caractères collectifs de tous ceux que nous possédons : une lésion de la vue, consistant en une dilatation de la pupille et une presbytie d'un côté, et en une diplopie de l'autre, quand les deux yeux fixaient les objets, paraissait liée à une altération des centres nerveux, laquelle avait été précédée de maux de tête, de phénomènes de *parésis* aux extrémités inférieures, et avait entraîné une incontinence d'urine nocturne qui persistait. Le bain de mer rétracta chaque fois la pupille pour un temps plus ou moins long, et une saison entière fit disparaître complétement l'émission involontaire de l'urine ; mais elle ne fit subir aucun changement à l'état de la vue.

C. AFFECTIONS BRONCHIQUES.

Tout ce qui a été dit précédemment sur les bains de mer administrés dans la bronchite des enfants, peut trouver ici son application presque en entier. Nous dirons donc de même qu'une toux qui ne se rattache, ni à une cause héréditaire, ni à une conformation vicieuse du thorax, ni à une lésion pulmonaire actuelle, et il faut ajouter, ni aux conditions d'un âge trop avancé, doit cesser le plus souvent par l'usage des bains de mer dirigé avec prudence ; d'où il résulte pour nous que, non seulement l'existence de la toux, chez une personne qui ne se trouve dans aucun de ces états morbides, ne doit point devenir une cause capable d'empêcher la pratique de la mer, quand d'autres circonstances de la santé la réclament ; mais encore que les effets connus des bains de mer doivent offrir le plus souvent des chances de guérison à ce symptôme bronchique. La toux n'arrêtait point Floyer dans l'administration des bains froids.

Un grand nombre d'individus sont venus chercher aux bains de mer la guérison d'une toux accidentelle plus ou moins ancienne, de nature catarrhale ou nerveuse, qui avait résisté jusque là à une foule de médications différentes. Parmi eux, les jeunes adolescentes nerveuses ou lymphatiques étaient en majorité. La toux qu'il s'agissait de combattre, chez elles, remontait à plusieurs mois, une fois à plus d'un an, et se montrait opininiâtre. Elle était le plus habituellement sèche, ou n'amenait qu'une expectoration ténue ; une seule fois elle était suivie de crachements de sang dans de certaines conditions de causalité ; enfin, elle avait parfois conduit les sujets ou était liée ,chez eux, à un état d'affaiblissement notable.

Quelques bains de mer chauds, à température graduée à l'inverse, doivent ouvrir la saison dans les cas de bronchite ou de toux spasmodique.

Les bains de mer froids doivent être soumis rigoureusement à ces trois conditions : durée très-abrégée, suspension selon le besoin, et exposition discrète du baigneur à l'air de la mer. On ne peut compter sur leur innocuité, et à *fortiori*, sur leurs avantages, dans un degré même léger de bronchite, qu'en maintenant constamment cette durée à une mesure très-restreinte, ou, en d'autres termes, en produisant sur la peau une réaction prompte et vive. Une toux de quinze mois céda, chez un adulte, du moment où cet effet réactif fut porté à ses dernières limites, au moyen d'une vaste éruption pustuleuse, qui se renouvela, à plusieurs reprises, pendant la première partie d'une saison.

Les exemples du succès prompt et inattendu des bains de mer, dans plusieurs variétés de la bronchite, se sont renouvelés chaque année sous nos yeux. Les résultats ont été, dans certains cas, plus lents à se développer, ou se sont montrés moins complets; mais rarement ils nous ont manqué tout à fait. Les individus qui ont toujours la *poitrine grasse* et qui ressentent vivement l'influence de l'air marin, nous ont paru les offrir à leur *minimum* de proportion. Un jeune homme lymphatique à un haut degré, sujet, dans l'habitude de sa vie, à une expectoration matinale très-épaisse, avait, depuis quelques mois, une toux aiguë et grasse. Les bains de mer l'arrêtèrent; mais, à diverses reprises, elle se remontra assez vivement pour nous obliger à les faire cesser. D'un autre côté, une bronchorrée atonique existant chez une femme jeune encore, fut très-heureusement modifiée par eux.

Quelques-uns des baigneurs, débarrassés de leur toux par les bains de mer, y sont revenus à l'occasion de sa réapparition, et le succès de la première année s'est répété chez eux. Un homme affaibli, de moyen âge, sujet à une oppression sternale particulière et à une toux sèche, rarement humectée par l'expectoration, vint plusieurs années de suite sur les bords de la mer passer une partie de l'été et se baigner. Les bains le fortifiaient chaque année et faisaient cesser sa toux.

Il lui arrivait souvent d'entrer dans l'eau oppressé et d'en sortir la respiration libre.

Nous ne pouvons nous refuser à relater le cas d'une toux spasmodique (pulmonie nerveuse de Vogel), dans lequel les bains de mer se sont montrés éminemment doués d'efficacité.

OBSERVATION X. Une jeune personne de dix-huit ans, de grande taille et de poitrine étroite, soumise à des causes morales continuement agissantes, ayant perdu un frère de la phthisie tuberculeuse, toussait depuis deux mois. Cette toux, de nature spasmodique, qui laissait les organes de la poitrine dans un état d'intégrité parfait, avait un timbre guttural, faisait éprouver une grande fatigue à la poitrine, augmentait surtout vers le soir et avait amené un amaigrissement sensible; beaucoup de calmants avaient été employés vainement contre elle. Les bains de mer furent donnés très-courts et surveillés avec soin. Sous leur influence, on vit presque instantanément la toux diminuer, puis entièrement disparaître. A la fin de la saison, la figure avait refleuri; l'appétit, qui était nul, était revenu, en même temps qu'un degré d'embonpoint et de force générale.

Qui ne connaît de ces personnes qui toussent chaque année aux mêmes époques, aux premières humidités de l'automne ou dans le courant des hivers? Il n'est pas rare que de telles personnes viennent aux bains de mer, dans l'espérance de voir cesser cette fâcheuse prédisposition.

Il est tout à fait urgent, dans ces cas, de prescrire des bains abrégés jusqu'à l'exagération et préparés par quelques jours de bains chauffés, ainsi que des règles d'hygiène sévères. L'air de la mer fait sûrement reparattre la toux, quand le baigneur s'y expose imprudemment. Le même accident est sujet aussi à se répéter, par cela seul que s'approche l'equinoxe de septembre, surtout lorsqu'il est marqué par des brumes froides et humides. L'influence de cette époque de l'année agit ici, à la manière de l'automne plus avancé. Aussi est-il de toute importance, que ceux qui se montrent si sensibles aux influences atmosphériques ne fréquentent les bains de mer que pendant la saison caniculaire, et quittent les bords de la mer, dès que l'équinoxe d'automne se fait sentir.

Les effets que ces personnes obtiennent d'une saison sont souvent très-marqués, et se manifestent surtout pendant l'hiver qui suit les bains de mer. Elles passent souvent la mauvaise saison sans s'enrhumer, ou s'enrhument moins qu'à l'ordinaire.

Le coryza récent avorte ou est abrégé dans sa durée, par les bains de mer associés à de nombreuses affusions. Le coryza qui est devenu chronique, parce que les individus manquent de résistance aux variations de l'atmosphère, se modifie, et même se guérit très-bien par les mêmes moyens. Une dame amaigrie et fort affaiblie par un état chronique de la muqueuse naso-gutturale, accompagné de sécrétions abondantes, partit, après une saison, engraissée et fortifiée : le soulagement qu'elle obtint, devint une guérison presque complète pendant la période des effets secondaires.

Des individus affectés d'asthme nerveux caractérisé par des accès, dont le retour n'était soumis à aucune cause appréciable, ont été envoyés aux bains de mer pour différents états morbides, tenant de près ou de loin à leur maladie habituelle. Jamais aucun effet nuisible ne nous a paru résulter de leur application, quant à l'asthme lui-même; jamais aucun accès ne nous a paru être le fait de leur mode d'agir. Un adulte d'une grande impressionnabilité nerveuse, sujet à des accès d'asthme, ayant habité deux étés de suite les bords de la mer, dans le but de combattre un état d'asthénie générale, prenant assez régulièrement les bains et s'exposant aux vents les plus forts, n'eut pas un seul accès. L'influence salutaire qu'il reçut de l'air marin et des bains se fit sentir même dans les hivers suivants, pendant lesquels l'asthme devint beaucoup plus rare.

D. AFFECTIONS CHRONIQUES DU CANAL DIGESTIF.

Nous divisons en cinq sections les affections chroniques du canal digestif, qui se sont montrées aux bains de mer. A la première appartenaient les désordres des fonctions gastriques et la constipation qui en était la suite; à la seconde, ces états variés auxquels on donne le nom de *faiblesse d'estomac;* à la troisième, la gastralgie sous diverses formes; à la quatrième, l'embarras gastro-intestinal; à la cinquième, les douleurs intestinales avec dérangement facile des évacuations alvines.

§ 1. Désordres des fonctions de l'estomac, avec constipation.

Ces désordres gastriques étaient de nature très-diverse. Ici l'estomac se montrait simplement d'une susceptibilité anormale; là, après avoir été le siége d'une phlegmasie caractérisée, qui avait été soumise au traitement anti-phlogistique, il ne présentait plus maintenant qu'un état nerveux et anémique (inappétence, pesanteurs, développement de produits gazeux dans la vacuité ou pendant la digestion). Ailleurs, il était capricieux ou vicié de quelque autre manière : ainsi, il manifestait tantôt un appétit languissant, tantôt une véritable boulimie ou faim canine ; d'autres fois, le temps de la chymification était accompagné d'un tel étouffement, que celui qui en souffrait restait sans parler, étendu sur un siége, pendant des heures entières. Chez plusieurs des individus, l'estomac offrait habituellement une aptitude décidée à digérer des viandes brunes, ou il supportait impunément des aliments lourds et indigestes et même le vin pur. Une constipation souvent opiniâtre, aboutissant assez souvent à des selles diarrhéiques, était un symptôme qui se retrouvait dans tous ces états morbides de l'organe de la digestion.

Ces désordres gastriques appartenaient en général à des adultes ou plus qu'adultes des deux sexes, et semblaient tirer leur origine d'une vie inactive, de chagrins prolongés, du fait d'un dernier accouchement, d'un ictère traité par les purgatifs, etc. Sous leur influence, les individus s'étaient mis à maigrir graduellement, à pâlir, à prendre un teint jaune cachectique ou bien une coloration veineuse des joues et du nez ; leur langue était blanche et enduite d'un épais limon, et leur peau inerte et d'une nuance terne. Chez les femmes, il existait de l'irrégularité menstruelle et quelque leucorrhée avant et après les époques ; chez les hommes, un état d'hypocondrie prononcé.

Le premier bain de mer est quelquefois fort redouté par ces malades, et leur cause une impression très-vive, surtout s'il est accompagné des affusions ; mais ils est le plus souvent suivi d'une réaction exubérante, et non rarement d'un sentiment de bien-être général. Les bains qui dépassent une durée rationnelle occasionnent, chez eux, d'ordinaire une sur-excitation de l'estomac très-variable dans ses caractères : l'ardeur gastrique suivit une fois deux bains trop longs.

Les premiers bains ne tardent pas à activer l'appétit et le travail chymifiant, quand ces actes fonctionnels sont en défaut. Disons ici, en passant, qu'il est toujours dangereux de satisfaire, dans la mesure de son accroissement, l'appétence nouvellement acquise par les bains de mer à leur début. Le visage s'éclaircit et se sanguifie peu à peu. La circulation se ralentit chaque jour, chez une femme qui nous avait offert dès l'abord une vitesse du pouls extrême.

A la fin d'une ou de deux saisons convenablement distribuées, les phénomènes morbides de la digestion se trouvent amendés. On ne parle point ici de la forme boulimique, qui est de tous les désordres gastriques, celui qui résiste le plus aux modifications propres aux bains de mer. La langue s'est nettoyée ; la constipation est devenue supportable ; une lueur de gaieté est venu ranimer les traits des hypocondriaques, et en même temps les forces générales se sont accrues dans des proportions quelquefois remarquables.

Chaque année ramène aux bains de mer de ces malades, qui ont été guéris ou soulagés, et qui viennent réclamer ou compléter les bénéfices de leur première saison.

§ 2. Affaiblissement des forces digestives de l'estomac (Apepsie, bradypepsie, *faiblesse d'estomac*).

Ces états morbides de l'estomac ont pour caractères : l'inactivité marquée de l'appétit, la lenteur des actes digestifs, la facilité de ces actes à se déranger sous l'influence des causes extérieures, le refroidissement, par exemple, l'indigestibilité de la plupart des aliments les plus usuels, la digestibilité exclusive des viandes *faites*, une sorte de débilité du système nerveux, laquelle peut aller jusqu'à porter atteinte à la parole et à la pensée, l'amaigrissement, parfois la céphalée, etc. Nous les avons rencontrés surtout, chez des individus des deux sexes, qui étaient affaiblis par une vie sédentaire, par une légère attaque d'apoplexie ou par quelques épreuves morales. Les institutrices, les précepteurs, les ecclésiastiques, les notaires, les négociants, etc., nous en ont offert plus particulièrement des exemples.

Les bains de mer, avec affusions céphaliques, donnent un appétit excessif à ceux qui sont affectés de ce genre d'affaiblissement gastrique; cet appétit souvent excessif est un écueil qu'on doit craindre; il faut se garder de le satisfaire, avant que la faculté digestive ne se soit élevée d'après la même progression. Ce n'est qu'à ce moment, que la nutrition et la sthénification du système nerveux marchent de concert; que la gaieté revient, et que s'améliorent les digestions et leurs conséquences physiologiques. Une saison tout entière de bains de mer a vascularisé le teint du visage, a ramené la liberté de la parole et ranimé les forces générales, à un haut degré, chez un ecclésiastique qui hésitait en parlant, depuis que son estomac s'était affaibli ; il reprit, dans l'année, son ministère, qu'il avait quitté, et revint à la saison suivante acquérir de nouvelles forces.

§ 3. Gastralgies proprement dites.

Les gastralgies proprement dites, sans parler de toutes celles qu'on observe aux bains de mer, chez des individus qui viennent chercher un soulagement à des maux, dont la gastralgie n'est qu'une conséquence ou un symptôme, ont été les plus nombreuses de toutes les maladies de l'estomac. Les individus tourmentés par la gastralgie offraient presque exclusivement les caractères du tempérament nerveux et appartenaient ordinairement à l'âge adulte, rarement à l'âge plus jeune. Une seule fois la gastralgie fut rencontrée chez un enfant de huit ans, et venait d'être récemment exaspérée, par le fait d'une fièvre tierce traitée par le sulfate de quinine.

Des causes communes avaient agi, chez tous les sujets, dans la production de ces gastralgies : c'étaient presque toujours des chagrins domestiques, des fausses couches et des accouchements laborieux ou trop rapprochés, l'usage intempestif des Eaux minérales naturelles, etc.

Les gastralgies avaient débuté diversement, et à une époque plus ou moins ancienne, par des douleurs gastriques, du pyrosis et des éructations après le repas ; puis une partie de ces souffrances avait fini par se faire sentir à jeûn. Actuellement, elles se caractérisaient quelquefois par des crampes de l'estomac, tantôt permanentes et accompagnées de battements précordiaux qui avaient fait soupçonner un état anévrysmatique du cœur, de pulsations épigastriques et de douleurs gastro-dorsales, tantôt revenant par accès irréguliers ou quotidiennement périodiques et se terminant alors par une diaphorèse. Le plus souvent le retour de la gastralgie avait lieu sous l'influence de la digestion; alors le sentiment d'une pesanteur et des souffrances gastriques suivaient sûrement l'ingestion d'une quantité ordinaire d'aliments: c'est dans ces cas qu'il nous est arrivé d'observer des vomissements ou des pituites quotidiennes, lesquels enlevaient d'ordinaire ces douleurs gastriques. Il n'était pas rare de voir encore celles-ci diminuer par la pression et se calmer par des cataplasmes et une infusion aromatique chaude. Dans toutes les formes de la gastralgie, la langue n'était pas rouge, mais assez souvent fendillée et privée d'humidité; la soif, l'anorexie ou seulement la langueur de l'appétit étaient habituelles. Le régime alimentaire tonique était mieux supporté que les aliments végétaux, féculents, lactés, etc. Une seule fois un gastralgique nerveux avait été amené de toute nécessité à l'usage exclusif des viandes blanches.

La gastralgie, en vertu des relations sympathiques de l'estomac, entraînait fréquemment de la céphalalgie et des palpitations, avait altéré plus ou moins profondément la nutrition, et avait toujours enlevé au visage les apparences de la santé: ceux qui en souffraient étaient en effet tous pâles et amaigris. Les femmes ne perdaient qu'un sang menstruel rose, aqueux et et ténu, avaient quelque leucorrhée, et se montraient ennuyées de tout et enclines à pleurer; leur pouls était généralement très-accéléré.

Les bains de mer tièdes excitent volontiers une sorte de réaction fébrile chez les sujets gastralgiques, surtout chez les femmes, en sorte qu'il est convenable de les faire commencer de suite par les bains froids, mais à *petite dose* surtout; car ces individus sont très-sensibles à la température des bords de la mer, et il n'est pas rare d'observer, chez eux, une réaction imparfaite, c'est-à-dire lente à venir et peu énergique. Il est donc à propos de ne leur accorder de bains de mer que tous les deux jours, au moins pendant le début.

Sous l'influence des bains de mer réunis aux affections céphaliques, les estomacs simplement irritables, et dans lesquels la gastralgie ne se fait sentir que rarement et faiblement, perdent facilement de leur mode de sentir exagéré. Dans les états plus complexes où la gastralgie joue un rôle prédominant, il faut que les bains de mer aient augmenté l'appétit, amélioré les autres actes de la digestion gastrique et modifié les phénomènes morbides (battements précordiaux et épigastriques) qui ressortent du trouble de ces actes, avant que la douleur gastrique commence à perdre de son intensité.

Les bains trop longs, trop suivis ou doublés trop souvent, ont fréquemment réveillé les douleurs gastriques, quand elles étaient déjà atténuées, ont alangui encore plus les digestions et émoussé l'activité de l'appétit. Il faut de toute nécessité, en circonstance pareille, suspendre le bain pour un temps suffisant.

Nous connaissons plusieurs cas, où la gastralgie a disparu sans retour, même pendant la durée des bains de mer; nous en connaissons un plus grand nombre, ou elle n'a été qu'affaiblie, et où elle n'a été enlevée définitivement qu'après une saison complète: à ce résultat, celle-ci avait ajouté une restauration encoré plus marquée des forces digestives, ainsi que l'amélioration de la nutrition, des caractères de l'*habitus* extérieur et de l'état moral.

Des douches à jet unique sur la colonne vertébrale et en arrosoir sur l'épigastre, ont paru contribuer pour leur part à la disparition ou à l'amoindrissement de la gastralgie.

§ 4. Embarras gastro-intestinal.

Il est des personnes qui présentent l'embarras gastro-intestinal à l'état chronique. Elles sont en bonne santé d'ailleurs; mais elles ont perdu complétement l'appétit, et elles ont habituellement la langue très-sale ; la saveur de tous les aliments se confond pour elles dans une sensation négative; des coliques, l'irrégularité des gardes-robes, parfois l'urticaire ou des démangeaisons, et le sommeil troublé, complètent le tableau que cet état pathologique nous a présenté.

L'embarras gastro-intestinal avait souvent été traité, et sans succès, par les vomitifs, les purgatifs, les bains d'eau douce, etc. Les bains de mer, aidés de l'usage intérieur de l'eau marine et quelquefois des purgatifs salins, ont rendu l'appétit et le sommeil, et ont rétabli la régularité des garde-robes, dans plusieurs cas de cette maladie. Il faut seulement rappeler, à ce sujet, que le développement de l'appétit et l'ingestion plus copieuse des aliments qui en a été la suite, ont occasionné des rapports gazeux, pendant quelques jours, chez tous les individus qui ont été soumis à notre observation.

§ 5. Maladies intestinales.

Les affections intestinales traitées par les bains de mer, se caractérisaient, tantôt par une susceptibilité habituelle des entrailles, accompagnée d'irritations gastriques fréquentes, tantôt par une diarrhée facile au moindre changement de régime; d'autres fois, par une disposition phlegmasique de la portion cœcale du gros intestin. Sous toutes ces formes, plusieurs de ces affections remontaient à l'époque du choléra, avaient souvent affaibli les forces générales des individus qui en souffraient, et rendu leur constitution délicate et impressionnable : c'était surtout le cas des femmes.

Dans les maladies intestinales les plus simples, on faisait débuter les baigneurs par deux à quatre bains chauffés de 33-31° C., pendant un quart d'heure à vingt minutes. Les bains de mer froids, ainsi préparés, d'une durée moyenne, avec ou sans affusions céphaliques, ne causaient qu'une suffocation ordinaire, étaient suivis d'une bonne et quelquefois puissante réaction, et d'un sentiment de bien-être dans le cours de la journée. Les plus jeunes sujets devenaient, à chaque bain, frais et vascularisés du visage, et avaient la conscience du mode d'action efficace des affusions.

Les intestins ont souvent montré une résistance marquée contre l'habitude des dérangements et des irritations, pendant la saison même des bains de mer, et nous avons observé quelques cas, où une saison complète (vingt-cinq à trente bains), à laquelle s'étaient ajoutés plus tard les résultats secondaires, avait combattu victorieusement et sans retour ces dispositions morbides des *entrailles*.

D'autres dérangements existant chez les individus naturellement faibles des deux sexes, coïncidaient toujours avec une profonde débilitation générale, consistaient en une altération grave des fonctions gastro-intestinales (inappétence, bizarrerie des appétits, lenteur des digestions, diarrhée habituelle, céphalée ou sensations variées de la tête, étourdissements par asthénie, sans rougeur faciale, teint cachectique, susceptibilité de l'odorat, œdème des malléoles vers la fin de la journée, affaiblissement musculaire prononcé.) Cet état, qui est la véritable *cachexie* des anciens, fournissait un exemple de cet appareil symptomatique, qu'on a appelé plus récemment *la chlorose* des hommes.

Les bains de mer froids n'ont pas, comme dans les cas précédents, sollicité, chez les baigneurs, la faculté réactive de la peau, et n'ont pas atteint non plus les proportions d'efficacité qu'ils ont montrés à cette occasion. On a vu s'affaiblir, dès les premiers bains, la teinte cachectique du visage, s'accroître chaque jour, à un certain degré, le sentiment de chaleur périphérique, même une fois disparaître les étourdissements; mais la longue et profonde altération des fonctions gastro-intestinales et des forces générales, a rendu nuls les effets toniques des bains de mer.

E. RHUMATISMES EXTERNES ET INTERNES ; NÉVRALGIE DES MEMBRES.

Floyer appliquait déjà aux douleurs rhumatismales et aux raideurs qui en étaient la suite, ce qu'il appelait *l'art* des bains froids, et prétendait en cela renouveler les traditions de la médecine antique. Les médecins du nord de l'Allemagne recommandent depuis longtemps les bains de mer, dans les dispositions arthritiques, les affections arthritiques ou rhumatismales, et dans les névralgies rhumatico-arthritiques, en tant qu'elles tiennent à une faiblesse locale ou générale.

Nous avons eu à traiter par les bains de mer un grand nombre de maladies, qui peuvent rentrer dans cette classification, en faisant toutefois nos réserves, au point de vue de la langue nosologique.

§ 1. Dispositions rhumatismales.

Des dispositions rhumatismales particulières à quelques individus, qui ont eu des rhumatismes et qui en ont conservé beaucoup de tendance au refroidissement des pieds et beaucoup de susceptibilité aux influences atmosphériques, se sont réveillées pendant l'usage des bains de mer et nous ont obligé à l'interrompre. Un adulte, après quelques bains pris sans qu'il fût sorti d'une ligne rationnelle, eut subitement une douleur à l'épaule droite et aux deux genoux, laquelle dut l'arrêter tout court.

[...]es dispositions morbides n'empêchent pas tou-
[...]que le baigneur ne poursuive la saison, elles
[...]ent du moins les effets qu'on en attend : tel
[...] d'une dame, à sang chlorotique, qui avait un
[...]ent œdémateux du tissu cellulaire sous-cutané,
[...] sujette à des douleurs rhumatoïdes de la
[...]iaque et des membres. Tout en prenant des
[...]mer avec réaction excédante et accompagnée
[...]être, et tout en les suspendant à propos et en
[...]tenant à une convenable durée, elle était tous
[...]s courbaturée des membres, et chaque soir
[...]ffrait d'une céphalalgie péri-crânienne. Ces ac-
[...]durèrent pendant tout le temps de son séjour à
[...], et ne lui permirent pas d'en tirer quelques
[...]iles à santé.

[...] encore d'autres dispositions rhumatismales,
[...] aux adultes, qui se révèlent par un état de trou-
[...]ral et de malaise pendant les hivers, et surtout
[...] climat de Paris, quand soufflent les vents hu-
[...]et froids. Ceux qui présentent ces dispositions
[...] réactions difficiles et se trouvent mal des
[...] mer, quand leur durée dépasse quelques mi-
[...]tandis que des bains très-courts et surveillés
[...]e grande attention, les rendent plus réfrac-
[...]ux influences atmosphériques. Ces bains, en
[...]oujours suivis d'une réaction intense et journa-
[...]t répétée, neutralisent essentiellement l'im-
[...]nnabilité de la peau aux basses températures
[...]ver. Un baigneur, qui souffrait d'un tel état
[...]e, prenant avec fruit des bains de deux mi-
[...]et voulant les porter à cinq, ressentit les at-
[...] de douleurs articulaires qu'il n'avait jamais

§ 2. Rhumatismes musculaires et fibro-musculaires.

Des céphalées péri-crâniennes, qui ne sont autre chose que des rhumatismes fibro-musculaires de l'épicrâne, et qui s'accompagnent le plus souvent de modifications morbides dans la circulation du cerveau et dans les actes intellectuels, telles que le bourdonnement et le bouillonnement des oreilles, la chaleur du *vertex*, l'engourdissement de la mémoire, l'inaptitude à tout travail intellectuel et l'injection vasculaire des conjonctives, sans rougeur faciale, se caractérisent par des douleurs lancinantes de la tête, qui descendent jusqu'à la nuque, sont susceptibles de s'élever à un degré d'intensité extrême et d'affecter de certaines fois la forme de *crises*. Elles se distinguent par leur facile déplacement, ou plutôt par leur facile transformation en douleurs musculaires du col, des épaules, des bras, et même en une névralgie sacro-sciatique, etc., et par leur entière et souvent subite disparition, si un organe intérieur important devient le siége d'un état morbide. On ne peut confondre ces céphalalgies rhumatismales avec les névroses du cerveau, qui s'accusent surtout par des lésions variées dans la sensibilité de la rétine, par la congestion sanguine de la tête habituelle et facile à s'éveiller, sous l'influence de causes diverses, et par l'absence des douleurs superficielles et mobiles du crâne. Les sujets qui nous les ont présentées montraient tous une grande sensibilité au *froid* atmosphérique, et cette sensibilité semblait avoir été exagérée, chez quelques-uns, par l'usage des Eaux thermales naturelles.

La réunion des bains de mer chauffés, purs ou mitigés, donnés au début, des bains froids de courte durée, des affusions froides et des douches d'eau de mer, à basse température, ont guéri la plupart de ces maladies. Un fait qui a semblé préparer leur disparition dans plusieurs cas, et dont les baigneurs se rendaient à eux-mêmes un compte exact, c'est l'insensibilité toute nouvelle au *froid* extérieur, promptement manifestée par la peau et née sous l'influence de la réaction excédante, éruptive même, dont cette enveloppe était le siége à chaque bain.

Voici un exemple de ces névralgies rhumatismales, où la douleur se partage entre les nerfs périphériques de la tête, du col et des membres thoraciques; il servira à révéler le succès des bains de mer dans ces sortes de rhumatismes, et à montrer comment il arrive parfois à leur curation complète, en les déplaçant, pour ainsi dire, de leur siége primitif. Dans ce cas, le principe morbide ne semble-t-il pas avoir fait élection de domicile sur les membranes rachidiennes?

OBSERVATION X. — Une dame, de moyen âge, éprouvait depuis deux ans des douleurs névralgiques de chaque côté de la région occipitale, lesquelles irradiaient le long du bord externe des trapèzes et descendaient jusqu'au bras, et avaient ce caractère particulier qu'elles cessaient à l'instant où la malade se couchait sur son lit ou son canapé, et reparaissaient sitôt qu'elle se mettait debout et qu'elle marchait. Ces douleurs avaient miné la santé de la malade et produit un amaigrissement considérable. On avait employé vainement contre elles les liniments, le moxa, le séton, etc.; seulement la période de suppuration de chaque moxa avait semblé amener quelque rémission dans leur intensité.

Après avoir commencé la saison par six bains de mer frais, la malade eut grand' peine à se décider à son premier bain froid, lequel ne fut que de trois minutes. Le second bain fut de sept minutes et entraîna du grelottement, du refroidissement et du malaise pendant toute la journée. Cette expérience obligea la malade à revenir à des bains plus méthodiques, qui ne tardèrent pas à diminuer de jour en jour la douleur névralgique.

Cette amélioration, après avoir duré pendant plusieurs bains, fut interrompue sans cause connue par une crise névralgique des plus cruelles et qui se répéta plusieurs jours de suite. Cette crise commençait le matin au réveil et allait graduellement se terminer vers le soir, enlevait totalement l'appétit et livrait la malade à la tristesse et à des torrents de larmes. Le retour périodique de cette névralgie fit essayer contre elle le sulfate de quinine, à faible dose (quinze centigrammes), parce que ce médicament, administré jadis, avait produit divers phénomènes nerveux, parmi lesquels elle redoutait particulièrement le bourdonnement des oreilles. Le sel de kina intervertit le retour des souffrances et les éloigna de manière à permettre la reprise des bains de mer.

La saison arriva à quarante bains, pendant lesquels un intervalle de sept jours s'écoula, sans retour aucun de la névralgie.

Après quarante-quatre bains, la névralgie n'existait plus que dans une proportion minime, lorsque les membres inférieurs furent pris tout à coup de douleurs aiguës et d'une faiblesse qui obligea la malade, qui se trouvait hors de chez elle, à se faire ramener en voiture. Le lendemain, la marche était impossible, aussi bien que la position assise. Le surlendemain, les douleurs des cuisses et des jambes s'exaspérèrent, pendant trois heures, à la manière de la névralgie primitive, dont il ne restait plus de traces. Aucune douleur ne se faisait sentir au toucher le long du rachis.

Cet état dura plusieurs jours, mais sans crise. Des liniments opiacés furent seuls employés, et, insensiblement, les douleurs se calmèrent; la malade put faire quelques pas, et bientôt revenir à Paris.

Quelques semaines après, elle menait une vie d'exercice et de distractions, à laquelle elle avait été obligée de renoncer depuis deux ans. A une année de là, elle ne se ressentait pas de ses souffrances passées.

Les rhumatismes musculaires, au nombre desquels nous avons vu figurer principalement des pleurodynies, des précordialgies et des sternalgies qui étaient souvent fort anciennes, qui étaient dites *nerveuses*, qui avaient le caractère évidemment rhumatismal, et qui n'étaient pas non plus sans influence sur la fonctionnalité des organes contenus dans la cavité thoracique, comme on s'en apercevait à des étouffements, des palpitations, etc., et en général tous les rhumatismes localisés à un seul muscle, au deltoïde, par exemple, ont été modifiés heureusement par les bains de mer. Un exemple de ces rhumatismes nous fut fourni par un jeune homme musclé, né d'une mère phthisique et qui avait eu des frères morts de phthisie pulmonaire. Il éprouvait une gêne douloureuse du sternum, qui avait l'étendue de la main et rayonnait un peu de chaque côté du thorax. Sa santé générale était bonne; il n'avait pas de dyspnée et même nageait puissamment. Encore que ses organes intra-thoraciques eussent été trouvés toujours dans un état normal, il était vivement préoccupé par cette *sternalgie*. La guérison devint le résultat d'une saison prolongée de bains de mer, et se maintient encore aujourd'hui complète.

Ces douleurs fibro-musculaires de la cage thoracique sont indistinctement de nature fixe ou mobile, et dans ce dernier cas, elles ont souvent un siége multiple. Il nous a semblé que les premières n'étaient pas atteintes par les effets de bains de mer, ni si promptement, ni au même degré que les secondes. Nous avons rencontré un grand nombre de rhumatismes, avec ce caractère de mobilité ou de localisation multiple, qui avaient résisté à beaucoup de moyens, avaient été traités avec peu de succès par toutes les Eaux minérales appropriées, et qui étaient efficacement combattus par les bains de mer. Un jeune séminariste irlandais, offrant le rhumatisme fibro-musculaire combiné de l'épicrâne et de la région précordiale, fut merveilleusement guéri par une saison de quarante bains; un excès de table et des refroidissements lui rendirent toute la série de ses accidents, qui cédèrent une seconde fois à quelques bains rationnellement pris.

A quoi tient la différence qui s'observe, dans l'action des bains de mer, entre les rhumatismes fixes et mobiles du thorax ? Un défaut de résistance de la peau à l'influence des refroidissements atmosphériques semble caractériser les rhumatismes mobiles. Est-ce que l'action toute spéciale que ces bains sont connus pour exercer sur la vitalité des téguments, et par conséquent sur leur degré de résistance au froid atmosphérique, peut expliquer les cas nombreux, où ces sortes de rhumatismes ont été guéris? Ou bien est-ce que la mobilité même de ces rhumatismes les rend plus attaquables par le *modus agendi*, auquel on les soumet?

Nous avons revu aux bains de mer, plusieurs années de suite, des rhumatisés de cette classe; ils y étaient ramenés ou pour combattre le retour de leurs douleurs, ou pour consolider leur guérison.

§ 3. Rhumatismes nerveux et viscéraux.

Il est des rhumatismes appelés *nerveux*, qui consistent ordinairement en douleurs vagues siégeant à la tête, au thorax, à l'abdomen et dans la continuité des membres. Les douleurs se localisent diversement dans ces régions, se distribuent inégalement à l'une des moitiés du corps, et parfois passent subitement d'un siége à un autre, d'un point du tronc ou des membres, au cœur, par exemple (*Arthritis vaga* des Allemands).

Ces rhumatismes modifient non rarement les fonctions viscérales des cavités, sur les parois desquelles ils se fixent. C'est ainsi qu'ils rendent toute occupation intellectuelle impossible, quand ils font élection de domicile en un point de la tête, qu'ils donnent lieu à des douleurs gastriques et intestinales accompagnées de vomissements ou qu'ils développent un état saburral, quand ils se portent sur l'abdomen, où ils simulent assez bien quelquefois une irritation péritonéale. L'état saburral en particulier est très-commun à observer, toutes les fois que l'élement rhumatismal se localise aux parois abdominales.

Les causes qui rappellent ordinairement ces douleurs, qu'on rencontre le plus souvent chez des femmes d'un tempérament éminemment nerveux, qui sont constipées et hémorrhoïdaires et sont sujettes aux migraines, sont l'impression d'une atmosphère froide et humide, le séjour dans une église, dans un lieu souterrain, dans un appartement voisin du sol, etc. D'après ces données étiologiques, on avait appliqué souvent aux cas que nous avons observés, les Eaux thermales de l'Allemagne et de la France, auxquelles ils avaient résités souvent. Quelques-uns avaient déjà été soulagés par des bains de rivière.

Des douleurs rhumatismales, ou plutôt rhumatoïdes, qui ne sont qu'une variété des douleurs précédentes, mais qui en diffèrent pourtant par leur caractère paroxystique, se sont présentées aux bains de mer non moins souvent qu'elles. Elles appartenaient en général à des femmes et à des jeunes gens que distinguaient une grande impressionnabilité morale, une teinte de mélancolie et une certaine défiance de soi. Ses caractères pathologiques se composent de crises douloureuses localisées en un ou plusieurs points superficiels du corps, lesquelles s'accompagnent d'états nerveux généraux et de désordres fonctionnels qui prouvent la part que prennent à ces crises les organes intérieurs, lesquels sont sains d'ailleurs, au point de vue matériel. Ici on voit un état voisin de la syncope, des spasmes et des sensations inexprimables dans la respiration, succéder à l'invasion des douleurs; là ce sont des malaises souvent indéfinissables, qui provoquent des larmes et ne permettent pas aux malades de quitter leur lit, parce que la volonté et la force leur font défaut. Hors du temps des crises, la faiblesse se conserve grande pour quelque temps, la tête et les membres restent endoloris; mais il n'est pas rare que l'appétit et le sommeil restent intacts.

Ces rhumatisants ont cherché vainement aussi du soulagement aux Eaux minérales de la France et de l'étranger, avant de s'adresser aux bains de mer.

Les bains tièdes de mer de 35 à 33° C. servent de moyen de transition pour faire arriver les individus affectés de ces sortes de rhumatismes, à des bains de mer froids associés aux affusions, raccourcis à l'exagération (trois minutes au *maximum*) et fréquemment suspendus. Quelques-uns ont éprouvé, comme un effet immédiat du bain, un sentiment de froid très-prononcé aux points habituellement rhumatisés. La réaction cutanée, dans ces cas, a toujours été suffisante, souvent complète et s'est montrée quelquefois même exanthématique au tronc et aux membres.

De prime abord, les bains ainsi administrés firent disparaître complétement une fois les crises rhumatoïdes et leurs conséquences symptomatiques, et une saison de trente bains ne servit qu'à consolider cette guérison si prompte. Dans quelques autres cas, les résultats définitifs ne furent pas moindres, quoique obtenus avec plus de lenteur. Nous avons vu plusieurs de ces rhumatisants faire une saison très-favorable sous le rapport de leurs douleurs, qu'elles fussent continues ou que leur retour eût lieu par crises, et sous le rapport de leurs forces générales, lesquelles avaient subi, dans certains cas, un grand affaiblissement. — La forme *rhumatismale* qui pourrait être appelée *abdominale*, *saburrale*, etc., est celle qui a paru se soustraire davantage au bénéfice des bains de mer.

Le fait suivant offrira, d'une manière tranchée, les caractères du rhumatisme *viscéral*.

OBSERVATION XI. — M....., sortant de l'âge adulte, d'un tempérament bilieux en apparence, resta en proie, après la suppression spontanée ou accidentelle d'hémorrhoïdes et de sueurs habituelles de la plante des pieds, à des paroxysmes nerveux. Ils consistaient, dans les premiers temps, en douleurs atroces de l'épigastre ; plus tard en une gastralgie avec vomissements, enfin en une hépatalgie coïncidant avec des douleurs scapulaires, qui avaient quelquefois le caractère du *clou hystérique*. Il n'avait jamais été constaté aucune affection organique dans l'une des cavités viscérales.

Quand M..... vint à Dieppe, ses paroxysmes, qui du reste étaient entièrement apyrétiques, existaient depuis douze ans ; mais ils avaient successivement perdu de leur insensité et de leur durée, en même temps qu'ils s'étaient rapprochés, et s'étaient étendus dans leurs localisations. Ils avaient résisté à tous les calmants anti-spasmodiques et narcotiques.

M..... fut sensible au plus haut degré à l'action constrictive du froid, pendant les premiers bains; cette sensation lui arrachait des cris profonds, qui s'entendaient au loin; pourtant l'habitude l'amoindrit peu à peu. Néanmoins la figure, l'appétit, les digestions, le sommeil et les forces reprirent, au milieu du trouble que semblaient causer chaque jour les bains de mer. Pendant le temps nécessaire à quarante bains, il n'eut qu'une seule crise un peu forte, consistant en une douleur fixe entre les omoplates.

Le malade revint aux bains de mer, l'année suivante, dans un état d'amélioration remarquable. Nulle crise ne se montra pendant la saison, laquelle servit à consolider la guérison déjà obtenue.

§ 4. Métastase rhumatismale.

Les bains de mer ont manifesté, dans un assez grand nombre de maladies rhumatoïdes, un *modus agendi* particulier, qu'il est intéressant de signaler, au point de vue de la pratique. A des époques variables de la saison, une fois au dix-septième bain seulement, on vit le principe rhumatismal se déplacer et se porter sur un point ou sur un autre de la périphérie, de la tête aux membres, de ceux-ci aux dents, aux lombes par exemple, et affecter enfin un siége unique et définitif, après ces sortes d'oscillation. Ces pérégrinations du principe morbide entraînaient une courbature générale et un sentiment de fatigue extrême, surtout vers la fin du jour; mais elles n'amenaient plus rien, qui ressemblât aux crises connues et aux troubles fonctionnels qui en étaient la conséquence, comme si la maladie s'était décentralisée et fixée aux régions superficielles du corps, avant d'abandonner la partie.

Ce *modus agendi* si curieux à observer s'est retrouvé plusieurs fois, durant le cours des bains de mer, dans les névroses ganglionnaires des deux sexes, dans les simples gastralgies et dans les névralgies faciales, et a décelé ainsi cet élément pathologique, que les Allemands ont appelé *Arthritis interna*, comme l'ont montré les faits suivants :

1° Les bains de mer ont développé chez des femmes névropathiques, une douleur musculaire du péricrâne, du sternum, des épaules, des parois abdominales, douleur toute superficielle et de nature vraiment rhumatismale.

2° Une gastralgie accompagnée de phénomènes nerveux, fut remplacée par une douleur fixée au point de la colonne vertébrale exactement correspondant à l'estomac.

3° Plusieurs adultes, dont un seul avait eu antécédemment un rhumatisme des deux épaules, virent coïncider la disparition très-prompte de la gastralgie et le développement d'une douleur locale, celle des lombes, par exemple. Ce résultat a pu être constaté une fois dès le premier ou le deuxième bain.

4° Des accès de gastralgie régulièrement périodiques, ont été quelquefois dérangés dans leur retour, dès le premier bain, avec cette circonstance qu'une courbature s'est développée subitement et simultanément chez le baigneur, comme si un principe morbide nouveau se trouvait réparti dans tous les points du corps à la fois.

5° De certaines fois, la douleur supplétive s'est montrée elle-même susceptible de se déplacer; on l'a vue passer une fois des lombes à l'un des deux hypocondres, de l'épicrâne au sternum, etc.

Que sont tous ces cas, sinon des exemples d'un rhumatisme externe qui vient remplacer les souffrances *ejusdem generis* d'un organe intérieur? Ce que les bains de mer ont produit ici, la nature le fait spontanément, quand elle substitue à des douleurs d'entrailles plus ou moins anciennes, une névralgie externe ou une douleur arthritique.

Quand arrive le moment où le rhumatisme change de siége, il ne faut point se ralentir dans l'emploi des bains. Il est besoin quelquefois de forcer la main aux baigneurs, pour les faire persévérer dans la pratique de la mer, alors qu'ils se voient en proie à des douleurs nouvelles. Ils se rassurent même à grand' peine, lorsque leurs crises ne reparaissent plus, et que les localisations douloureuses qui les ont suppléées, commencent à s'amender.

On conçoit quelle excessive surveillance les bains

de mer exigent dans ces cas, quant à leur durée et quant à l'époque de la journée et aux conditions atmosphériques, où ils sont pris, et avec quelle rigueur il est important d'obtenir des baigneurs de bonnes et même de puissantes réactions.

Quand des bains rationnels sont administrés, dans ces cas, on voit le rhumatisme métastatique diminuer de jour en jour, comme si l'excentricité même de son siége le rendait, à un plus haut degré, passible des effets de sédation propres aux bains de mer. Après une saison de vingt-huit à trente bains, nous avons vu quelques rhumatisés de cette classe, être entièrement débarrassés de leurs douleurs anciennes et nouvelles, et nous avons aujourd'hui des raisons fondées de croire à leur guérison complète. Ceux qui n'ont point été guéris, ont éprouvé une amélioration presque constante dans les localisations nouvelles de leur affection et dans l'état général de leur santé, qui se montrait ordinairement fort affaiblie. Chez les uns et chez les autres, le bénéfice recueilli pendant la saison, produisait un *entrain* moral inaccoutumé, qui se traduisait, chez eux, par une expression animée de la physionomie et le récit incessant de leurs craintes passées, à l'endroit des bains de mer.

§ 5. Névralgies sacro-sciatiques.

La névralgie sacro-sciatique n'est pas rare aux bains de mer. Si elle est ancienne et existe chez des individus affaiblis, leur action tonique et sédative se montre le plus souvent dans des proportions très-marquées. C'est un cas habituel que de voir disparaître, sous leur influence, le degré de claudication que laisse cette maladie après une longue durée. Les bains ont de même de grands avantages, quand les individus, après la période d'immobilité obligée par le lombago, qui persiste quelquefois après la névralgie sacro-sciatique, sont débilités et ont besoin de restaurer leurs forces.

Si le contraire a lieu, si la névralgie sacro-sciatique se présente dans sa flagrante action, si le sujet qui en est affecté ne se trouve pas sensiblement débilité, il n'est pas rare, sous l'action des bains de mer, que la douleur du nerf sciatique s'exa-père ou qu'il vienne s'y ajouter une douleur localisée ailleurs, à l'épaule ou à l'orteil, par exemple. Quelques cas semblables nous ont fait redouter l'application des bains de mer.

On ne saurait assez dire que, pour pratiquer les bains de mer dans toutes les névralgies des membres, une belle saison, les heures de la journée voisines du zénith solaire, des bains très-courts et des repos fréquents, dans le but d'examiner les effets obtenus, sont des conditions rigoureusement nécessaires. La violation de ces règles a coûté, à notre su, de vives souffrances à plusieurs de ceux qui l'ont commise. Un adulte d'une forte constitution souffrait d'un lombago *sacré* opiniâtre, avec irradiation douloureuse vers l'un ou l'autre des troncs sciatiques et engourdissement des membres. Le premier bain de mer fut rationnel et n'eut qu'un bon résultat ; mais le second ayant été pris par une atmosphère fraîche et humide, amena une exagération extrême dans la douleur sacrée et une agitation générale, que quelques jours de repos suffirent à calmer. Les bains de mer furent repris, malgré nos instances, et le furent d'une manière abusive : la douleur sacro-sciatique prit un développement qu'elle n'avait pas eu, et cloua le baigneur sur un lit pour plusieurs semaines.

§ 6. Rhumatismes survenus pendant la saison.

Nous ne devons pas omettre de dire quelques mots sur les rhumatismes survenus aux baigneurs, par le fait seul de leur habitation sur les côtes, ou de l'usage intempestif des bains de mer, et sur la conduite que nous avons tenue chez eux dans cette occasion.

Certains étés sont marqués, sur le littoral de la Normandie, par une température atmosphérique très-basse et une prédominance presque constante des vents de N., N.-O., O., et sont féconds en rhumatismes musculaires du thorax et des lombes, lesquels sont rarement accompagnés des formes arthritiques. Ces affections furent surtout communes en 1838, quelquefois chez les individus non sujets à de pareils accidents, le plus souvent chez ceux qui s'y montraient exposés dans l'habitude de leur vie; elles consistèrent, tantôt en une gêne ou douleur vive du côté gauche de la poitrine, avec ou sans battements précordiaux, tantôt en une douleur plus étendue des muscles pectoraux, accompagnée d'oppression, ou en une douleur localisée au col (torticolis rhumatismal), à l'une des deltoïdes, etc.; parfois en un lombago plus ou moins violent. Quand le champ du rhumatisme s'étendait davantage (ce qui était rare), on voyait se prendre ensemble ou séparément un certain nombre d'articulations, telles que les épaules, le coude, les genoux, ou se développer une conjonctivite sur-aiguë, avec fièvre.

Le point de départ musculaire n'a manqué qu'une seule fois à l'un de ces rhumatismes articulaires.

Dans tous ces cas, le bain de mer fut continué, en redoublant de la surveillance si nécessaire d'ailleurs dans tout ce qui se présente à nous avec le caractère rhumatismal, et il arriva ou que le mal disparut, ou qu'il demeura stationnaire, ou enfin qu'il s'aggrava. Dans cette dernière circonstance seulement, le bain fut suspendu.

F. MALADIES DE LA PEAU.

Les bains de mer froids, vantés déjà par Hippocrate dans les dermatoses, sont très-employés de nos jours contre ces maladies par les médecins allemands.

Sans vouloir nier la part que les bains de mer, peuvent mériter, par leur action *topique*, il ne faut guère pourtant rechercher leur efficacité dans la curation de ces maladies, que dans les effets hygiéniques et thérapeutiques qu'ils produisent sur l'ensemble de l'organisme et sur certains organes en particulier, dont les dérangements morbides entraînent symptomatiquement la foule des éruptions cutanées. S'il est besoin de preuves à l'appui de cette assertion, quelques individus, surtout quelques enfants affectés de ces éruptions, nous en fournissent chaque année de suffisantes. La première fois que ces sujets se présentent au praticien et qu'il s'agit de déterminer le traitement qui s'approprie le mieux à leur dermatose, on reconnaît souvent qu'il faut, avant tout, fortifier leur constitution affaiblie et souvent impressionnable tout à la fois, et qu'on ne pourrait leur appliquer les médications *ad hoc* sans être arrêté à chaque pas, eu égard à l'état des organes digestifs, ainsi qu'à la disposition générale. On s'adresse alors aux bains de mer, dans le but de préparer les voies à la thérapeutique spéciale, qu'on se propose d'employer.

Il est des éruptions qui sont considérées comme *dépuratoires* et qui se lient aussi à un état particulier de l'organisme. Les effets propres aux bains de mer ne peuvent non plus les atteindre, sans modifier d'abord leur principe générateur, leur cause intérieure. L'expérience prouve, en outre, que ces éruptions, et quelques autres encore, ne peuvent être supprimées légèrement. On ne doit rien craindre, lorsqu'elles ont été guéries par les bains de mer, dont le mode d'action s'accompagne de tels changements dans l'économie, que les suites de cette suppression n'offrent aucun danger. Ce raisonnement ne s'est point présenté à Buchan et à sir A. Clarke, quand ils ont exclu les bains de mer froids, du traitement des maladies de la peau. Les faits contraires à l'opinion de ces observateurs abondent chaque année aux bains de mer. Des personnes ont eu des dermatoses, dont la disparition spontanée ou provoquée a été le signal de perturbations souvent graves dans leur santé, on ne connaît que par induction la cause et la nature de leur état morbide, et on soupçonne seulement qu'un principe humoral inconnu y joue un rôle principal. On les envoie se baigner à la mer, et souvent celle-ci parvient à modifier le plus heureusement les conditions morbides engendrées par cette cause latente, ou ce principe particulier qu'on attribue à la maladie cutanée.

Quel médecin craindrait, dès à présent et après

avoir lu ce qui va suivre, la cure d'une maladie cutanée opérée par les bains de mer ?

Les dermatoses qui ont pour caractère capital des vésicules, des pustules, des croûtes, et qui sont traitées par les bains de mer, éprouvent une modification qui est commune à toutes : sous l'influence dynamique de ceux-ci, elles commencent toutes par se raviver. Il faut se louer de cette revivification ; car elle est une condition presque sûre de la guérison ou au moins de l'amélioration de ces maladies. On sait que certains empiriques ne les guérissent pas autrement, avec cette différence que le mode d'agir de leurs moyens est entièrement *topique*, et que celui des bains de mer est *général*. Les dermatoses qui ne sont point caractérisées par une sécrétion humorale, ne subissent pas cette phase préliminaire, dans le cours des bains de mer, comme on le voit dans les *icthyoses*, les *purpura*, les *goutte-roses*, etc.; mais aussi n'atteignent pas à des résultats aussi complets que ceux des dermatoses suppurantes.

Parmi les maladies de la peau, celles qui nous ont paru résister le plus opiniâtrement aux bains de mer, malgré l'usage combiné des affusions, des bains et de l'eau de mer en boisson, sont les *pithyriasis* de la tête et les *psoriasis* invétérées dans leurs diverses formes

Voici la liste des affections cutanées qui ont été observées et traitées par nous aux bains de mer :

Plusieurs *pemphigus* chroniques, dont l'un était accompagné d'un engorgement de la rate, qui était une suite de fièvre intermittente, furent traités par les bains de mer et l'eau de mer en boisson, à la dose d'un demi-verre à un verre tous deux les jours. Les bains exagérèrent l'éruption érythémateuse et la démangeaison, et augmentèrent l'appétit et la vascularisation des tissus extérieurs. L'action définitivement curative de la saison, dans deux de ces cas, a pu être constatée par nous à une époque ultérieure.

Les médecins allemands accordent une grande confiance aux bains de mer dans les variétés de l'*eczéma* chronique, et celles-ci se présentent en foule à notre observation depuis quelques années. Les plaques *eczémateuses* isolées, bornées à un point des membres, aux pieds, aux mains, aux oreilles, etc., après avoir été ravivées, se sont guéries radicalement avant la fin de la saison, surtout chez les enfants. Les *eczémas* qui se prolongent et envahissent de larges surfaces de la peau, qui tiennent à des causes constitutionnelles, profondes, sont plus rebelles, et pourtant cèdent quelquefois, quand ils ont été sur-excités, sthénisés, que leurs sécrétions vésiculaires ont été vivement sollicitées et exagérées, et que la constitution et les fonctions digestives ont été améliorées par les bains de mer administrés à grandes doses, et par l'usage intérieur de l'eau marine. Nous avons vu la revivification des *eczémas*, la provocation de leur pyogénie et le développement de leur sensibilité donner lieu à un mouvement fébrile et exiger un repos de deux jours. Ces cas ne guérissent ordinairement que dans la période des effets secondaires. Une femme adulte avait un *eczéma* du front et de toute la circonférence du visage et des limites du cuir chevelu, lequel avait été traité vainement par les bains sulfureux artificiels. Dans le cours de la première saison de bains de mer, cette éruption devint le siége d'une exhalation copieuse, et la peau fut plus animée et plus lisse dans l'intervalle des squammes. Au onzième jour de cette sécrétion humorale, il n'existait plus qu'un peu d'humidité et une démangeaison assez vive. Aux bains de mer furent ajoutés, trois fois par semaine, deux verres d'eau de mer qui purgeaient modérément et sans coliques. Après deux saisons prolongées, la peau avait perdu sa rougeur et son caractère squammeux. Cette personne était complétement guérie au bout de deux mois.

Un *herpes præputialis* qui n'avait pu supporter les bains de *sous-carbonate de potasse* sans en être irrité, semblait avoir résisté à une saison de bains de mer chauds et froids; mais dans les mois suivants, cette dartre disparut. L'année d'après, le malade revint nous trouver entièrement guéri.

L'*acné rosacea* (gutta-rosea) n'est pas rare à observer; mais les bains de mer, dans cette maladie, n'ont jamais produit d'effets notables que sur la constitution individuelle.

Une *mentagre* pustuleuse, de date récente, a disparu au bout de quinze bains, chez un hémorrhoïdaire.

Un *impétigo*, déjà ancien pourtant, siégeant au visage d'une dame lymphatique, céda à une saison de bains de mer. Une autre variété de cette dermatose (*dartre crustacée flavescente*), placée immédiatement au-dessous de la cloison du nez, fut aussi guérie par l'usage combiné de l'eau marine en boisson et en bains.

Chez plusieurs enfants de tempérament lymphatique, mais bien portants du reste, les bains de mer ont fait graduellement disparaître des croûtes de *favus* isolées, qui existaient à la fois sur le front et sur le nez, après avoir régné sur tout le cuir chevelu, et de véritables *teignes faveuses* sèches, circonscrites au sommet du vertex.

Les Allemands croient que les bains de mer conviennent dans les ulcérations et les fausses *productions* des différentes espèces de *lichen*. Une éruption *lichénoïde*, de forme papuleuse, qui avait laissé à la peau une demi-transparence, et qui siégeait autour de la bouche et sur la face palmaire de la main droite, fut traitée sous nos yeux par les bains de mer ; elle augmenta d'abord légèrement sous leur influence, pour diminuer ensuite dans une notab'e mesure.

Le *prurigo vulvæ* des femmes âgées nous a paru plutôt s'atténuer sous l'action des bains de mer chauffés, que sous celle des bains froids, tandis que ceux-ci ont obtenu des succès dans l'*érythème* simple des grandes lèvres et des nymphes chez les jeunes femmes, et dans l'*érythème* du pourtour des organes génitaux et de la partie interne et supérieure des cuisses chez les femmes très-grasses. Ces dernières se trouvaient très-bien des bains prolongés de dix minutes à un quart d'heure. Nous en dirons autant des démangeaisons et de la cuisson vulvaires, auxquelles les leucorrhéiques sont sujettes.

Deux petites filles, fort maigres, sont venues prendre les bains de mer avec une maladie squammeuse (*icthyose*), qui avait envahi toute l'étendue de l'enveloppe tégumentaire, y compris le visage, et qui entraînait des démangeaisons nocturnes insupportables. Ces enfants conservaient de la gaieté, de la vivacité, de l'appétit et un état naturel de la langue. L'usage journalier d'un verre d'eau de mer fut associé, chez eux, aux bains de mer, et, au bout de peu de jours, la peau sembla se nettoyer et se dépouiller ; peu à peu les démangeaisons cessèrent ; la figure perdit la première de ses squammes, et se couvrit de poils blonds abondants. Au bout de soixante à quatre-vingts bains de mer, et après l'*haustus* de quinze à vingt litres d'eau, les écailles n'existaient plus qu'aux genoux.

Différentes variétés du *pithyriasis capitis*, qui se sont montrées le plus souvent chez des individus d'un tempérament lymphatique prononcé, ont été traitées par les bains de mer. Ces dermatoses consistaient en une éruption du cuir chevelu, disposée par plaques discrètes ou confluentes, d'une couleur rougeâtre ou bronzée, répandue le plus souvent sur toute la tête et concentrée quelquefois en abondance derrière le cou et à la naissance des cheveux. Il se formait à leur surface des efflorescences furfuracées, qui entraînaient souvent la chute des cheveux. On a joint constamment aux bains de mer dirigées contre le pithyrasis, l'usage auxiliaire et largement distribué des immersions, des affusions céphaliques et de l'eau de mer en boisson. Parmi les dermatoses, les *pithyriasis capitis*, nous l'avons déjà dit, sont les plus rebelles à l'action des bains de mer, même combinée à celle des médicaments spéciaux. Des individus en ont été transformés au point de vue de leur santé générale, sans éprouver aucun changement, sous le rapport de leur maladie cutanée.

Il est habituel, pendant les bains de mer, de voir disparaître du visage, ces farines, ces lamelles furfuracées qui sont si communes chez les personnes de tout âge et de tout sexe.

Une dame sur le retour, de digestions lentes, d'un tempérament lymphatique, avait aux deux jambes un *purpura hemorrhagica*, jugé de nature atonique. Les bains de mer imprimèrent à cette hémorragie capillaire un degré marqué de stimulation, accusant ainsi la nature active de la maladie; ce qui fut vérifié encore plus par le caractère couenneux du sang, qu'on dut tirer à cette personne, quelque temps après la saison.

G. MALADIES CHIRURGICALES.

Les entorses anciennes du pied, compliquées du principe rhumatismal, sont les seules qui paraissent résister à l'action des bains de mer. Toutes celles qui n'ont pas ce caractère, qui ont laissé subsister un degré de faiblesse et de douleur, et qui entraînent, surtout vers le soir, un gonflement plus ou moins considérable ou une sorte d'empâtement œdémateux dés malléoles, ont été traitées avec succès par ces moyens assistés de douches à basse température. Après quelques bains, on remarquait que l'articulation tuméfiée devenait le siége d'une sensibilité inaccoutumée pendant quelques jours ; ce qu'il fallait regarder comme de bon augure. Définitivement, le pied recouvrait, en vertu de la tonicité que l'eau de mer avait communiquée à ces sortes d'engorgements chroniques, une partie de sa forme et de sa force à supporter la marche.

Ce mode d'agir des bains de mer n'a pas été moins favorable, dans un relâchement et un engorgement de l'articulation du pied, où la condition d'une entorse était hors de cause, et dans un gonflement de la jambe et du pied droit, qui existait comme conséquence d'un érysipèle.

L'administration de l'eau de mer dans les entorses ou *distensions*, comme les appelait Floyer, a été encore pratiquée sous des formes autres que celle des bains et des douches. Ainsi, on a fait exposer les pieds malades au choc de la vague, et on a appliqué sur eux des compresses imbibées d'eau de mer.

Le genou qui a été le siége d'une entorse, se montre longtemps faible, même alors qu'il ne conserve plus la moindre trace de gonflement. Les bains de mer et les douches sont appliqués à ces cas comme aux précédents, et ils ont plusieurs fois manifesté, surtout chez des lymphatiques, de bons effets, sous le point de vue local et général.

L'articulation du genou est sujette à un empâtement synovial et indolent, qui entraîne dans la marche du craquement, de la faiblesse et de l'hésitation; cette articulation reste souvent aussi, à la suite de l'hydarthrose, le siége d'un empâtement qui s'accompagne de douleurs, et par suite de claudication. Ces cas sont presque toujours améliorés par les bains de mer. Sous leur influence, la douleur et l'empâtement disparaissent d'abord, puis la faiblesse, la difficulté de marcher et la claudication s'amoindrissent ou cèdent après un temps plus ou moins long. C'est ici qu'on doit insister sur un grand nombre de bains, sur un séjour prolongé dans l'eau, et sur l'association des douches d'eau de mer graduées sous le rapport de la durée, de la température et de la force. Une année est quelquefois insuffisante pour guérir le genou malade; un baigneur revint trois fois aux bains de mer, avant d'être entièrement débarrassé d'une gêne à marcher de cette nature.

Des enfants et des jeunes gens lymphatiques, qui avaient des périostites de la crête du tibia, à la suite de chutes plus ou moins anciennes, avec ou sans gonflement et douleur de l'articulation du genou pendant la marche, avec œdème de la jambe et claudication le soir, etc., et des jeunes sujets viciés constitutionnellement aussi, qui étaient affectés de nécrose des os longs, ont souvent guéri et toujours éprouvé d'efficaces résultats après une saison de bains de mer longtemps continuée. Ces bains ont manifesté, en particulier dans la nécrose, une véritable action éliminatrice, en séparant de l'os malade des portions de séquestre, plus promptement que ne le font ordinairement les seuls efforts de la nature.

Les cicatrices qui résultent de la guérison des nécroses du tibia, et qui deviennent le siége de petits abcès se formant et se fermant d'eux-mêmes, éprouvent une sorte de consolidation après les bains de mer. Les cicatrices minces et squammeuses, qui succèdent à des déperditions de substance de la peau, adhérente aux os, à la crête du tibia, par exemple, se détergent, changent d'aspect et se consolident aussi.

Des fractures récentes de la continuité ou de l'extrémité articulaire des os longs, qui ont laissé, après elles, de la claudication, du gonflement et de la faiblesse générale et locale, chez de jeunes sujets présentant à un degré éminent les caractères du tempérament lymphatique, ont été améliorées dans leurs conséquences, sous l'influence des bains et quelquefois de l'usage intérieur de l'eau de mer.

Les ankiloses des phalanges, de date récente et consécutives à de graves panaris qui avaient donné lieu à des abcès sous-aponévrotiques de la main, ont obtenu une réintégration partielle des mouvements, à la suite des bains de mer et des douches.

Les douleurs locales des membres qui étaient sans changement aucun dans leur conformation et qui provenaient d'une cause mécanique, et cette affection de la fibre musculaire des lombes et des mollets, qui a reçu le nom de *coup de fouet*, qui est si sujette à se renouveler, et qui laisse le plus souvent après elle des douleurs se réveillant dans de certaines positions du corps, ont été modifiées avantageusement par les bains. Il y a plus, les *coups de fouets*, très-fréquents d'ordinaire chez un baigneur, ont disparu jusqu'à ce jour.

Les bains de mer se sont montrés constamment favorables dans les suites de la *phlegmatia alba dolens* plus ou moins ancienne, telles que la douleur, la faiblesse, le gonflement œdémateux, la dilatation veineuse de la cuisse et de la jambe.

Les varices des jambes, occasionnées par de longues marches, ont disparu sans retour, et celles, en beaucoup plus grand nombre, qui étaient consécutives à la grossesse, ont été neutralisées par les bains de mer. Les varicocèles du cordon qui débutent, qu'ils soient compliqués ou non de douleurs testiculaires, s'en sont également bien trouvés.

Un peu d'épanchement était revenu dans la tunique vaginale, après une opération d'hydrocèle. Cinquante bains de mer restaurèrent la santé générale, diminuèrent le liquide épanché, et amenèrent secondairement la résorption définitive.

Les engorgements chroniques de l'épidydyme, qui sont très-douloureux au toucher et même sujets à faire éprouver des élancements spontanés, sont modifiés efficacement par les bains de mer, sous le double rapport de leur sensibilité et de leur résolution.

Des fistules, résultant d'abcès aux testicules, se sont

fermées, d'après le mode d'action que nous avons constaté dans les ulcères fistuleux des os cariés.

Un état fongueux des gencives, lié à des causes constitutionnelles, s'est affaissé pendant la saison des bains de mer, après avoir été inutilement combattu par la cautérisation, la scarification et un traitement purgatif et révulsif.

Des femmes affectées de *glandes* du sein sont venues plusieurs fois en demander la disparition aux bains de mer. Nous n'avons pas été témoins d'un succès marqué dans ces cas.

Un abcès critique de l'aisselle, d'une vaste étendue, avait donné lieu à une fistule profonde, située entre le bord du grand pectoral et la face axillaire du grand dorsal, et remontant à deux pouces et demi de hauteur. Un grand nombre de bains très-longs et souvent doublés amenèrent une cicatrisation complète, au bout de quelques mois.

Les enfants affectés d'une rétraction musculaire, soit ancienne, soit récente, prennent inutilement les bains de mer et des douches; ce qui était à supposer d'avance, d'après leurs effets physiologiques connus sur la fibre musculaire. Les médecins anglais qui ont écrit sur l'usage et les propriétés des bains froids, sir A. Clarke, entre autres, les ont vantés néanmoins dans le *trismus* en général, sans rien spécifier sur la nature de cet état particulier.

H. CAS VARIÉS.

§ 1. *Affaiblissement des forces générales sous l'influence de l'obésité, d'une maladie longue, de fatigues corporelles, d'une innervation diminuée, etc.*

Chaque saison amène aux bains de mer des femmes d'un certain âge, affaiblies par l'obésité et la vie sédentaire; elles viennent demander aux bains de mer, quelquefois depuis plusieurs années, plus d'aptitude à l'exercice, plus d'activité circulatoire, et même, s'il se peut, quelque diminution dans leur exubérante nutrition. Nous devons dire que de telles personnes doivent toujours compter sur les effets toniques qui sont propres aux bains de mer dans les affaiblissements de l'organisme; mais que nous croyons devoir ne leur pas laisser d'illusions sur la propriété qu'elles accordent à la mer, de combattre l'embonpoint exagéré qui les incommode. Les bains peuvent bien faire *maigrir*, en les fortifiant, des jeunes femmes à tempérament mou, qui ont été condamnées à garder le lit pour une affection utérine, et chez lesquelles la langueur de toutes les fonctions a entraîné la stase des liquides blancs dans les aréoles du tissu sous-cutané, de manière à simuler une sorte de polysarcie de bon aloi; mais conclure de là, comme les personnes affectées d'un état d'obésité venu spontanément, se plaisent à le faire souvent, c'est commettre une erreur que notre conscience nous défend de laisser passer.

Il se rencontre des cas nombreux de convales-

… consécutive à une grande maladie, et qui ont fait … un grand affaiblissement à l'ensemble de l'orga… et à quelques fonctions en particulier. Les bains … sont chargés ici de réparer les forces perdues … redonner aux organes l'activité nécessaire à leur … physiologique : tels sont, entre autres, les deux … suivants : 1° Une dame était sujette a des crises lithiques, avec douleur de l'épaule droite, et arri… de Carlsbad, où les eaux lui avaient fait rendre … calculs biliaires ; elle était forte en apparence, et … dant remarquablement atonique, sans appétit, … la langue décolorée d'une chlorotique, d'un mo… pathique, d'une inertie musculaire inexprimable … moments, très constipée et d'une circulation lente. … voyée aux bains de mer dans cet état, par son mé… …, qui lui recommanda de se faire abondamment … tionner, elle fut notablement revivifiée sous tous … rapports. 2° Une dame, menstruée avec rareté et … tuellement constipée, avait eu des coliques hépa… cruelles, avant de rendre des calculs biliaires, … qu'elle vint demander à l'air des bords de la mer … tablissement de ses forces. Les bains de mer … elle prit par nos conseils, lui rendirent un service … éré, en lui redonnant des selles parfaitement ré… …res et une menstruation suffisante.

… débilitation profonde de l'innervation, sous des … ses très-différentes, est chaque année observée aux … de mer de Dieppe. Il s'est présenté des cas où … étendait au système musculaire des deux vies. … muscles locomoteurs, aussi bien que l'œsophage … rectum étaient frappés d'une inertie exempte des … tères de la paralysie. La faiblesse des fonctions … culaires ne pouvait être attribuée à une lésion appréciable de la moelle épinière ou à une maladie des organes viscéraux. Il y avait diminution de l'influx nerveux dans les fonctions des muscles et par suite dans celles de la digestion, et la langueur fonctionnelle qui en résultait pour celle-ci, portait atteinte à l'assimilation et contribuait pour sa part à l'extrême débilité. De là, cette fatigue des membres, cette somnolence et cette tristesse qui assiégeaient les sujets ainsi débilités.

On remarqua avec surprise, chez tous les individus ainsi débilités, que la réaction fut bonne et prompte après chaque bain de mer. Aussi, dès les premiers jours, le teint se développa et la faculté de marcher s'améliora; mais l'activité des fonctions digestives resta à son *minimum*, et l'appétit en particulier se maintint à l'état négatif. Sur la fin de la saison seulement, l'estomac participa à l'amendement général. A l'époque du départ des malades, les forces musculaires pouvaient s'exercer dans une certaine mesure, sans les conséquences ordinaires de la fatigue, de la courbature, etc.

Il est des cas où les individus, des femmes le plus souvent, dorment, mangent, ne souffrent pas, mais sont faibles, nerveux, maigrissent de jour en jour, et on ne trouve pas, chez eux, de dérangement suffisant dans les viscères abdominaux pour expliquer de tels effets. Ces personnes viennent demander aux bains de mer, souvent avec succès, la restauration de leurs forces et le rétablissement de cette fonction assimilatrice qui paraît être, chez elles, en défaut.

Il est encore un certain nombre d'individus, voués à une profession fatigante, celle des arts, entre autres, qui ont besoin de réparer leurs forces affaiblies par la continuité du travail, et qui s'en retournent fortifiés et munis de santé par les bains de mer.

§ 2. Diabétès.

Plusieurs cas de diabétès, souvent arrivé à des périodes très-avancées de son cours, se sont rencontrés aux bains de mer depuis deux ou trois ans. Presque tous avaient été considérés au début comme des phlegmasies gastriques, et traités par des émissions sanguines. On espérait, en envoyant les diabétiques se baigner à la mer, pouvoir combattre l'affaiblissement profond où ils tombaient de jour en jour. Les bains de mer ont effectivement, chez les plus gravement atteints, augmenté l'appétit et permis d'introduire dans l'économie des matériaux nutritifs hautement animalisés et destinés à compenser les abondantes déperditions d'urine. Ils ont même suspendu les progrès de l'affaiblissement croissant des forces et donné quelquefois une apparence de santé générale qui pouvait faire bien augurer de l'avenir; mais la soif et l'hypersécrétion urinaire n'ont pas été modifiées un seul instant. Après une amélioration apparente, qui n'avait point atteint les phénomènes caractéristiques du diabétès, un jeune homme vit sa maladie faire des progrès dans les mois qui suivirent les bains de mer, et fut enlevé sur la fin de l'hiver par une phthisie pulmonaire.

Un cas de diabétès, presque *au début*, simulant aussi une affection gastrique, où l'appétit était fort languissant et les digestions accompagnées d'un ballonnement du ventre très-incommode, ne bénéficia aucunement de l'usage des bains de mer. L'amaigrissement et la préoccupation morale augmentèrent, et la sécrétion urinaire resta la même pendant la saison : tout au plus l'estomac participa-t-il à quelques-uns des effets tonifiants d'une saison prolongée.

§ 3. Hyper-diaphorèse.

Cet état morbide de la peau, qui se rencontre principalement chez des individus adultes, d'une constitution primitivement forte et d'un embonpoint assez prononcé, a pour effet de développer un haut degré d'hypocondrie. I consiste en ce que, par toute saison, l'exercice et une cause quelconque d'ébranlement physique et moral provoquent des sueurs abondantes, qui deviennent le sujet des alarmes et le texte des discours habituels de ceux qui en sont affectés, dominés qu'ils sont perpétuellement par la crainte d'un refroidissement.

L'idée de se baigner à la mer, à laquelle ces personnes s'attachent avec force par le désir de se guérir, leur cause pourtant une appréhension profonde. On conçoit que l'administration des bains froids doit être accompagnée, chez elles, de précautions extrêmes. Après les avoir fait débuter par les bains tièdes, à température décroissante, il faut les faire plonger un instant dans la mer et la leur faire quitter aussitôt; il ne faut pas avec moins de soin les prémunir contre l'action de l'air marin. Dans quelques cas, il s'est montré une amélioration sensible dans l'état de la peau, après une saison conduite suivant ces règles de prudence.

§ 4. Absence de la perspiration cutanée.

Des femmes pâles, ne transpirant jamais et se montrant sensibles outre mesure au refroidissement de l'atmosphère, éprouvaient en même temps, tantôt des phénomènes de sensibilité aux précœurs, tantôt des fluxions folliculaires des intestins, souvent sans cause connue. Les bains de mer développèrent, chez elles, la capillarité du visage, rétablirent la perméabilité de la peau aux fluides exhalatoires, et mirent plusieurs fois celle-ci dans des conditions propres à réagir contre les influences atmosphériques. En même temps qu'ils agissaient en redonnant ainsi une plus grande dose de vitalité et de résistance à la surface cutanée, les bains de mer neutralisaient les fluxions de la surface intestinale et les concentrations intérieures de la sensibilité nerveuse.

§ 5. Sécrétions morbides de quelques-unes des membranes muqueuses.

De jeunes sujets affectés d'otorrhée chronique plus ou moins ancienne, provenant quelquefois d'une fièvre éruptive, avec douleur locale, lésion plus ou moins marquée de l'audition, ont été envoyés aux bains de mer. En les leur conseillant, on avait en vue de fortifier leur constitution, de combattre la disposition strumeuse, à laquelle était liée quelquefois la maladie de l'oreille, et de supprimer l'écoulement habituel, qui se montrait tantôt purulent et fétide, tantôt sanguin-purulent. Ces diverses indications ont été remplies chez la plupart des sujets. Est-il besoin de dire ici qu'il faut surtout empêcher l'eau de mer de pénétrer dans le conduit auriculaire? La surdité augmenta ou une otalgie sévit avec violence dans des cas, où le coton, mal tassé, en laissa pénétrer quelques gouttes.

Les écoulements urétraux, chroniques et indolents, spécifiques ou non, se voient souvent aux bains de mer, et ceux-ci doivent leur être largement administrés, ainsi que le disait Floyer de la *gonorrhée simple* traitée par les bains froids. Les circonstances qui ont accompagné cette administration, dans la leucorrhée, se sont reproduites assez communément dans la blennorrhée, c'est-à-dire que celle-ci augmentait de quantité, avant de disparaître entièrement. Tant que durait cette sur-activité locale, on voyait rougir les bords de l'orifice urétral, augmenter la quantité de l'écoulement et se développer un peu de chaleur pendant l'émission urinaire : dès lors, on était de force conduit à *simplifier* les bains sous le rapport de leur durée, de leur rapprochement, etc. Qui ne conçoit que cette action particulière des bains de mer rend leur application nuisible dans la blennorrhagie récente, même quand elle est à son déclin?

Parmi ces écoulements, les plus faciles à guérir étaient ceux qui tenaient à un état atonique de la constitution individuelle; les plus rebelles nous ont semblé être ceux qui dépendaient d'un rétrécissement de l'urètre, dont le siége était voisin du col de la vessie et qui avaient été traités par un grand nombre de moyens actifs, tels que la cautérisation, la scarification, etc., et ceux qui étaient le résultat d'infections répétées à l'infini, chez des individus adultes et vigoureux. Dans cette dernière variété de la blennorrhée, qui se borne souvent à un suintement qui tache le linge, et qui suffit à préoccuper beaucoup les individus, non-seulement les bains de mer sont restés sans action, mais encore l'application des douches froides sur le périné eut un résultat inverse de celui qu'on attendait. Nous avons vu deux fois, dans ces sortes d'écoulement de l'urètre, l'une des glandes orchidiennes s'endolorir.

§ 6. Engorgements viscéraux.

Plusieurs femmes, affligées par de grands chagrins ou épuisées par des parturitions faites coup sur coup, affectées d'obstructions du foie ou de la rate, et quelquefois de ces deux organes ensemble, avec douleur hépatique, dysménorrhée et teint cachectique, sont venues aux bains de mer. L'abdomen avait acquis, chez elles, beaucoup de développement, à cause de la tuméfaction extrême de ces organes, qui débordaient les côtes et que le palper appréciait avec la plus grande facilité. — D'après les effets immédiats des bains de mer, qui consistent à refouler le sang de la circonférence au centre, nous dûmes d'abord mettre dans leur usage autant de circonspection que possible ; mais nous espérions que ces effets seraient suffisamment contrebalancés par l'antagonisme de la réaction. Effectivement, après un certain nombre de bains, on voyait l'*habitus* extérieur s'améliorer et les viscères malades commencer à se rétracter ; et, dans tous les cas, une diminution notable du volume des organes engorgés, la disparition de leur sensibilité, la sensation de bien-être inaccoutumée et le retour des caractères extérieurs de la santé, furent les résultats que les malades obtinrent d'une saison complète.

De ces faits, et d'autres analogues qui étaient relatifs à des engorgements viscéraux, tirant leur origine de fièvres intermittentes, prolongées ou souvent renouvelées, nous sommes portés à conclure que les bains de mer peuvent devenir aussi un excellent moyen altérant et apéritif, là où on n'a pas l'habitude d'en réclamer l'application. Leur action centrifuge est préexcellente dans ces cas, où le sang accumulé dans les organes y stagne, plutôt qu'il n'y est retenu, par un état morbide fluxionnaire de leur texture. R. Russel employait largement l'eau de mer à l'intérieur contre des affections de cette nature, et vantait déjà ses propriétés dissolvantes.

TROISIÈME PARTIE.

CHAPITRE I

QUELQUES RÉSULTATS COMPARATIFS ENTRE LES BAINS THERMAUX NATURELS ET LES BAINS DE MER FROIDS.

Il s'est présenté à notre observation un assez grand nombre de maladies différentes, qui nous ont offert l'occasion d'étudier comparativement les effets des bains thermaux naturels et des bains de mer froids. Il nous a semblé qu'il était de quelque intérêt de faire un tableau de ces faits, qui appartiennent tous d'ailleurs à la catégorie des cas qu'on retrouve le plus communément aux bains de mer.

Les eaux de Schinznach, en vertu du mouvement d'expansion qu'elles provoquent dans les tissus extérieurs, ont fait ouvrir de nouvelles fistules à des adénites cervicales et à des ostéites articulaires de nature scrofuleuse, là même où les bains de mer font tarir et cicatriser les fistules. Des scrofuleux ont aussi séjourné inutilement à Bonnes et à Cauterets, pour des fistules de même nature, lesquelles n'ont pas résisté à une saison de bains de mer.

Des paraplégiques firent sans résultat un voyage à Bourbonne-les-Bains, ou furent sur-excités par Barèges, et sensiblement soulagés par les bains de mer. Nous avons vu aussi des affections nerveuses du système ganglionnaire abdominal fortement exaspérées par Plombières, et plusieurs affections gastro-hypocondriaques, auxquelles Vichy avait été nuisible. Ces différents cas éprouvèrent une notable amélioration par l'action des bains de mer.

Une personne, affectée d'une hystérie épilepsiforme, avait été excitée, sous le rapport des maux de tête, par deux ans de l'usage des Eaux de Plombières, quand elle vit ses crises diminuer sensiblement, à la suite d'une saison faite aux bains de mer.

Plusieurs personnes avaient fréquenté des eaux thermales de différentes sortes, pour un rhumatisme musculaire fixe ou mobile des parois thoraciques, et avaient été rendues éminemment sensibles au froid par leur *modus agendi* particulier. Les bains de mer, en neutralisant efficacement la susceptibilité de la peau, leur rendirent de véritables services.

Une névralgie hémi-cràno-faciale fut aggravée et compliquée d'une congestion du visage, qui n'existait pas auparavant, par le seul fait des eaux de Néris. Les bains de mer guérirent presque immédiatement cette névralgie.

Un jeune homme, affecté de douleurs rhumatoïdes à la poitrine, alla successivement demander du soulagement aux eaux de Baden et d'Iverdun. Ce ne fut qu'aux bains de mer qu'il trouva un véritable soulagement.

On voit par ce peu de faits qu'il y aurait un chapitre intéressant à faire sur l'étude comparative des bains de mer et des bains thermaux naturels, qu'on emploie dans les mêmes maladies.

Les différences qui s'observent dans le mode d'action de ces deux agents, se résument le plus souvent en une question de température. Dans les uns, la température est en *excès* et devient un élément d'excitation sûr pour certains phénomènes pathologiques; dans les autres, elle se maintient à des degrés inférieurs et donne lieu très-souvent à des effets de sédation éminemment appropriés à ces phénomènes. En effet, un grand nombre de cas ne prouvent-ils pas tous les jours que la température froide de la mer fournit à elle seule à la thérapeutique, tantôt une action sédative incontestable, au point de vue de la sensibilité nerveuse, tantôt une action neutralisante non moins certaine, au point de vue de la congestion sanguine?

Ces effets sont communs d'ailleurs aux bains chauds et tièdes comparés aux bains d'eau froide. L'expérience a démontré dès longtemps la fâcheuse influence de ces bains sur la santé des femmes nerveuses. Si les bains simples, à une température plus ou moins rapprochée de celle du corps, sont convenables en général dans quelques maladies aiguës, ils sont exclus par les bons praticiens du traitement de ces maladies chroniques, où le système nerveux, quoique dans un état d'éréthisme, n'en est pas moins tombé dans l'atonie, et réclame, par cela même, des bains froids et courts. Floyer guérit, par une saison de bains froids, une dame affectée d'une *odontalgie avec rhumatisme*, que les bains chauds aggravaient toujours.

CHAPITRE II

MÉDICATIONS PARTICULIÈRES USITÉES PENDANT L'EMPLOI
DES BAINS DE MER.

Il survient, chaque année, aux personnes qui fréquentent les bains de mer, un certain nombre d'états morbides, qui exigent l'usage d'une thérapeutique particulière, soit pendant les suspensions, soit durant le cours des bains. Tous les accidents, dont nous voulons parler, sont causés, tantôt par la violation de quelques-unes des règles de l'hygiène ou l'abus des bains de mer, considérés dans leur administration rationnelle, tantôt par les influences générales sous lesquelles les individus se trouvent actuellement placés; tels sont : l'habitation dans un milieu nouveau (une atmosphère généralement froide, sujette à varier et qui agit en supprimant la perspiration cutanée), la respiration de l'air vif des côtes souvent agitées par des vents très-forts, les perturbations que subit l'organisme à la suite de bains froids journaliers, le changement de régime, etc.

Nous croyons compléter la partie pratique de notre ravail, en exposant les cas où nous avons recouru à l'intervention de médications particulières, et en faisant connaitre ces médications dans leur usage et leur action, quelque simples et usuelles qu'elles soient d'ailleurs. Il existe cet axióme en thérapeutique : *Les agents doivent varier, dans les maladies, suivant la nature des causes qui les engendrent.* Les moyens que nous avons employés étaient assortis à la causalité des accidents, puisqu'ils ont paru atteindre le but désiré. Pour ces raisons, nous jugeons utile de les livrer au contrôle de ceux qui parcourent la même carrière que nous.

Parmi les phénomènes morbides amenés par l'usage abusif du bain ou l'inobservance des lois hygiéniques se sont montrés plus communément :

1° La sur-excitation de la muqueuse utéro-vaginale, dans les leucorrhées et les lésions de texture du col utérin, pour lesquelles on a fait pratiquer des injections émollientes;

2° La gastralgie avec inappétence, pesanteur de la digestion et langue blanche et pâle, qui a exigé la prescription des boissons délayantes et adoucissantes, quelquefois d'une préparation opiacée, puis des infusions amères et des boissons gazeuses;

3° Les différents degrés de la bronchite, qui ont réclamé l'usage des boissons gommées et pectorales, des loochs anodins, des pastilles expectorantes, d'une dose de manne chez les enfants, quand la toux était parvenue à une suffisante maturité; quelquefois celui du lait d'ânesse, quand cette toux persistait, et enfin la saignée du bras, dans le cas où elle amenait des crachats hémoptoïques;

4° Les enrouements avec toux sèche, les angines des

amygdales ou des *fauces*, et les otites externes, qui ont été portés parfois jusqu'à nécessiter, concurremment avec les moyens appropriés, les emplâtres intra-scapulaires, les vésicatoires derrière les oreilles, et l'application des sangsues.

Les états morbides survenus sous la dépendance des influences générales de l'air, des bains, etc., ont été les suivants :

1° Des vomissements, des douleurs gastriques, des diarrhées de différentes natures, avec ou sans coliques, quelquefois avec épreintes, pincements, bouffissure et tension gazeuse du ventre et avec pyréxie modérée, qui réclamaient l'usage de la thériaque, du sirop d'éther, de la camomille ou du tilleul simple ou rendu narcotique, de l'eau de Seltz, des cataplasmes et des frictions laudanisées sur l'abdomen, des lavements d'eau de tête de pavot, laudanisés ou additionnés avec le diascordium, le régime gras exclusif, mais ténu et léger, le bain tiède très-court, et quelquefois, pour en finir, l'eau de Sedlitz artificielle. Celle-ci, donnée à trente ou cinquante grammes de sel, a tenu le premier rang parmi les laxatifs réclamés par les embarras gastriques proprement dits, qui se sont montrés aussi très-fréquemment aux bains de mer.

Les enfants en particulier qui présentaient un état diarrhéique, comme effet d'excitation générale le plus habituel, étaient traités par de petits lavements de pavot et d'amidon et par quelques cuillerées à café de sirop diacode.

2° Des céphalées frontales de caractère nerveux et modifiant la vue, ou des embarras céphaliques sans congestion et même de véritable congestions sanguines de la tête, qui étaient traités avantageusement, les premières par un minoratif salin, les secondes par une saignée générale.

Les états morbides nés indifféremment sous l'influence des deux espèces de causes signalées plus haut, étaient :

1° Des rhumatismes de l'épicrâne, des précœurs et du rachis, et des pleurodynies rhumatismales proprement dites, contre lesquelles on a dirigé les bains tièdes, les onctions et les frictions huileuses, opiacées, alcooliques et camphrées, les cataplasmes émollients, les emplâtres opiacées, les infusions diaphorétiques, les laxatifs, les préparations de la digitale et même la phlébotomie du bras.

2° Des accès de névralgie de la tête, de nature rhumatismale, accompagnées de douleurs lancinantes, qui réclamèrent plusieurs applications de sangsues à l'anus, des topiques calmants, tels que frictions laudanisées, emplâtres opiacés, lotions cyanurées, vésicatoires endermiques, des révulsifs sous forme de pédiluves, de cataplasmes sinapisés, de sinapismes aux extrémités, les pilules d'opium, etc. Plusieurs de ces accès, à type intermittent, cédèrent à l'emploi du sulfate de quinine.

3° Certains états de viciation des sécrétions gastro-intestinales, chez les hypocondriaques, qui se sont fort bien trouvés de minoratifs salins redoublés.

4° Les retards menstruels, dont les conséquences ont amené la nécessité de la saignée, des bains tièdes, etc.

Outre les médications précédentes destinées à combattre les états anormaux que nous venons de faire connaître, quelques moyens auxiliaires ont été employés pendant le cours des bains de mer, dans le but de venir en aide à l'action de ceux-ci, et d'accélérer la disparition d'un symptôme important : ainsi, dans une métrorrhagie, on a favorisé l'action des bains par des pilules de ratanhia, d'extrait de kina et de seigle ergoté; dans des cas d'embarras gastro-intestinal, de caractère chronique, on a employé dans le même but les pilules de bismuth et de gingembre; dans l'habitude de l'angine tonsillaire et staphylo-pharyngienne, on a associé aux bains de mer le gargarisme alumineux de Bennati et l'usage extérieur de l'huile de croton tiglium.

Il est encore des médications spéciales conseillées et employées avant le commencement de la saison, et dont on continue l'usage dans le cours de celle-ci : l'infusion de houblon, de rhubarbe concassée, le sirop de kina, le sirop anti-scorbutique, la classe toute entière des ferrugineux sont les moyens les plus usités de cette thérapeutique spéciale.

Les Allemands recommandent beaucoup l'usage intérieur des eaux minérales naturelles, pendant la *cure* des bains de mer. Vogel, Sackse, Fricke, Horn et Mühry s'accordent à attribuer, dans maints cas, l'insuccès de ceux-ci à l'omission de cet *adjutorium*. Ils prennent ces auxiliaires parmi les Eaux d'Ems, de Kissingen, de Dribourg, de Pyrmont, etc., et les appliquent surtout aux cas de chlorose, de névrose, de parésis, de paralysie, etc., etc.

CHAPITRE III

CAS QUI CONTRE-INDIQUENT LES BAINS DE MER.

Il est un certain nombre de conditions individuelles dépendantes de l'âge, des prédispositions acquises ou héréditaires, et des états physiologiques ou morbides actuels, qui rendent irrationnel l'emploi des bains de mer. Ce sont : les premiers mois de la vie, la vieillesse, un grand abaissement des forces générales sous l'influence d'une lésion organique, l'état de grossesse, l'allaitement, la susceptibilité pulmonaire ou l'épuisement chez des personnes nées de parents phthisiques, les douleurs et engorgements hépathiques, avec ou sans gastralgie et avec tendance à l'altération du parenchyme, la pléthore générale, l'apoplexie imminente, les conjonctivites actives, qui n'ont point été traitées par des déplétions sanguines suffisantes ; les vomissements qui tiennent à un état inflammatoire de l'estomac, la gonorrhée récente, les anévrismes internes, la goutte actuellement existante, surtout celle qui s'accompagne du *raptus* sanguin vers la tête ; enfin les affections rhumatismales aiguës, qui comprennent non-seulement les arthrites et quelques douleurs fibreuses ou musculaires de nature fixe; mais encore d'autres cas qu'il est souvent difficile de dénommer. Pour n'en citer qu'un, il y a des individus qui éprouvent habituellement une sensibilité extrême à l'air froid, surtout s'il contient des particules humides. Le soir, en toute saison, est pour eux une cause de refroidissement incommode et souvent de douleurs vagues, et la fréquentation des bords de la mer leur apporte constamment ces sensations à un haut degré. Ce n'est point là un rhumatisme localisé; mais le bain de mer, en lui imprimant souvent ce dernier caractère, prouve qu'il existe, chez ces individus, un *genius* rhumatismal manifeste.

La susceptibilité pectorale n'est point une cause qui interdise absolument les bains de mer, quand elle n'est pas liée à des circonstances héréditaires. Avec des précautions, on peut les appliquer aux personnes qui la présentent et dont la santé en réclame l'emploi. Dans les cas de ce genre, qui participent à cette condition d'hérédité, les bains de mer donnent lieu à des phénomènes morbides tout particuliers, surtout s'il se joint quelque abus dans leur durée et leur répétition. Une jeune femme, bien constituée, de poitrine saine, quoique née d'une mère phthisique, éprouva la première année, après trente et quelques bains, un accès nerveux caractérisé par une suffocation extrême, et, la seconde, une pleurodynie excessivement douloureuse.

Nous ne permettons les bains de mer qu'avec une circonspection excessive, aux jeunes gens, même forts en apparence, qui ont, avec une charpente *osseuse*, les pommettes saillantes et colorées, des habitudes très-continentes et de la tendance aux céphalalgies. Plusieurs d'entre eux s'étant baignés, malgré notre défense, ont été pris d'une hémoptysie qui nécessita une émission sanguine.

Nous appliquons les mêmes règles de conduite aux goutteux. Ces sujets peuvent pratiquer les bains de mer quand leur santé en réclame l'emploi, pourvu qu'ils n'aient point eu d'accès depuis longtemps. Floyer ne craignait pas d'administrer le bain froid dans la goutte *nouée*, avec impotence des membres; il cite des faits de guérison remarquables, qu'il dut à cette pratique, si hardie en apparence.

Quant à l'application des bains de mer dans l'état de grossesse, s'abstenir est la règle, se baigner est l'exception. Il nous est arrivé plusieurs fois de suivre ce dernier parti, mais avec une surveillance extrême, dans deux états opposés de l'économie, la force et la faiblesse prononcées de la constitution. Dans le premier cas, on comptait sur la virtualité de l'organisme, pour rendre nuls certains effets physiologiques des bains de mer; dans le second, on espérait que les individus échapperaient à ces effets par leur débilitation même. Partout où l'on procèdera ainsi, l'innocuité des bains de mer sera acquise dans la grossesse, nous en sommes persuadé, et on pourra faire tourner leur *modus agendi* au profit des différents états morbides qu'il s'agit de combattre. Citons un exemple où cette conduite et ces résultats sont suffisamment mis à jour.

OBSERVATION XII. — Mme ....., à la suite d'une fausse couche survenue l'année précédente, fut réduite à un état de pâleur, de maigreur et d'atonie extrêmes, augmentées encore par la perte totale de l'appétit et du sommeil. Dans ces circonstances, elle devint enceinte, et les trois premiers mois de sa grossesse furent marqués, à l'époque correspondante des règles, par des phénomènes imminents d'avortement.

En arrivant à Dieppe (1837), elle prit neuf bains de mer chauds, en attendant l'époque corrélative de sa menstruation. Celle-ci fut signalée par du malaise et des douleurs lombaires et hypogastriques. Au bout de quelques jours, l'air de la mer et les bains tièdes lui avaient déjà donné de l'appétit, quelques forces et une notable amélioration du visage : les bains froids furent commencés sous ces auspices favorables. Elle fit une courte saison, avec quelques intervalles de repos. Un degré marqué d'embonpoint, une sorte de sanguification du teint, la possibilité de marcher un peu, un appétit copieux, un bon sommeil, furent les résultats obtenus; seulement, il y eut, à la cinquième époque, quelques douleurs aux reins et au bas-ventre, non de nature expultrice, et les jambes s'enflèrent un peu. — L'accouchement vint en son temps de la manière la plus heureuse, et Mme ..... se releva plus forte que jamais.

Voici maintenant l'un des faits propres à montrer l'action des bains de mer dans la grossesse, quand la prudence n'a pas présidé à leur emploi.

Observation XIII. — Une dame très-nerveuse, mariée de bonne heure, ayant eu des fausses couches, prit, en nageant, neuf bains de mer de suite, quoiqu'elle fût enceinte de trois mois et demi. Après le neuvième bain, elle eut des coliques, des douleurs lombaires, le ventre sensible à la pression, un écoulement vaginal incolore, la peau chaude et un mouvement fébrile. Il fallut plusieurs jours de repos absolu et une médication émolliente sous plusieurs formes, pour calmer ces accidents.

Quelle est la conduite à tenir, lorsqu'on a lieu de

soupçonner une grosseesse, avant ou pendant les bains de mer? Si on est consulté par de jeunes femmes nullipares, ou qui ont eu une ou plusieurs fausses couches, qui éprouvent un retard de quelques semaines et qui ressentent depuis ce temps du malaise, des douleurs lombo-sacrées, etc., l'expérience veut qu'on s'abstienne des bains de mer ou qu'on les suspende : car, s'ils doivent nuire, chez les individus placés dans de telles conditions, c'est surtout dans la période primordiale de la grossesse. Le retard existe-t-il chez des femmes bien constituées, non très-jeunes, qui n'ont jamais eu que des couches heureuses et qui n'éprouvent actuellement qu'un peu de congestion sanguine à la tête, on peut tenter l'emploi des bains de mer, en le surveillant rigoureusement.

La proscription du bain de mer, chez les nourrices, n'est pas non plus absolue. Une personne nerveuse, mais grasse et fortement constituée, prit impunément une saison pendant l'état de grossesse ; l'année suivante, elle revint se baigner, tout en nourrissant son enfant. Sa réaction était si sûre et sa force de résistance si éprouvée, que le bain lui fut permis : nul accident n'en résulta, et un état spasmodique, qui la tourmentait depuis longtemps, fut heureusement modifié par une saison entière.

Les bains de mer, dans certains cas morbides, ne permettent que des résultats si incertains, qu'il est souvent à propos de les abandonner ou de ne pas les tenter. Nous avons eu l'occasion d'appliquer cette règle chez des femmes épuisées et amaigries à la fois par une longue dyspepsie et par des couches et des fausses couches rapprochées; chez des individus, de thorax mal conformé, qui souffrent chaque hiver et qui ont facilement des crachements hémoptoïques de nature passive, de l'oppression en marchant et un refroidissement habituel des pieds; chez quelques sujets affectés de douleurs rhumatoïdes du tronc et des membres, enfin chez les enfants et les femmes qui, à l'idée de se baigner à la mer, sont en proie à une terreur que nul raisonnement et nul effort de la volonté ne peuvent surmonter.

Suivant les Allemands, les bains de mer ne doivent point être employés, ou du moins doivent l'être avec beaucoup de restriction, dans les cas suivants :

1° Un haut degré de pléthore.

2° Une disposition apoplectique et hydro-céphalique; les congestions de tous genres de la tête et de la poitrine; certains maux de tête.

3° Les anévrismes internes.

4° Une toux accompagnée de crachements de sang ou une grande faiblesse de poitrine.

5° Des malaises accompagnés de fièvre pendant la grossesse.

6° Les affections organiques du bas-ventre; l'enfance très-tendre et l'âge très-avancé.

7° Une atonie et une trop grande sensibilité de la peau.

8° Une faiblesse générale et un épuisement excessif du système nerveux avec éréthisme.

9° Les états morbides du sang (toute espèce de viciation, la corruption, l'âcreté, la décomposition).

10° Une crainte extrême de la mer.

11° Les idiosyncrasies qui résistent à l'usage des bains froids.

CHAPITRE IV

INTERVENTION MÉDICALE DANS L'EMPLOI DES BAINS DE MER.

En considérant en masse le nombre des individus que nous avons eu l'occasion d'observer, soit d'une manière passagère, soit avec quelque suite, en les considérant, disons-nous, sous le rapport du résultat final que les bains de mer ont offert chez eux, on peut les diviser en trois catégories :

1° Chez le plus grand nombre, les dérangements de la santé ont guéri complétement ou se sont amendés plus ou moins ;

2° Un certain nombre n'ont retiré aucun soulagement ;

3° Quelques-uns n'ont ressenti que des effets nuisibles.

Généralement, les individus composant les deux dernières catégories, n'avaient point eu recours à un homme de l'art dans l'emploi des bains de mer. Ceux qui ont souffert de cet emploi, lui ont souvent attribué ce qui était le fait de l'application peu judicieuse du moyen. Sans parler de certains motifs, dont nous ne nous établissons point le juge, tous se sont dirigés d'après une opinion fausse, laquelle consiste à croire que l'eau de mer est tout aussi innocente que l'eau commune, et qu'on peut suivre dans son usage les inspirations aveugles de son instinct, ou les calculs erronés de son jugement. Au lieu de cela, il se trouvait que leur susceptibilité particulière et la nature de leurs maladies exigeaient souvent qu'ils fussent suivis, et que les règles de leur conduite leur fussent dictées avec le soin qu'on apporte à doser un médicament énergique et à en étudier les effets.

Telles sont, nous en restons persuadé, après dix ans passés aux bains de mer, les causes principales auxquelles il faut rapporter les résultats négatifs ou morbides que beaucoup de baigneurs ont retirés de leur saison. Buchan disait déjà, de son temps [1] : « Parmi « les personnes qui se rendent sur les côtes, l'usage « ne prévaut que trop de se jeter indistinctement dans « l'eau, et il paraît qu'on doit faire son possible pour « arrêter cet abus. » Quinze ans plus tard, le Dr Sir A. Clarke écrivait [2] : « Dans un pays où les bains de « mer sont employés indistinctement et sans prendre « conseil, il est nécessaire de faire connaître au public « la série de conséquences graves, qui proviennent « naturellement de cette pratique inconsidérée et im-« prudente. »

Par ces raisons et par une foule d'autres non moins valables, nous nous croyons en droit d'avancer cette proposition : Il est impossible, dans la plupart des cas, à ceux qui demandent aux bains de mer la guérison d'une

---

[1] Loco cit. Pratical, etc.
[2] Loco cit. An essay, etc.

maladie, de parvenir à ce but sans l'intervention médicale. Certainement, les organisations fortes peuvent marcher impunément d'après elles-mêmes ; mais la majeure partie des baigneurs sera victime assurément de trop de confiance en ses propres lumières.

Si l'art ne peut toujours rendre salutaire l'usage des bains de mer, il peut toujours le diriger sans nuire ; il suffit pour cela qu'il sache choisir, parmi les nombreuses modifications dont il est susceptible, celle qui sera le mieux adaptée au cas présent. Ces modifications varient, non-seulement d'après la constitution, d'après la nature des maladies et d'après la foule des circonstances qui ont été signalées dans ce travail ; mais souvent elles doivent encore changer, chez la même personne, d'une année à l'autre ou dans le cours d'une saison. Des baigneurs avaient déjà fréquenté une ou deux fois les bains de mer ; ils s'étaient baignés fructueusement, avec ou sans direction médicale. L'année suivante, ils ont pratiqué la mer d'après les données que la médecine ou leur expérience leur avaient naguère fournies. Eh bien! les conditions de leur organisme avaient changé : l'art a été obligé de modifier, chez eux, l'application des bains de mer. Le Dr Vogel, placé souvent en présence de pareils faits, ajoute aux conseils qu'il destine aux baigneurs [1] cette maxime vraie en thérapeutique : « Les remèdes les « plus efficaces nuisent d'autant plus quand ils sont « employés mal à propos, qu'ils sont plus salutaires « quand on s'en sert opportunément. »

Ce qui précède peut se résumer en disant, que l'intervention médicale est indispensablement nécessaire

---

[1] Loc. cit. Handbuch, ꝛc.

dans l'emploi des bains de mer. Ici, nous le savons, nous touchons à une matière délicate, où se trouvent confondus les intérêts de l'humanité et de la science, et ceux du médecin; mais sur cette question, comme sur toute autre semblable, qui sera particulière à notre position, nous ne craindrons pas d'aborder franchement ce qui sera, à notre avis, la *vérité*.

QUATRIÈME PARTIE.

CHAPITRE I

EFFETS HYGIÉNIQUES ET THÉRAPEUTIQUES DES BAINS DE MER SUR CHACUNE DES FONCTIONS DE L'ORGANISME.

Après avoir exposé les effets hygiéniques et thérapeutiques des bains de mer dans les cas particuliers, nous en ferons le résumé général, en étudiant leur manifestation sur chacune des fonctions de l'organisme.

Sous l'influence des bains de mer :

1° Les perturbations de l'état physiologique, qui ne s'élèvent pas jusqu'à une maladie déterminée, ont été annihilées dans leurs germes, et la mesure de résistance vitale que leur opposait l'organisme jusque là, s'est accrue et régularisée dans un but conservateur de la santé.

2° Les forces générales se sont augmentées dans une notable proportion, comme on l'a vu chez les convalescents et dans les maladies qui ont porté atteinte à l'organisme, en le jetant dans l'asthénie.

3° Les individus amaigris à la suite d'un accroissement trop rapide ou d'une maladie grave, ont acquis un état relatif d'embonpoint et de développement musculaire.

La plupart des enfants grandissaient. L'accroissement du corps en longueur était surtout sensible chez ceux où il avait été retardé par la maladie. Ce phénomène devenait la cause principale de la diminution des saillies osseuses, là où celles-ci étaient l'expression symptomatique du rachitisme.

Par les mêmes raisons que les bains de mer donnaient l'impulsion à l'allongement des jeunes enfants, ils ont accéléré la dentition, chez eux, sans que les accidents propres à l'évolution dentaire se soient fait sentir.

A cet ordre de phénomènes physiologiques se rattache sans doute la tendance des parties superficielles altérées dans leur continuité, à se cicatriser.

Tous ces faits prouvaient que l'assimilation et la nutrition étaient devenues plus actives.

4° Les fonctions de l'estomac acquéraient le plus souvent de l'énergie, surtout chez les jeunes sujets; ses besoins étaient plus impérieux et se renouvelaient plus souvent. Le travail de la digestion était plus facile et plus prompt, excepté dans quelques cas où l'appétit, au contraire, restait languissant, et d'actif qu'il était habituellement, s'émoussait sensiblement : changement qui se montrait même, chez quelques personnes, par le fait seul de leur séjour sur les bords de la mer. Dans cet état gastrique, les baigneurs devenaient inappétents, offraient une teinte jaunâtre autour des lèvres et des ailes du nez, se plaignaient d'un mauvais goût de la bouche, avaient une odeur bilieuse de l'haleine et une certaine blancheur de la langue, et présentaient même un mouvement fébrile, accompagné d'un malaise général. C'était le cas alors d'administrer un laxatif, qui ne manquait jamais de réveiller l'énergie des facultés digestives. Ce fait semble n'avoir pas échappé aux Anglais; car ils ont l'habitude de débuter dans la pratique des bains de mer par une dose de sel purgatif.

Chez le plus grand nombre de baigneurs, les bains de mer produisent la constipation pendant toute la durée de la saison. Parmi eux, il en est chez lesquels un lavement d'eau de mer suffit à faire disparaître cette constipation pendant plusieurs jours, et même quelquefois à donner lieu à des selles liquides et plus copieuses qu'à l'ordinaire. Cette constipation si habituelle aux bains de mer, quel que soit d'ailleurs l'état des fonctions intestinales sous ce rapport, au moment de l'arrivée, ne prouve pas la langueur dans les organes de la défécation, mais seulement la diminution dans les sécrétions folliculaires qui aident au dernier acte de la digestion : ce qui fait qu'un certain nombre de baigneurs se trouvent débarrassés d'une diarrhée qui leur était habituelle.

Chez des personnes constipées, les bains de mer régularisent quotidiennement les garde-robes, surtout chez celles qui le sont par l'habitude d'une vie sédentaire ou le long décubitus au lit. Rien n'est commun comme de voir des personnes constipées de longue date, recouvrer la régularité et les autres conditions normales des évacuations alvines. Il se rencontre même çà et là, parmi elles, des cas de *dévoiement* sans coliques.

Enfin, il est un petit nombre d'individus, chez lesquels les bains de mer n'apportent aucun changement dans l'état des garde-robes.

Il nous a semblé que, sous le rapport des fonctions intestinales, les bains de mer n'avaient pas la même action dans toutes les saisons. Dans de certaines années, la constipation a été moins commune parmi les baigneurs, et les diarrhées se sont montrées plus fréquemment. Faut-il attribuer ces différences aux inégalités de la température de l'atmosphère, qui ont été observées entre les diverses années ? 1834 et 1835 en particulier, très-différents l'un de l'autre en température, nous ont fait voir habituellement les deux *extrema* de l'état des garde-robes.

5° Toutes les sécrétions morbides tendaient à diminuer de quantité, comme on l'a observé dans les flux intestinaux, les blennorrhées, les leucorrhées, les otorrhées et les écoulements de la muqueuse de Schneider, les ophthalmies Méibomiennes, les ulcères fistuleux, etc. L'organe à la surface duquel les fluides sécrétés s'épanchaient, recevait toujours une certaine excitation; c'est alors qu'on voyait ces fluides s'épaissir et devenir plus abondants, avant de se tarir.

Les sécrétions glandulaires ne paraissaient pas offrir des modifications importantes pendant l'application des bains de mer. L'urine était seulement sédimenteuse et d'une couleur plus foncée qu'à l'ordinaire, qui allait souvent jusqu'au rouge de brique : caractères qui provenaient de l'augmentation de la perspiration cutanée. Cette modification de l'urine ne paraît pas avoir été reconnue par les observateurs allemands, qui accordent une action *diurétique* au bain de mer, aussi bien qu'au simple bain de rivière.

Le raisonnement permet de penser que le foie a ralenti son action sécrétoire à la suite des bains de mer, comme le prouve la prédominance sanguine qu'acquiert l'économie, et la constipation qui est l'état opposé du flux bilieux.

6° La diminution souvent très-sensible du volume du corps chez les femmes lymphatiques et douées d'embonpoint, quelle que fût la maladie qui les amenât aux bains de mer, et chez celles qui présentaient une nutrition un peu exubérante, surtout si elle était amenée par une vie sédentaire, une menstruation rare ou un séjour longtemps prolongé du lit, prouvait l'énergie qu'acquérait l'absorption interstitielle. Après les bains de mer, l'état physique change souvent profondément chez ces individus; ils se sentent alertes et ne demandent que le mouvement et l'exercice.

L'action tonique des bains de mer sur l'absorption interstitielle, était encore rendue évidente dans la détuméfaction des parties molles qui entouraient des articulations malades, dans la rétraction des engorgements chroniques des tonsilles, dans la disparition des glandes lymphatiques internes et externes, enfin dans la résorption des œdèmes cellulaires chez les aménorrhéiques.

7° Sanctorius avait déjà observé que la transpiration était plus abondante après les bains froids. Après les bains de mer, l'exhalation cutanée augmentait aussi dans ses proportions; elle reparaissait, quand elle avait cessé, et pourtant se modérait, quand elle était habituellement exagérée. Cet afflux des liquides exhalés vers la périphérie fait disparaître promptement les altérations légères de l'épiderme, telles que les écailles furfuracées et les squammes des cicatrices, etc.

C'est par l'exagération des fonctions exhalatoires de la peau qu'il faut expliquer en partie l'action des bains de mer dans les variétés symptomatiques du principe *rhumatismal*. En effet, la vive réaction dont la peau est le siége après chaque bain, et, par suite, la résistance plus grande que cette membrane oppose aux intempéries atmosphériques, ainsi que la sur-excitation des exhalants, sont les deux principaux éléments d'action dont il faut attendre la guérison des rhumatisants.

Toutes les muqueuses sont en relation fonctionnelle avec la peau : voilà pourquoi la réaction extérieure qui suit les bains de mer, détruit les irritations bronchiques et intestinales. Il y a des degrés divers dans les liens sympathiques de la peau et des muqueuses; la muqueuse intestinale n'est pas aussi énergiquement influencée par les bains de mer que la muqueuse bronchique ; c'est pourquoi, dans un état aigu des intestins, les bains de mer veulent être évités avec soin.

L'absorption cutanée subissait-elle des modifications analogues à celle de l'exhalation, après l'immersion répétée du corps dans l'eau de mer? Les effets primitifs de la température froide sur la surface de la peau tendait évidemment à suspendre d'abord cette fonction, aussi bien que l'exhalation. Mais, à l'instar de celle-ci, la faculté absorbante de l'enveloppe cutanée recouvrait-elle quelque énergie avant et après les phénomènes réactifs? C'est là une question qu'il est difficile de résoudre ; il faudrait une série d'expériences, pour déterminer jusqu'à quel point l'absorption de la peau s'exerce sur le liquide ambiant pendant la durée du bain de mer, et pour savoir, autrement que par induction, si, après le bain, cette absorption s'exalte dans une proportion équivalente à celle de l'exhalation.

Le raisonnement prouve que l'exhalation pulmonaire devait être plus active, du moins pendant le temps du bain, à cause du reflux du sang vers les vaisseaux pulmonaires. Le phénomène physiologique de l'accélération des mouvements respiratoires, qui était les conséquences nécessaires du refoulement du sang, ainsi que la sur-activité de l'exhalation pulmonaire, ne peuvent-ils pas être interprétés ainsi : ils deviennent pour l'organisme un moyen de réaction contre la soustraction du calorique, que subit la surface du corps.

8° Nous avons entrepris une série d'observations thermométriques sur les changements que présente la chaleur animale superficielle chez les individus qui se baignent à la mer. Parmi les faits nombreux que nous avons recueillis, nous avons trouvé des rapports si différents, si opposés même, que nous préférons en suspendre la publication et multiplier les résultats, à mesure que l'occasion s'en présentera. Disons seulement que généralement la surface du corps perd facilement plusieurs degrés centigrades après un bain de mer, et que la somme de ces degrés perdus est en raison directe, et la promptitude de leur récupération, en raison inverse de la durée du séjour dans l'eau.

Ici, le jugement des sens était entièrement d'accord avec ces observations ébauchées du thermomètre. La chaleur extérieure tombait sensiblement, d'après l'impression de la main, tandis qu'elle paraissait plus élevée, d'après la sensation de celui qui s'était baigné. Les organes intérieurs ayant une température fixe, il n'est pas permis de supposer que la chaleur animale ait subi des modifications analogues. Pourtant, il est, entre la périphérie et les fonctions internes, des actions congénères, corrélatives, qu'il est journalier de constater par l'observation. Ne peut-on pas dire que, sous le rapport de la calorification, comme sous celui de la sensibilité nerveuse et des fonctions exhalantes et sécrétoires, les divers états normaux ou anormaux de l'une se répètent plus ou moins dans les autres?

9° Après le bain, le pouls s'accélère quelquefois ; le plus souvent il se ralentit. Nous n'avons pas toujours pu saisir la cause de cette différence; mais il nous a semblé généralement que le premier cas arrivait aux gens irritables, et le second aux organisations robustes. Après cet énoncé général, il nous vient à la mémoire une quantité de faits qui viennent y faire exception. Ainsi, qu'un enfant nerveux ou rendu tel par une longue et grave maladie, apporte aux bains de mer une circulation accélérée à l'extrême, on verra ceux-ci ralentir le pouls à dater du premier jour, et ramener finalement, à mesure que les forces générales seront augmentées, sa vitesse à un taux qui présentera une différence de trente à quarante pulsations avec le taux de l'arrivée. Encore un exemple : Chaque fois qu'une chlorotique affaiblie sort du bain de mer, son pouls est considérablement ralenti.

La circulation périphérique, la circulation des capillaires cutanés, augmentait de vitesse après chaque bain de mer. De ce dernier phénomène dépendait le développement de la vascularité du visage, l'injection des conjonctives, l'aspect brillant de la cornée, la réapparition des hémorrhoïdes, le *molimen* menstruel, etc. Quand (ce qui était rare à observer) cette expansion superficielle du sang ne s'opérait pas, il y avait pâleur et décoloration de l'enveloppe cutanée, congestion, stase ou activité du sang intérieur, et bientôt nécessité de s'arrêter dans l'usage du bain de mer.

Cette vascularité artificielle de la superficie et ce ralentissement de l'organe et des appareils centraux de la circulation, combattaient avantageusement, chez quelques individus sanguins, les accidents qui leur étaient ordinaires et qui les rendaient tributaires de la saignée, tels que la vultuosité et la projection du sang vers la tête. En effet, on voyait leurs traits tomber, s'amaigrir sensiblement et leur teint se nettoyer et s'éclaircir.

Ces phénomènes momentanés neutralisaient aussi, quoique moins puissamment, les congestions céphaliques qui sont la conséquence ou la cause des divers états morbides du cerveau. Ces mêmes phénomènes, joints à la dissémination du liquide sanguin dans toute l'étendue du réseau vasculaire de la peau, et au contact de l'eau salée, qui agit topiquement comme un résolutif, rendaient raison de la curation prompte des congestions ou phlogoses locales de la périphérie, telles que les ophthalmies oculaires et palpébrales des scrofuleux, quelques furoncles encore au début, etc.

Le sang n'était pas seulement modifié dans ses mouvements et sa répartition, il l'était encore dans les divers phénomènes de sa production, de son hématose enfin, sous le rapport de sa quantité, de ses caractères physiques et aussi de ses conditions vitales. L'action des bains de mer, sous ce point de vue, créait une sorte de tempérament sanguin, comme on le voyait dans la chlorose, l'anémie, le tempérament lymphatique, etc.

S'il est vrai que les scrofules consistent dans une hématose incomplète ou viciée qui amènerait une nutrition de mauvaise nature ; si, en d'autres termes, il est vrai que, dans les scrofules, cette fonction, lésée dans ses matériaux, a fini nécessairement par entraîner les désordres organiques qui caractérisent la maladie, celle-ci doit se guérir quand un moyen thérapeutique fournira à la constitution des éléments nutritifs convenablement élaborés. Cette dernière condition de tout traitement dirigé contre la maladie scrofuleuse, a été appréciée par tous les praticiens et par Bordeu en particulier. Les Drs Fournier et Bégin font consister la tâche du médecin qui entreprend de la guérir, « à rétablir l'équilibre et à faire recouvrer au système « sanguin la prépondérance d'action qu'il a perdue... » L'action des bains de mer vérifie merveilleusement cette explication de la cause prochaine de la maladie scrofuleuse. En effet, les signes qui précèdent l'amélioration des désordres locaux, après les bains de mer, consistent toujours dans une série de phénomènes prouvant que le sang, mieux élaboré, est devenu plus abondant en matériaux rouges, et que l'appareil sanguin a recouvré une certaine prépondérance sur le système lymphatique.

L'action des bains de mer sur les scrofuleux est une action sanguifiante de tout le corps. La peau blanchit, acquiert une sorte de transparence et se vivifie, les chairs des surfaces ulcéreuses deviennent vermeilles et perdent cette couleur bleuâtre qui les distingue. Le dégonflement précède toujours la cicatrisation des parties.

L'observation démontre que, pendant l'hiver, les poumons absorbent plus d'oxygène. M. Edwards a prouvé également que la faculté de produire de la chaleur est beaucoup plus grande en hiver qu'en été, et qu'il existe un rapport constant entre la quantité d'oxygène absorbée dans la respiration et la chaleur produite. Ne se passe-t-il pas quelque chose de semblable pendant l'usage des bains de mer, et ne pourrait-on pas expliquer en partie de cette manière l'intensité de l'hémathose, qui s'observe alors chez la plupart des individus?

Le mode d'action des bains de mer sur le système vasculaire central et périphérique rendait raison de leur efficacité dans ces états en apparence si opposés qu'on observe chez les femmes, soit qu'elles aient des règles trop abondantes, soit que la menstruation offre, chez elles, des conditions toutes contraires.

Cet état nouveau du système sanguin amenait aussi parfois ces pyrexies subites et éphémères, qui se jugeaient ordinairement par une sueur copieuse, et qui ont été spécialement observées chez les enfants fleuris et chez les hypocondriaques congestionnés de la tête.

10° Quand le système nerveux de la vie organique, dans sa généralité ou dans l'une de ses parties, était exalté par la douleur, et quand cette douleur ne coïncidait pas avec une altération de texture dans un organe, elle était calmée; elle subissait les effets d'une véritable sédation, comme on l'a vu dans les gastralgies. La douleur pouvait augmenter, au contraire, ou se réveiller quand elle était assoupie, si l'organe dans la contexture duquel entre l'élément nerveux, était excité au-delà de certaines limites, soit par l'application irrationnelle de l'agent sédatif, soit par une lésion où se faisait actuellement un travail morbide de nature fluxionnaire, ainsi que le prouvaient les souffrances hystériques qui coïncident avec un engorgement du col utérin.

Le système nerveux central de la vie animale échappait davantage à cette action sédative. Aussi ses fonctions étaient-elles sujettes à s'exalter, comme on l'a vu chez les enfants en particulier, pendant le sommeil de la nuit. Cette excitabilité se montrait encore, mais avec un mode avantageux du moins, chez les paraplégiques, où elle se manifestait par des secousses tétaniformes aux membres.

C'est ici l'occasion de rechercher ce qui arrive aux membres paralysés, après qu'ils ont été soumis, un temps suffisant, à l'action des bains de mer. Que la paralysie consiste en une simple lésion des fonctions nerveuses ou en une altération dans la texture des centres nerveux, les bains agissent de la même manière sur ses éléments symptomatiques. La peau et les muscles, privés d'influx nerveux, sont rappelés à leur action fonctionnelle dans une proportion qui varie suivant une foule de circonstances qu'il est facile de prévoir. L'inertie et le défaut d'innervation [des membres en avait amoindri le volume; le retour de l'innervation et l'activité le leur rendent en partie, et bientôt la fonction nutritive elle-même exaltée vient ajouter ses résultats partiels à la somme des résultats acquis. Finalement, la fonction sécrétoire de l'enveloppe cutanée, qui se faisait moins activement, comme le prouvait la difficulté de la rubéfier et de la faire transpirer, était rendue jusqu'à un certain point à un rhythme plus normal.

On voit que, dans ces cas, le mode d'action des bains de mer est un phénomène très-complexe, dont il est assez difficile de déterminer exactement tous les éléments. Ce qu'il nous est donné de savoir, c'est que le froid est l'élément qui réveille principalement la sensibilité nerveuse, et qui, par l'excitation du système périphérique, retentit jusqu'aux nerfs centraux des membres, d'après des lois physiologiques bien connues. Cette expression de *fortifiant* du système nerveux, qu'on retrouve si souvent chez les auteurs qui ont parlé des bains froids, renferme une idée juste quand elle s'applique aux bains de mer, qui améliorent toujours, s'ils ne guérissent la grande majorité des paralysies, et, par cela même, mérite d'être réhabilitée dans le langage moderne.

11°. Si la fibre musculaire qui est sous la dépendance des nerfs intérieurs était ralentie dans son action, celle qui était au service de la vie de relation recevait donc un surcroît de vie; dans la paralysie, les muscles sortaient de leur inertie ordinaire. Comme auxiliaires de certains actes de la vie organique, ceux-ci recouvraient aussi la part d'action qu'une cause de débilitation leur avait fait perdre. Exemple : les incontinences d'urine par relâchement du col vésical

Les autres organes contractiles qui rentrent dans l'appareil de la vie extérieure, acquéraient aussi un degré d'action : tel était l'iris dans l'amaurose.

Les organes non musculaires, ni contractiles, récupéraient la tonicité nécessaire à l'accomplissement de leurs fonctions, comme on le voyait dans les lésions de position de l'utérus.

Les appareils superficiels du système nerveux animal sont éminemment passibles de l'influence du bain de mer considéré comme agent sédatif, ainsi qu'on l'a vu dans les névralgies de la face, de l'épicrâne, etc. Opposons ici les effets sédatifs des bains dans les différentes affections du système nerveux ganglionnaire ou périphérique, aux effets d'excitation qu'éprouvent le plus souvent les personnes affectées de névrose, qui ont été envoyées aux différentes Eaux thermales, même à celles qui jouissent de la réputation d'être *calmantes*. Toutes les années, Dieppe voit de ces personnes qui ont fréquenté inutilement ou même à leur grand dommage les Eaux de Saint-Sauveur, de Neris, etc., et que l'action du bain de mer froid soulage ou guérit.

L'état moral présente dans ses actes, d'une manière analogue, les phénomènes d'expansion qui caractérisent l'état physique. Rien n'est plus commun que de voir chez les personnes préoccupées mélancoliquement de leurs souffrances, celles surtout qu'une longue maladie de l'utérus a retenues longtemps dans la vie sédentaire, l'espoir et la gaieté reprendre, quand elles commencent à sentir les modifications qui sont propres aux bains de mer. Cette espèce de rayonnement de l'état moral, qui se traduit au dehors sous la forme d'une expression de vie empreinte sur le visage, sous la forme du retour des idées vers l'avenir et des habitudes qui portent vers la société, peut aller jusqu'à l'excitation; nous avons déjà dit souvent que ce mode d'agir des bains de mer était exempt d'inconvénients dans la plupart des cas, et qu'il était toujours facile de le modérer.

12° Les organes reproducteurs participaient à l'excitation générale, non-seulement par leurs phénomènes extérieurs, mais encore dans les actes les plus intimes de leurs fonctions. Au sujet des actes extérieurs des organes générateurs, chez les hommes, il y avait dans les influences qu'ils recevaient des bains de mer une grande différence à observer, selon la constitution des baigneurs. Chez les adultes et les jeunes gens bien portants, la super-excitation génitale était constante; chez les individus du même âge, qui étaient nerveux et maigres, il n'était pas rare d'observer un état opposé. Nous avons constaté plusieurs fois ce dernier fait; dans l'un de ces cas, le bain de mer était en même temps suivi de palpitations marquées.

CHAPITRE II

DES EFFETS HYGIÉNIQUES ET THÉRAPEUTIQUES
DES BAINS DE MER
CONSIDÉRÉS DANS LEUR ORDRE DE SUCCESSION, ETC.

Il ne sera pas sans intérêt de dire quelques mots sur l'ordre suivant lequel les effets hygiéniques et thérapeutiques des bains de mer se sont successivement manifestés, sur l'époque de leur apparition, sur leurs caractères et sur l'influence que l'âge et les maladies des baigneurs apportent dans leur développement.

L'ordre dans lequel ces effets apparaissent successivement est, en général, constant : ceux qui appartiennent à la peau se font voir d'abord, puis viennent ceux qui sont relatifs à la digestion, aux fonctions nerveuses, à la nutrition, etc.

Il est de ces effets qui se montrent dès le premier bain, chez la plupart des baigneurs. Il en est d'autres qui ont besoin d'une modification profonde dans l'organisme, avant de se faire jour.

La promptitude de leur naissance a lieu en raison inverse de l'âge. L'enfance les accuse très-rapidement ; les gens affaiblis de l'âge adulte et les vieillards les éprouvent plus tard que tous les autres sujets, et les âges intermédiaires les ressentent à une époque qui varie d'après la constitution individuelle et les degrés de l'affaiblissement.

1° Les effets des bains de mer les plus hâtifs se montrent à la surface de la peau, surtout chez les individus qui ont naturellement le tissu de cette membrane fin et blanc. Dès le troisième jour, on a pu, chez quelques-uns des plus affaiblis, les voir poindre sous la forme d'une certaine vascularité cutanée, qui avait cessé d'être habituelle.

L'action du bain sur les capillaires du visage, en particulier, est un phénomène commun et rapide chez les baigneurs, lequel, examiné dans sa naissance et sa marche, donne lieu aux remarques suivantes : 1° Chez ceux qui ont un teint coloré, soit habituellement, soit accidentellement, l'effet vascularisant consiste à fondre, à répartir plus également la couleur des joues. De là vient qu'on voit cette rougeur s'affaiblir sous l'influence du bain de mer chez les individus et surtout chez les enfants qui sont colorés à l'excès. 2° Les bains de mer développent le système capillaire du visage chez ceux qui sont pâles de leur nature ou par le fait de la maladie. Sous l'influence de ce *modus agendi,* la figure présente, chez eux, une turgescence inaccoutumée qui simule un certain embonpoint. Après trois, quatre, cinq ou six bains, les enfants lymphatiques, scrofuleux ou faibles offrent déjà ces apparences à un degré marqué, et ordinairement celles-ci coïncident avec le développement d'une animation particulière des traits du visage. Dans ces circonstances, il est de même assez commun que les individus se plaignent de voir voltiger des flammes devant leurs yeux,

La coloration faciale ne se développe pas aussi promptement dans tous les cas. Parmi tous les individus, les chlorotiques, les anémiques et les scrofuleux émaciés, présentent généralement le plus tard ce premier effet des bains de mer; les enfants, au contraire, sont les plus précoces à les montrer, à moins qu'ils n'aient subi un grand degré d'affaiblissement.

2° Après les modifications de la peau, celles qui se manifestent à l'œil du médecin appartiennent à l'appareil digestif. Des estomacs sans action, chez des sujets affaiblis, ont repris déjà de l'énergie au troisième bain de mer. Après trois ou quatre bains, l'appétit a pu reparaître dans quelques cas de scrofules accompagnés d'une complète inappétence. Du cinquième au septième bain, on a vu reparaître, chez les individus plus avancés dans la vie, une activité marquée de la digestion, et les selles, régulières ou non, tendre à la constipation. Dans la constipation habituelle, ou cet état se prononce davantage (ce qui est le cas le plus ordinaire), ou les selles se régularisent, en augmentant de quantité et en changeant de couleur et de forme, sans qu'il soit possible de trouver l'explication légitime de ces différences.

3° Les fonctions musculaires suivent de bien près l'amélioration des actes digestifs; il n'est guère d'âge et d'état morbide où leur amendement, et souvent même leur énergie, ne puissent se retrouver à côté des autres effets des bains de mer. C'est encore dans l'enfance qu'elles acquièrent le plus grand et le plus rapide développement. A cet âge, on voit tous les jours l'activité et la mobilité succéder à l'apathie amenée par la maladie. Les jeunes convalescents privés de la faculté de marcher, la récupèrent très-vite sous l'influence des bains. Dans l'âge adulte même, les effets des bains de mer sur l'action musculaire peuvent être comptés au nombre des plus sûrs.

4° Le sommeil, et même le sommeil prolongé, est la première modification que les bains de mer fassent subir aux fonctions nerveuses. Chez les enfants faibles ou nerveux, il présente non rarement, pendant les premiers jours, des perturbations variées; mais, après huit à dix bains, il se fixe d'une manière continue chez les plus irritables, à moins qu'il ne soit contrarié par une direction irrationnelle.

Chez les personnes d'un autre âge, le sommeil reste soumis à de plus grandes variations. Règle générale: le sommeil des baigneurs est subordonné à l'état de leurs forces; plus la débilitation est grande, plus les bains de mer agissent comme un sédatif salutaire et prolongé sur le repos des nuits. Chez ceux qui ne sont point affaiblis, le sommeil peut quelquefois être agité diversement; mais il existe, et se prolonge en général plus que de coutume.

5° Dans l'ordre de succession des effets des bains de de mer, l'activité de la nutrition devait être un résultat essentiellement médiat; il devait ne venir qu'après l'amélioration des actes digestifs, musculaires et nerveux. Chez les jeunes enfants en effet, ce n'est que vers la fin d'une saison qu'on trouve le corps engraissé, les chairs raffermies, etc. Chez les baigneurs plus âgés, un certain embonpoint n'est sensible, le plus souvent, qu'après le temps des bains de mer.

Après ce coup d'œil jeté sur le développement successif des effets hygiéniques et thérapeutiques des bains de mer, considérés dans quelques-unes de leurs circonstances importantes, arrêtons-nous un peu sur leur marche dans les maladies le plus communément observées.

1° Quatre à six jours de bains de mer ont déjà surexcité la suppuration des fistules scrofuleuses des enfants. Du sixième au quatorzième jour, l'inflammation spéciale des parties molles sus-jacentes de la carie osseuse, est tombée de jour en jour. Dans le même temps, l'empâtement circonvoisin qui accompagne le *morbus coxarum* a diminué sensiblement. Après quinze à dix-huit jours, les caries de la main et du pied sont devenues indolentes, et la plus grande partie de leurs fistules se sont fermées.

L'influence des bains de mer sur la résolution des engorgements lents des glandes lymphatiques, ne se fait pas attendre autant qu'on pourrait le croire. Une énorme tuméfaction de cette nature siégeant au cou, était réduite aux ganglions engorgés, après dix-sept bains.

2° Les états fluxionnaires du canal intestinal, avec sécrétions folliculaires répétées, chez les enfants, cèdent rapidement à une portion de saison. Les états morbides de cet appareil, chez les adultes, qui tiennent à la fois à un état d'atonie de la membrane muqueuse intestinale, réuni à quelques anormalités dans le jeu des ganglions nerveux, ne s'apaisent qu'après un nombre assez considérable de bains de mer. Ainsi, dans la constipation par inertie qui accompagne certaines névroses gastralgiques, ce n'a été qu'après une saison et plus, que les baigneurs ont pu commencer à sentir le retour des mouvements péristaltiques et la circulation des gaz et des liquides intestinaux.

Dans le développement *passif* du foie et de la rate, le parenchyme de ces organes commence à se rétracter, quand, par un certain nombre de bains de mer, le mouvement centrifuge des liquides circulatoires journalièrement répété et le jeu plus normal des organes chargés des fonctions de la vie nutritive, ont pu en distraire le sang qu'ils contiennent en *excès*.

3° Dans l'aménorrhée coïncidant avec une altération profonde de l'organisme, les bains de mer n'agissent pas avant d'avoir modifié suffisamment les conditions de celui-ci. Les règles ne reparurent, dans plusieurs cas, que pendant le cours de la seconde saison. Dans un état opposé de la menstruation, au contraire, de jeunes personnes, pâles et épuisées par des règles prolongées, ont recouvré le teint du visage et l'éclat des yeux, dès les deux ou trois premiers bains, et leurs règles ont diminué ou cessé quelques jours après.

4° Dans les abaissements utérins les plus simples, les femmes éprouvent quelque amendement dans les phénomènes symptomatiques qui en dépendent, dès les deux ou trois premiers bains. Il est même une amélioration, chez elles, qui se fait sentir à chaque bain, qui dure plusieurs heures après la sortie de l'eau, et pendant laquelle elles se sentent remontées et plus aptes à marcher, tout en ressentant quelquefois plus vivement leurs douleurs locales et générales habituelles; mais cet effet est essentiellement passager et semble s'user à mesure que la journée s'avance. Quand, à une époque plus avancée de la saison, cette amélioration est devenue définitive, la fatigue et la courbature, auxquelles ces femmes se montrent si sujettes si elles dépassent la mesure d'exercice qu'elles doivent se permettre, disparaissent souvent sous l'influence d'un seul bain de mer.

Dans les lésions de texture de l'utérus, ces effets

d'amélioration se font plus attendre ; il faut préalablement que l'ensemble de l'organisme soit influencé suffisamment par l'action tonifiante des bains de mer.

5° Dans les affections profondes des centres nerveux, les effets des bains de mer s'annoncent souvent avec une grande promptitude. Des paraplégiques ont marché mieux et senti leurs jambes réchauffées pour un certain temps, après les trois premiers bains. Leur vessie est le premier organe qui sort de son inertie d'une manière permanente, et il est assez commun que la réintégration de cet organe dans son état physiologique soit annoncée par un degré d'irritation vésicale et même de dysurie, dès le troisième ou le quatrième jour de bain. Une fois, la vessie put être considérée comme étant en pleine possession de son ressort, du cinquième au septième bain. A dater de ce moment, les membres des paralytiques les plus affaiblis commencent à rentrer quelque peu sous l'empire de la volonté, par un progrès qui se prononce de jour en jour.

6° Les phénomènes physiologiques qui se passent à la peau, pendant l'usage des bains de mer, servent à déterger cette enveloppe avec une rapidité qui a souvent lieu de surprendre. Dès les premiers jours, les écailles furfuracées, les papules anomales, surtout celles qui sont liées au tempérament lymphatique, peuvent disparaitre sans laisser de traces.

7° Comme on doit le supposer, la restauration des forces générales, sous l'influence des bains de mer, se laisse désirer plus longtemps que les résultats particuliers qui viennent d'être passés en revue. Si l'individu a surtout perdu une grande partie de ses forces locomotrices, il ne faut pas trop compter de les lui voir récupérer dans une proportion notable, pendant la première saison. Ce n'est que dans le cours de la seconde qu'il commence à retrouver une somme d'énergie musculaire inaccoutumée.

CHAPITRE III

EFFETS HYGIÉNIQUES ET THÉRAPEUTIQUES SECONDAIRES DES BAINS DE MER.

Il faut appeler ainsi les modifications que l'organisme reçoit des bains de mer, plus ou moins de temps après la saison. L'existence et la durée de ces effets secondaires sont constatées par des faits journaliers et servent à déterminer et à mesurer, aux yeux du praticien, l'efficacité thérapeutique de l'agent mis en usage.

L'amélioration observée déjà, pendant la durée et à la fin de la saison, se continue visiblement après elle, en vertu d'une sorte d'impulsion communiquée par les bains de mer à l'état des fonctions en général et aux diverses localisations pathologiques en particulier. C'est cette action secondaire qui, suivant le niveau qu'elle atteint, crée souvent, chez les individus, des conditions de santé qu'ils avaient demandées vainement à d'autres moyens thérapeutiques.

Les bains de mer, après avoir imprimé aux enfants des modifications qui les ont débarrassés plus ou moins complétement de la maladie actuelle, les soustraient, par les effets secondaires, à ces prédispositions habituelles qui rendent leur vie si précaire. De pareils faits se répètent chaque année chez des enfants affectés du dérangement habituel des fonctions intestinales : l'état morbide de leurs entrailles s'est trouvé amendé par l'effet primitif des bains de mer ; mais il n'a été entièrement consolidé, et leur constitution n'a été complétement fortifiée, que dans le cours des mois qui suivaient.

Sous ce point de vue, les enfants scrofuleux sont ceux qui recueillent le plus ample bénéfice des effets secondaires : ce qui s'explique par la nature de leur maladie, qui envahit l'économie tout entière, et par la nature du moyen employé, lequel doit agir essentiellement sur l'ensemble de la constitution d'abord, et subséquemment sur les états pathologiques qui l'ont profondément altérée. La marche secondaire des effets thérapeutiques dans les scrofules est généralement la même : ils augmentent pendant les mois d'automne et d'hiver, et ce n'est qu'au printemps qu'on les voit s'arrêter. Alors il n'est pas rare que les symptômes spéciaux de la maladie reparaissent à un certain degré : d'où est venue justement l'habitude d'envoyer les scrofuleux aux bains de mer, pendant plusieurs années consécutives.

Parmi les effets secondaires des bains de mer, chez les enfants de tout âge et de toute maladie, l'allongement de la taille est peut-être le phénomène le plus constant.

L'action secondaire des bains de mer apparaît à un degré éminent dans la chlorose, où le sang a besoin d'être transformé dans ses matériaux, et où les fonctions ont si souvent subi des détériorations profondes

Les effets secondaires des bains de mer sont très-marqués aussi chez les femmes affectées de maladies utérines. On en voit chaque année quelques-unes, après un usage trop souvent abusif des bains, partir désespérées de ce qu'elles appellent l'*insuccès* de leur voyage, et se plaignant même de l'augmentation de leurs souffrances. Un ou deux mois après, elles ont lieu d'être étonnées des fruits qu'elles commencent à recueillir; elles s'aperçoivent de jour en jour qu'elles peuvent marcher, que leurs douleurs diminuent, et que leurs actes fonctionnels s'améliorent dans la même proportion.

Les bains de mer n'atteignent tout le développement de leur action secondaire qu'après un temps assez long, dans les maladies cutanées, d'un caractère opiniâtre, dans les affections hystériques ou hystér formes, etc.

Il est un ordre d'effets secondaires qu'il n'est pas rare de rencontrer chez ceux qui ont quitté les bains de mer depuis peu : ce sont, tantôt des éruptions qui ont un caractère dépuratoire, tantôt des crampes gastriques qui ont pu une fois, chez un homme bilieux et dyspeptique, ne se montrer qu'un mois après la saison ; d'autres fois, des phénomènes congestionnaires de la tête, qui étaient peu habituels à la santé des baigneurs.

Les effets secondaires constituent assez souvent, à eux seuls, toute la somme des effets hygiéniques et thérapeutiques des bains de mer. Des baigneurs avaient vu la saison se passer sans apporter d'amélioration ou de modification sensible dans les états morbides qu'ils étaient venus combattre, et désespéraient du succès qu'on était en droit de leur promettre. Ce n'était que plus tard, après des semaines et même des mois, qu'ils commençaient à entrer en possession du bénéfice secondaire, sur lequel ils ne comptaient plus. « De sceptiques qu'ils étaient, dit le docteur Mühry, « ils reviennent fidèlement, l'année suivante, rapporter « aux bains de mer leur tribut de reconnaissance. »

Ainsi, chez les individus dont les forces générales ont été très-affaiblies, il est fréquent de ne voir celles-ci ne revenir, dans une certaine proportion, qu'à une époque plus ou moins éloignée des bains de mer. Ce retour tient à la fois aux effets secondaires, dont nous parlons, et à l'absence de l'excitation journalière inséparable du bain, lequel entraîne non rarement dans l'organisme des conditions toutes contraires à celles qui constituent l'énergie musculaire.

Après la saison des bains de mer, nous avons vu des enfants faibles, de jeunes chlorotiques et de jeunes déviées, tirer un bon parti et en quelque sorte favoriser la période des effets secondaires, en prenant des bains de rivière, tant que la température extérieure le permettait.

Les enfants faibles, en particulier, ne doivent aller à la rivière que tous les deux jours, et à l'heure de la journée où l'atmosphère est réchauffée, c'est-à-dire entre deux et quatre heures de l'après-midi. Ces bains sont d'une minute en commençant, et ne vont jamais au-delà de trois ou quatre. On débute par l'immersion de la tête, et on mouille plusieurs fois cette partie durant le temps du bain. En sortant, les petits baigneurs sont bien couverts et on leur prescrit un exercice pédestre ou une séance de gymnastique.

Les lotions froides, au moment du lever, faites journalièrement sur toute la surface du corps, et pratiquées seules ou associées aux bains de rivière, ont agi dans le même sens que ces derniers. Nous les recommandons souvent, non-seulement aux enfants faibles qui quittent les bains de mer et qui par cela même sont habitués au contact de l'eau froide, mais encore aux femmes affaiblies et craignant le froid, et aux femmes rendues nerveuses et débilitées par une affection morale profonde. Dans ces cas, nous faisons laver les sujets, chaque jour, avec une éponge imbibée d'eau, à la température de la chambre où ils couchent. Une éponge mouillée leur est passée rapidement et à plusieurs reprises sur la colonne vertébrale de haut en bas, puis sur le devant de la poitrine jusqu'au-dessous du nombril. Après cette opération, ils sont essuyés non moins vite avec du linge bien sec et non chauffé.

Nous avons fait souvent succéder immédiatement aux bains de rivières des bains salino-alcalins, qui étaient pris tous les jours ou tous les deux jours, dans un lieu bien clos et bien sec, et qui ne consistaient en commençant qu'en de simples immersions de tout le corps, avec ou sans affusions sur la tête, selon les circonstances. Ces bains contenaient généralement quatre à six livres de sel de cuisine et une demi-livre à une livre de savon qu'on faisait dissoudre d'avance [1]. Ils avaient 30°, et ils étaient descendus chaque fois d'un demi-degré, jusqu'à ce qu'on eût atteint 25°-24° de l'échelle centigrade. L'eau des affusions était toujours de deux degrés au-dessous de celle du bain ; elle était préparée d'avance dans un seau et versée sur la tête

---

[1] Pour se rapprocher le plus possible des proportions des sels contenus dans la mer, il faudrait un demi-kilogramme de sel gris pour 15 à 16 litres d'eau.

par cuvettes rapprochées. Les immersions du corps étaient pratiquées de la manière suivante : le baigneur était pris, à la manière des bains de mer, et assis brusquement dans la baignoire; c'est alors que les affusions étaient faites. De suite on sortait du bain, et sans que le corps fût essuyé on répétait l'immersion une seconde fois, puis les affusions, etc.

Pour de jeunes chlorotiques, la solution qui entre dans ces bains artificiels est de quatre livres de sel marin et d'une livre de gros savon. Ces bains leur sont donnés plusieurs fois par semaine à 33° ou 32° d'abord, et sont abaissés successivement jusqu'au froid qu'il est possible aux individus de supporter. Leur durée est relative au degré de leur température; plus celle-ci est basse, plus ils devront êtres courts : il vaut mieux, dans tous les cas, des bains froids et une durée de trois à cinq minutes, que des bains plus doux et plus prolongés. Il est important de recommander aux jeunes personnes de l'exercice après le bain, en se couvrant bien et en portant un caleçon et même une chemise de flanelle.

Chez les enfants faibles et impressionnables, et chez les enfants lymphatiques et scrofuleux d'un âge très-tendre, on diminue de beaucoup la quantité des composés, et on y associe une quantité de gélatine. On commence par des proportions minimes (une demi-livre de sel, quatre onces de savon, et quatre onces de gélatine), pour s'élever graduellement jusqu'à deux livres de sel, une demi-livre de savon, sans gélatine. On abaisse la température des bains et on établit leur durée d'une manière décroissante, en raison directe de l'abaissement de la température (15 minutes pour 33° C.; 10 minutes pour 32°; 8 minutes pour 31°,

5 à 6 minutes pour 30°; 4 minutes pour 27°; 2 minutes pour 25°). En sortant de la baignoire, le sujet est frictionné avec des serviettes de flanelle non chauffées.

Ces bains, pendant leur administration, agissent dans le sens des bains de mer, en provoquant, comme eux, une réaction cutanée, dont la répétition détruit les irritations intérieures, par la raison qu'elle active la circulation de la périphérie, soustrait le corps à l'impression du froid, favorise et facilite le *molimen* menstruel, particulièrement chez les chlorotiques et les jeunes déviées, etc.

CHAPITRE IV

COUP D'ŒIL SUR LES ÉLÉMENTS ET LE MODE D'ACTION DES BAINS DE MER.

Les notions relatives aux éléments et au mode d'action des bains de mer sont généralement peu appréciées parmi les médecins. Les uns cherchent à expliquer l'action spéciale qu'ils reconnaissent à ces bains, par les principes chimiques de l'eau de la mer et par l'iode en particulier; les autres, par ses vagues, ses chocs, etc. Ailleurs, on se contente de la considérer comme un peu plus puissante que celle des bains de rivière. Ces points de vue partiels constituent non-seulement une erreur, scientifiquement parlant; mais ils tendent encore à déshériter *à priori* les bains de mer d'une grande partie de leurs propriétés hygiéniques et thérapeutiques.

La nature du *modus agendi* des bains de mer n'est pas inaccessible à l'examen, et sans sortir des voies rigoureuses du raisonnement on peut arriver à la déterminer le plus souvent. La certitude des résultats qui peuvent être fournis par cette étude, provient à la fois de la connaissance que nous avons des propriétés physiques et chimiques de l'eau de mer, de ses modes d'application à la surface du corps, et des modifications physiologiques que les unes et les autres impriment à l'organisme entier. Si on veut entreprendre cette tâche, il faut rechercher quelle est l'action isolée de chacune de ces propriétés, des éléments chimiques, de la température, de la densité et des mouvements des vagues, constater la prédominance d'action des deux premières, et combiner ensemble ces actions partielles, pour s'élever de là à l'appréciation des effets locaux et généraux définitifs.

1° L'eau de la mer a une température qui arrive rarement à la moitié de celle qui est propre à l'organisme humain.

Cette température est la condition du *froid*, la cause de l'impression première qui est éprouvée par le baigneur en entrant dans la mer, et qui est accompagnée instantanément d'une sorte de contraction, de crispation des tissus extérieurs et de certains organes de la vie intérieure.

L'impression qui ressort de la température de l'eau de mer, est donc la première qui s'exerce sur le baigneur. Cette impression, ou en d'autres termes le sentiment du *froid* est différemment modifié, selon qu'il est instantané, comme dans l'immersion et l'affusion, ou selon qu'il est lentement communiqué, comme dans l'immersion progressive et partielle.

Le fait de l'impression du *froid* exprime un phénomène incontestable, c'est que l'agent qui en est le véhicule enlève au corps, dès le moment et aussi longtemps qu'il s'exerce, une plus ou moins grande quantité de calorique.

Cette soustraction du principe de la chaleur humaine, modérée et courte, comme dans l'occasion présente, a pour effet d'engourdir la sensibilité nerveuse de la périphérie, de chasser le sang des organes superficiels et de suspendre les fonctions des exhalants cutanés.

La brièveté de durée et l'instantanéité étant les conditions habituelles de ces pertes de calorique, l'organisme qui vient de les éprouver rentre promptement sous l'empire des lois vitales : de là viennent les phénomènes de la réaction.

La réaction de la peau, en pareil cas, n'est autre chose que l'exercice de cette faculté élastique que possède la vie en général et tout acte vital en particulier, de rentrer dans la voie normale, dont ils sont sortis par une cause extérieure, prompte et surtout momentanée.

Une circonstance de cette élasticité réactive, c'est qu'elle dépasse toujours le but qu'elle est destinée à remplir : tant que dure son action, le sang reflue vers la circonférence avec plus d'abondance et de vitesse qu'auparavant, et augmente tous les actes fonctionnels qui ressortent de lui : de là, l'augmentation de la chaleur animale et l'insensibilité de la surface cutanée à l'air extérieur, malgré la soustraction nouvelle de calorique opérée par l'évaporation de la couche humide qui la couvre, et de la la *sanguinité* extra-normale, de laquelle découlent immédiatement l'augmentation de la fonction perspiratoire et bientôt celle du flux menstruel. « Le froid de l'eau pousse à la perspiration et aux règles, » dit Sanctorius.

La sensibilité nerveuse de la surface cutanée est émoussée, amoindrie par la soustraction du calorique : que se passe-t-il alors, que la perte de ce principe a cessé et que la vie sanguine déborde du centre à la circonférence? est-ce que l'action nerveuse se montre douée, dans ce cas, d'une faculté analogue à celle des systèmes vasculaire et exhalant? Est-ce qu'elle a aussi sa réaction particulière, qui la ferait résister aux impressions extérieures qui l'offensent, et entrer pour sa part dans l'accroissement de la chaleur cutanée et dans la résistance que la peau oppose aux actions atmosphériques?

Quand le corps a cessé de perdre du calorique, voici ce qu'on observe sous tous ces rapports :

Les nerfs de la périphérie sortent en partie de leur stupeur; mais ils n'offrent rien qui ressemble à cette réactivité qui déborde dans les autres éléments organiques de la peau. Ils manifestent, au contraire, des phénomènes de sédation, comme le prouvent à la fois l'espèce d'insensibilité que la surface cutanée offre au contact des corps extérieurs, et la disparition de l'élément *douleur* dans les portions du système nerveux périphérique, dont la sensibilité était exaltée jusqu'à la maladie.

La perte du calorique, le *froid* agit comme tonique dans les simples abaissements de l'utérus traités par les bains de mer, alors que les femmes sentent se rétracter les moyens d'attache de cet organe.

C'est par le *froid*, cet agent fortifiant par excellence, que les bains de mer conviennent surtout dans les paralysies, en *contractant* les fibres nerveuses, en neutralisant leur laxité, en un mot, en augmentant leur tonicité, comme l'expliquait fort bien le judicieux Floyer. Ces expressions métaphoriques de *relaxation*, de *relâchement*, de *resserrement*, de *constriction*, qui appartiennent aux anciennes nosologies, se présentent involontairement à l'esprit, quand il est question des différentes maladies nerveuses et des effets dynamiques des bains de mer sur elles. Elles représentent souvent mieux que toutes les autres la nature des états morbides, ainsi que les modes d'action exercés par le moyen mis en usage.

Le *froid* se retrouve encore, comme un agent de sédation, dans une multitude de cas morbides, qu'on observe chez les individus fortement constitués, sanguins, etc. C'est dans de telles circonstances qu'on est conduit quelquefois à prolonger la durée de cet élément d'action, en portant à l'extrême le séjour des baigneurs dans la mer. Alors la réactivité de la peau est dominée dans son intensité, ou, en d'autres termes, la peau, quoique riche en capillaires sanguins, est maintenue le plus longtemps possible sous l'influence continue d'un milieu à basse température, dans des conditions analogues à celle de cette enveloppe, quand elle est aux prises avec la première impression des bains de mer.

Cet élément, le *froid*, fut appliqué comme un moyen d'éducation physique dans l'antiquité grecque et romaine, et les médecins de ces temps reculés ont spécifié même fort clairement son action hygiénique. Celse recommande les bains froids contre l'influence des saisons pluvieuses; Galien dit qu'ils *épaississent* la peau et la rendent insensible au froid et aux changements de l'atmosphère, aussi bien qu'ils rendent les membres vigoureux et propres à l'exercice.

Les époques plus modernes ont constaté l'efficacité des bains *froids* pour entretenir la vigueur des corps, et on les voit figurer comme une pratique habituelle dans l'histoire des mœurs et des coutumes des *hommes du Nord*.

La science médicale n'a pas tardé à considérer le bain *froid*, non-seulement comme un moyen tonique, mais encore comme un moyen propre à favoriser la transpiration et les sécrétions, et par conséquent à prévenir et à guérir plusieurs maladies.

Dans des temps plus rapprochés, c'est le *froid* qui a fourni l'agent prophylactique et thérapeutique, quand la médecine a prescrit le bain de rivière, le bain domestique à basse température, les affusions locales ou générales, les immersions continues, etc.

Tout récemment, ce grand modificateur, le *froid*, a été mis en usage sous forme d'irrigations continues, comme un moyen à la fois sédatif et antagoniste de l'hyperémie locale, dans des cas de fractures comminutives, de vastes et profondes inflammations phlegmoneuses, de graves panaris, etc.

C'est enfin le *froid* qui est l'agent principal dans les pratiques de l'hydrothérapie, qui se retrouve en germe, d'ailleurs, dans tous les faits publiés, depuis quelques siècles, par ceux qui ont écrit sur la psychologie.

2° L'eau de mer, au point de vue de sa composition saline, agit sur la peau dès le commencement de l'immersion du corps, comme le prouvent les sensations de quelques individus; mais le plus souvent son action n'est sensible, pour celui qui la quitte et pour l'observateur, qu'au moment de la réaction. C'est alors seulement que les effets de l'eau salée se manifestent; et c'est à ce moment que Buchan et Currie ont constaté la vive stimulation des vaisseaux de la peau, par le fait des particules salines. La part qui revient à celles-ci dans les phénomènes réactifs est sans doute difficile à faire rigoureusement; mais on peut admettre, sans trop hasarder, qu'ils en augmentent l'intensité et la durée. Les picotements, les cuissons, et les caractères variés de chaleur, qu'on voit se borner à une partie ou s'étendre à la totalité de la surface cutanée, leur appartiennent évidemment. Les particules salines réclament encore la meilleure part de causalité dans ces éruptions, qu'il est si commun d'observer chez les baigneurs; et on doit leur attribuer exclusivement ces modifications que subissent, chez eux, les produits exhalatoires de la peau, telles que l'onctuosité de celle-ci chez les uns, et sa rudesse chez les autres.

Quels sont les effets des éléments salins de l'eau de mer sur l'appareil nerveux de la peau? On a déjà vu ces effets marqués par des sensations particulières, pendant le temps de la réaction. Mais il est d'autres phénomènes moins immédiats, qui en dépendent encore; tels sont : l'agitation du sommeil ou l'insomnie, l'excitation générale, les crampes gastriques ou utérines, etc.

Ces effets physiologiques sont les résultats habituels de l'action passagère et le plus souvent inaperçue des principes salins de l'eau de mer sur les papilles cutanées. Ils ne sont que la mise en jeu d'une loi particulière aux fonctions de la sensibilité. Des exemples journaliers n'établissent-ils pas qu'une stimulation, exercée sur l'appareil périphérique de l'innervation, est ressentie, comme un contre-coup, par les fonctions nerveuses des organes centraux, surtout chez ceux qui y sont prédisposés par certaines conditions originelles ou acquises.

3° La densité du liquide salin a des effets bien

moins puissants sur l'organe cutané, que les éléments d'action qui viennent d'être étudiés; son *modus agendi* est entièrement mécanique. Le corps, plongé dans un milieu beaucoup plus dense que l'air, en est comprimé de toutes parts. Le corps en sort aminci, non-seulement par la contraction de la peau, mais encore par l'effet du poids du liquide ambiant. Il arrive ici le phénomène inverse de celui qui serait produit, si on soustrayait le corps entier à la compression atmosphérique.

Que se passe-t-il par l'effet de cette compression? Les parties, en général, diminuent de volume, parce que les solides s'affaissent en vertu de leur compressibilité, et parce que les liquides sont repoussés des canaux vasculaires superficiels qui les contiennent. Les parties extérieures engorgées subissent la même action, celles qui sont molles, à un degré beaucoup plus prolongé; et comme leur volume est dû surtout à l'accumulation des liquides, il arrive que l'effet de la compression sur elles doit être plus marqué. Aussi certains engorgements sont amoindris d'une manière sensible après chaque bain. On conçoit l'action d'une compression, même passagère, sur les engorgements; cette cause leur enlève à chaque fois un de leurs éléments matériels, et ouvre ainsi une voie à la force médicatrice. Ainsi le *modus agendi* mécanique de la densité de l'eau de mer se confond avec celui du froid, pour diminuer le volume des membres et celui des parties engorgées. Il est aussi son congénère, ainsi que le neutralisant de celui des éléments salins; car une compression ménagée engourdit la sensibilité des nerfs superficiels.

4° Les mouvements de l'eau de mer s'exercent sur le corps, d'une manière tout aussi mécanique que sa densité. Ils consistent en des percussions, des chocs, des secousses, des frottements, dont les degrés d'intensité sont très-variés.

Que se passe-t-il au moment où la surface du corps est soumise à l'action des vagues? En premier lieu, celles-ci, en renouvelant l'eau d'une manière incessante à la surface du corps, doivent favoriser la soustraction du calorique; en second lieu, il faut faire une grande distinction entre les effets de l'intensité la plus faible de cette action et ceux de son intensité la plus forte, et, dans chacune de ces circonstances particulières, entre l'organisme simplement altéré dans son ensemble ou faiblement troublé dans quelques-unes de ses fonctions intérieures, et l'organisme où des parties superficielles ou profondes sont gravement malades.

Les percussions modérées de l'eau de mer sont un exercice salutaire. Les muscles se contractent dans un degré proportionnel, pour mettre le corps en état d'y résister sans être renversé; cette condition du corps est une véritable et fructueuse gymnastique. Cet état moyen des vagues est encore une sorte de massage pour les parties superficielles engorgées, et concourt à en engourdir la sensibilité. Comme toutes les frictions, il sollicite les organes d'inhalation de la peau.

On peut dire, en général, que les percussions de l'eau, considérées dans un état moyen d'intensité, tendent à diminuer l'impression première du bain, par les commotions qu'elle imprime à la périphérie, et à accroître les phénomènes propres à la réaction cutanée.

Les secousses trop fortes de la mer agissent, à la manière d'un exercice trop violent, sur les corps débilités ou trop jeunes ; elles leur causent un sentiment de lassitude qui peut aller jusqu'à la courbature. Par cette condition, dans quelques cas particuliers, elles sont applicables, avec de grands avantages, aux corps robustes.

Les chocs trop violents développent, en outre, de la douleur, à la manière des lésions extérieures, dans les parties profondément altérées dans leur texture, ou déjà exaltées dans leur sensibilité. On voit, chez les femmes faibles, la vague trop forte produire, en alourdissant la tête et en courbaturant le corps, cet état particulier qui appartient à l'influence sympathique du cerveau sur le système innervateur de l'estomac. Il leur semble que cet organe va se soulever, comme dans un degré léger de nausée. Pour faire disparaître cet état, s'il persiste plusieurs jours de suite, il suffit d'ingérer après le bain un liquide chaud alcoolisé.

Les vagues trop fortes donnent aussi des douleurs pectorales à ceux dont le thorax est étroit, s'ils n'ont pas le soin de présenter au choc la partie postérieure du tronc.

Le choc de l'immersion, que les médecins anglais considèrent indépendamment des mouvements spontanés de la mer, n'est que l'*action saisissante* de la première impression du bain. C'est un élément d'action physique et morale à la fois, dont ils tiennent justement un grand compte dans le traitement des maladies nerveuses en général, et de la manie en particulier, par les bains froids ou par les bains de mer.

Ainsi, les mouvements de l'eau de mer, à un degré prononcé, excitent la sensibilité nerveuse comme ses principes salins ; mais, à un degré plus faible, ils agissent sur elle comme le froid ; et relativement à l'augmentation des fonctions cutanées, son *modus agendi* ressemble à celui de tous les deux.

3° Les médecins allemands n'hésitent pas à reconnaître un nouvel élément d'action dans l'absorption de l'eau de mer, en tant que liquide composé de principes salins. Le Dr Pfaff seul regarde comme douteux que les vaisseaux absorbants de la peau transportent matériellement les particules salines de l'eau de mer dans l'intimité des tissus de l'organisme. Ce phénomène, en effet, avant d'être admis, a besoin d'être prouvé par l'observation. Le bain chaud d'eau simple cède bien aux voies de l'absorption une certaine quantité du liquide ambiant ; mais en est-il de même du bain de mer froid, avec sa température et son instantanéité ? Le moyen de l'induction peut servir déjà à éclairer une partie de cette question. Si, comme l'admet Vogel en particulier, l'eau de mer froide pénètre en nature, en raison même de sa composition saline, par les pores de la peau durant le temps que celle-ci demeure en contact avec elle, on doit croire *a fortiori*, et par analogie avec ce qui se passe dans le bain chaud d'eau simple, que dans le bain d'eau de mer chauffé la peau absorbe aussi une partie du liquide salin contenu dans la baignoire, et qu'avec les conditions de température de l'eau et du séjour prolongé ce phénomène s'exerce d'une manière beaucoup plus complète. Il en résulterait, au moins sous le rapport de l'absorption saline, une intensité d'action tout à l'avantage des bains de mer chauffés. A quelle proportion peut-on porter le poids du liquide absorbé dans ces circonstances ? Sera-ce le poids de quelques grammes ? Supposons que 6 grammes passent dans les voies de l'absorption ; sait-on ce que contiendra cette quantité en éléments salins? le 1/30 ou 1/32 en poids. Qu'est-ce que cette proportion pour expliquer les effets toniques des bains de mer chauffés? Si on voulait appliquer cette mesure proportionnelle aux bains de mer froids, en tenant compte de toutes leurs circonstances, de celles surtout qui sont relatives à leur durée et à leurs effets physiologiques, pourrait-on arriver légitimement au 1/8 de cette proportion? Si on admet le 1/30 salin ainsi réduit, on ne peut s'empêcher de reconnaître le caractère d'*insignifiance* du nouvel élément d'action admis par les médecins allemands.

Telle est sur les baigneurs l'action isolée de chacune des propriétés physiques et chimiques de l'eau de mer.

A. On l'a vu, la température basse de la mer donne lieu à la contraction de certains tissus, à l'engourdissement de la sensibilité nerveuse, à la concentration des liquides à l'intérieur, à la suspension de l'exhalation cutanée, et subséquemment aux phénomènes de la réaction, lesquels ne sont autre chose que le retour impétueux des liquides vers la périphérie, avec rétablissement de la fonction perspiratoire et persistance des effets sédatifs qu'ont éprouvés les nerfs périphériques.

B. La composition saline de l'eau de mer agit obscurément, au moment de sa première impression; mais son mode d'action est d'accroître plus tard l'énergie et la durée de la faculté réactive, de servir à développer la variété des sensations et des éruptions cutanées qui accompagnent l'exercice de cette faculté, et d'exciter et de calmer par contre-coup, par un mode d'action différent, mais non contraire, les fonctions nerveuses des organes les plus impressionnables.

C. La densité de l'eau de la mer amincit les solides en les comprimant, refoule mécaniquement les liquides et engourdit aussi la sensibilité des nerfs superficiels.

D. Les mouvements de la mer produisent les effets de l'exercice et du massage, sollicitent l'absorption des parties voisines de la superficie, et apaisent leur sensibilité.

Quelle est la résultante générale de ces actions répétées sur l'organisme et ses différents modes pathologiques, après le nombre de bains qui composent une ou deux saisons?

Trois effets principaux se manifestent ordinairement après les bains de mer; ce sont:

1° L'augmentation de la contractilité dans les parties qui sont susceptibles de l'exercer, et ce qu'on appelle l'accroissement du ton des solides;

2° L'activité de l'assimilation, des absorptions interne et externe et de l'exhalation cutanée;

3° La sédation ou l'excitation des fonctions nerveuses, selon les cas.

Tous les phénomènes physiologiques qui ressortent de la tonicité contractile imprimée aux organes par les bains de mer, et tous ceux qui dépendent de la suraction des fonctions nutritives, l'exhalation des muqueuses exceptée, laquelle est diminuée et contrebalancée par la sur-action antagoniste de la peau, sont dus aux oscillations des liquides, et surtout du liquide sanguin, qui ont lieu de la périphérie au centre, et *vice versâ*. En effet, dans ces mouvements alternatifs imprimés au sang dans des limites données, les viscères, qui sont le siége d'une stase sanguine, doivent se débarrasser d'une partie de ce fluide ; les fonctions profondes de la vie nutritive, aussi bien que celles de la peau, qui s'exercent également sur des matériaux fournis par lui, doivent acquérir un rhythme plus élevé et plus normal, et le jeu intime des *solides* doit acquérir plus d'aisance et de facilité, pour rentrer sous l'empire des lois physiologiques.

Cette activité de la circulation capillaire et des phénomènes fonctionnels qui en dépendent, rend raison de la plupart des effets hygiéniques et thérapeutiques qu'on observe après l'usage des bains de mer. L'hyperaction assimilatrice qu'ils amènent, est la cause qui modifie si puissamment la constitution originelle ou acquise (ἀσθένεια, selon l'appellation si philosophique de la médecine grecque), des enfants débiles, attardés, étiolés, en proie à ces conditions organiques qui les prédisposent ou les ont menés déjà aux scrofules de toutes les formes et au rachitisme de tous les degrés. Cette stimulation fonctionnelle est encore la cause qui fait réagir les individus anémiques contre les influences atmosphériques, et qui entraîne la disparition des engorgements de toutes sortes, en exaltant le rhythme de l'absorption interstitielle.

Un *modus agendi* des bains de mer, qu'on serait tenté d'appeler *spécifique*, à cause de sa fréquence et de sa nature assez difficile à expliquer, et du caractère de disparité qu'il offre avec ce qui s'observe à l'égard des autres muqueuses, est fourni par toutes les variétés de la leucorrhée, qu'elle soit idiopathique ou symptomatique d'une maladie utérine, et par la blennorrhée dans la plupart des cas. A une époque plus ou moins avancée de la saison, il se montre dans ces cas un certain degré d'écoulement qui avait cessé, ou un accroissement de celui qui existe, lequel présente des variations d'intensité avant de se terminer ou de diminuer. N'est-ce point là une preuve d'une action stimulante spéciale des bains de mer sur la muqueuse utéro-vaginale? N'est-on point en droit aussi de considérer ce moyen thérapeutique comme un agent d'excitation qui n'améliore ou ne guérit les états morbides de l'utérus ou du vagin, qu'en changeant pour ainsi dire leur essentialité, en substituant une vitalité morbide spéciale à la vitalité morbide qui les caractérise? Ce *modus agendi* dénonce en quelque sorte naturellement celui des bains de mer dans les différentes maladies utérines, dont la leucorrhée n'est qu'un symptôme. L'engorgement du col ou du corps de l'utérus, qui est le principe et la fin de la plupart de ces cas, passe par une stimulation nouvelle avant d'entrer en voie de *lysis* ou de résolution, et cette stimulation, qu'il est besoin de développer dans un but thérapeutique, est des plus faciles à s'élever au delà du rhythme nécessaire, comme on le voit si souvent chez les femmes qui viennent aux bains de mer pour une affection utérine.

L'influence sédative des bains de mer sur le système nerveux s'explique par ces liens sympathiques qui existent entre ses diverses parties, et surtout entre l'appareil périphérique et l'appareil central des deux vies. Le cas où l'effet contraire à ce *modus agendi* se manifeste, est de beaucoup le plus rare, et provient souvent de ce que l'application du moyen de sédation a dépassé les limites rationnelles tracées par l'âge, la constitution ou la maladie des individus. Dans ces circonstances, d'ailleurs, la recrudescence de l'élément *douleur* n'a pas de durée le plus souvent et fait place à la *sédation*. C'est là l'application de cette loi thérapeutique, qui établit qu'un moyen d'excitation, ajouté aux organes déjà souffrants, finit par atténuer leur souffrance, en substituant une impression à une autre, en changeant leur mode de *sentir*.

La sédation du système nerveux est mise en évidence dans les névroses superficielles et profondes; elle contribue pour sa part à soustraire la peau des névropathiques à l'influence des états de l'atmosphère, en lui enlevant de sa susceptibilité; enfin elle explique le ralentissement du cœur et de la circulation centrale, que les mouvements du sang capillaire sembleraient devoir accélérer.

L'action psychique des bains de mer, comme diraient les Allemands, résulte à la fois de leurs effets sédatifs et toniques. Les enfants qui les ressentent au degré le plus haut, éprouvent à la fois une sédation marquée dans les états locaux ou généraux d'excitation nerveuse, et une élévation dans le rhythme de la plupart des actes fonctionnels.

D'après ce qui précède, si on voulait réduire en des termes généraux les effets hygiéniques et thérapeutiques des bains de mer, on dirait qu'ils sont :

1° *Excitants, stimulants, toniques* dans les états asthéniques de tous les âges, dans les maladies dont l'atonie et l'inertie de l'organisme sont les traits principaux, dans les névroses accompagnées d'affaiblissement ou amenées par lui, dans les paralysies, etc;

2° *Résolutifs, fondants, dissolvants, dépuratifs,* dans la maladie scrofuleuse, le rachitisme, la chlorose, les dermatoses, les engorgements viscéraux, etc.

3° *Sédatifs, calmants,* dans les névralgies externes et internes, dans les affections rhumatismales, les céphalées, les affections du système nerveux ganglionnaire, etc.

Tous ces effets qui ne peuvent être exprimés qu'en vieux langage, ne se distribuent point dans cet ordre simple; ils agissent le plus souvent, en associant leurs caractères dans la même maladie, et manifestent encore d'autres actions particulières, de nature dynamique ou autre, qui ne se trouvent pas exprimées dans cette nomenclature.

CINQUIÈME PARTIE.

APPENDICE.

I

MINIMA ET MAXIMA DES TEMPÉRATURES DE L'ATMOSPHÈRE ET DE LA MER, OBSERVÉES CHAQUE ANNÉE (1834-1843).

(Thermomètre centigrade.)

ANNÉES.	MINIMA		MAXIMA	
	de l'atmosp.	de la mer.	de l'atmosp.	de la mer.
1834	13,8°	16,2°	23,7°	19,3°
1835	11,4	15,0	25,0	20,0
1836	12,5	15,0	21,8	19,3
1837	13,1	15,6	25,0	19,0
1838	14,0	16,2	24,0	19,6
1839	12,6	15,6	25,1	19,3
1840	11,2	15,0	26,2	19,3
1841	12,5	17,5	26,2	19,0
1842	10,1	11,9	28,1	19,3
1843	10,0	15,0	00,0	19,0

II

MOYENNES ANNUELLES DES TEMPÉRATURES DE L'ATMOSPHÈRE ET DE LA MER, PENDANT LES ANNÉES (1834-1843).

ANNÉES.	AIR ATMOSPH.	MER.
1834	18,5°	18,5°
1835	17,4	17,7
1836	17,5	18,1
1837	17,6	18,2
1838	17,1	18,2
1839	17,7	18,2
1840	17,7	18,1
1841	17,3	18,7
1842	17,1	18,3
1843	14,7	17,5

La moyenne des dix années ci-contre prises d'après les températures *maximum* et *minimum* de chaque mois, a donné :

  Air atmosphérique 17,6°.
  Mer. . . . . 18,2.

III

MOYENNES MENSUELLES DES TEMPÉRATURES DE L'ATMOSPHÈRE DE L'ANNÉE, PENDANT LES ANNÉES (1834-1843).

ANNÉES	JUILLET.		AOUT.		SEPTEMBRE.	
	AIR.	MER.	AIR.	MER.	AIR.	MER.
1834	17,5°	18,7°	19,5°	19,2°	19,0°	17,8°
1835	17,9	18,5	19,7	19,5	17,1	17,0
1836	17,6	18,8	18,5	19,0	17,0	17,0
1837	19,5	17,6	20,0	18,8	17,1	17,3
1838	18,6	18,5	19,8	19,3	16,5	17,8
1839	19,2	17,3	19,2	19,3	16,7	17,3
1840	18,7	18,6	21,2	19,3	15,3	17,2
1841	14,5	18,2	19,6	18,7	18,2	18,6
1842	18,4	18,1	22,5	19,2	15,3	15,0
1843	14,0	17,3	»	18,8	12,0	17,2
moyennes totales.	17,5	18,1	18,0	19,1	16,4	17,2

(419)

IV

TABLEAUX GRAPHIQUES

AA MARCHE DES TEMPÉRATURES DIURNES DE L'ATMOSPHÈRE ET DE LA MER, OBSERVÉES PENDANT LES MOIS DE JUILLET, D'AOUT E DE SEPTEMBRE DE 1834 — 1843.

TEMPÉRATURE DE L'ATMOSPHÈRE.
1835.

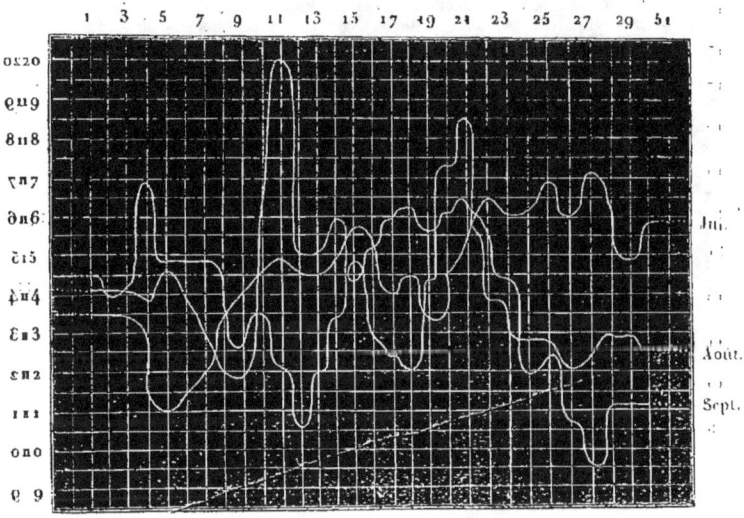

TEMPÉRATURE DE LA MER.

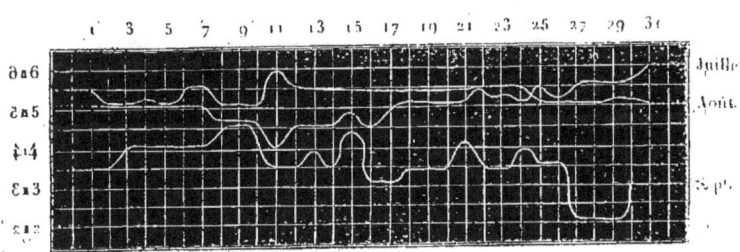

V

TEMPÉRATURE DE L'ATMOSPHÈRE.

1837.

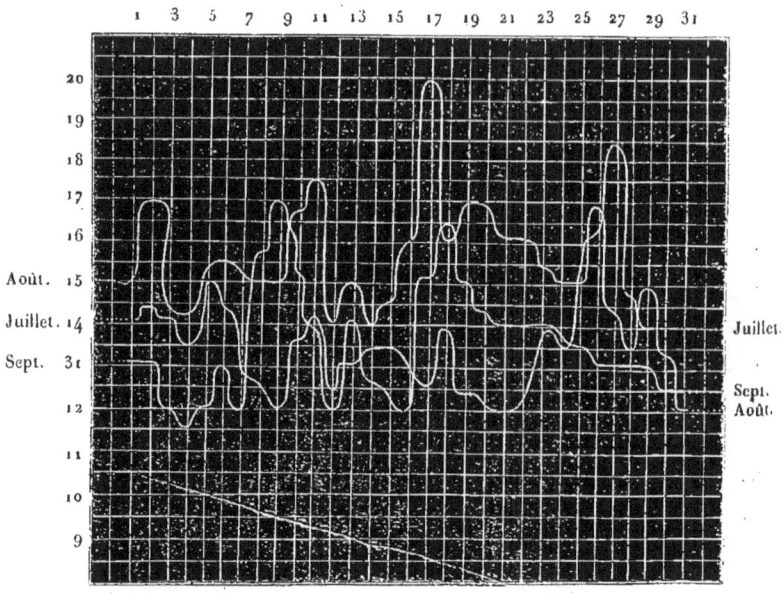

TEMPÉRATURE DE LA MER.

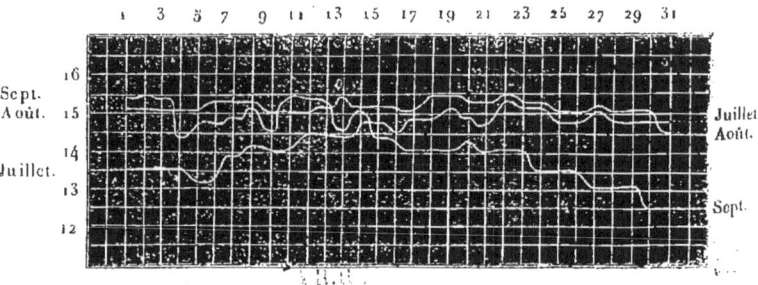

Pendant ces deux années mises en regard et confrontées entre elles dans les tableaux précédents, la température atmosphérique a varié, comme on le voit, de 11, 75° à 25° C.[1]. Les variations les plus considérables ont été de 5° 5, 6° 0 et 6, 25° en vingt-quatre heures, soit pour les mouvements ascensionnels, soit pour les mouvements d'abaissement.

La température de la mer n'a parcouru, sur le thermomètre que depuis 15° C. jusqu'à 19, 25°, et n'a jamais varié en vingt-quatre heures de plus de 0, 60° C. dans les degrés ascendants, et d'un degré pour *maximum* dans la marche descendante : encore cette dernière proportion s'est-elle montrée de beaucoup le cas le plus rare.

Ces résultats se retrouvent à peu près identiques dans toutes les autres années.

---

[1] Les tableaux graphiques ont été chiffrés d'après l'échelle de Réaumur, afin d'obtenir des nombres ronds, et de fournir à l'œil des résultats plus clairs.

TABLE.

	Pages
Introduction	I-XXX

PREMIÈRE PARTIE.

Chapitre I.	Caractères physiques et chimiques de l'eau de mer.	1
Chap. II.	Différents modes d'administration de l'eau de mer.	12
§ 1.	Bains de mer proprement dits.	id.
§ 2.	Bains chauds.	16
§ 3.	Affusions d'eau de mer.	27
§ 4.	Douches descendantes d'eau de mer à toutes les températures.	33
§ 5.	Douches et bains de vapeur d'eau de mer.	36
§ 6.	Lotions, applications et pédiluves d'eau de mer.	id.
§ 7.	Usage intérieur de l'eau de mer.	37
§ 8.	Lavements d'eau de mer.	38
§ 9.	Injections, douches ascendantes, rectales et vaginales, d'eau de mer.	39
§ 10	Bain de sable marin.	id.
Chap. III.	Circonstances principales de l'administration des bains de mer.	41
§ 1.	Ages de la vie où l'on peut administrer les bains de mer.	42
§ 2.	Époques de l'année.	43
§ 3.	Moment du début.	50
§ 4.	Heures de la journée.	id.

(424)

§ 5. — Durée des bains de mer. 52
§ 6. — Hygiène à suivre pendant les bains de mer. 61
§ 7. — Nombre de bains de mer composant une saison. 68
§ 8. — Suspension temporaire ou définitive des bains de mer. 72
Chap. IV. ——— Effets physiologiques des bains de mer. 76
§ 1. — Effets physiologiques immédiats. *id.*
§ 2. — Effets physiologiques consécutifs. 85

DEUXIÈME PARTIE.

Effets hygiéniques et thérapeutiques des bains de mer. 99
Chap. I. ——— Influence des bords de la mer dans les différents âges de la vie. 100
Chap. II. ——— Maladies de l'enfance. 111
§ 1. — Enfants faibles. 113
§ 2. — Enfants lymphatiques. 117
§ 3. — Enfants scrofuleux. (Obs. 1.) 120
§ 4. — Enfants rachitiques. 139
§ 5. — Enfants nerveux. 145
§ 6. — Enfants prédisposés aux maladies cérébrales. 149
§ 7. — Enfants affectés de maladies spasmodiques. 152
§ 8. — Enfants sujets aux phlegmasies de la membrane muqueuse naso-gutturale. 155
§ 9. — Enfants affectés de bronchite à divers degrés ou prédisposés à cette maladie. 158
§ 10. — Enfants sujets aux états morbides de la muqueuse gastro-intestinale ou qui en sont présentement affectés. 163
Chap. III. ——— Maladies propres aux jeunes gens. 166
Chap. IV. ——— Maladies particulières aux jeunes filles. 169
§ 1. — Développement de la puberté. *id.*
§ 2. — Troubles de la première menstruation. 172
§ 3. — Faiblesse locale et générale. 174

Chap. V.		—————— Maladies communes aux jeunes filles et aux femmes.	77
	§ 1.	— Chlorose.	id.
	§ 2.	— Métrorrhagie. (Obs. ii.)	184
Chap. VI.		—————— Maladies particulières aux femmes.	189
	§ 1.	— Influence des bains de mer sur la menstruation en général.	id.
	§ 2.	— Dysménorrhée.	193
	§ 3.	— Aménorrhée.	196
	§ 4.	— Faiblesse générale.	198
	§ 5.	— Faiblesse locale.	200
	§ 6.	— Leucorrhée.	202
	§ 7.	— Lésions de position de l'utérus. (Obs. iii.)	207
	§ 8.	— Lésions du tissu de l'utérus.	214
	§ 9.	— Névralgie utérine.	231
	§ 10.	— Stérilité.	233
	§ 11.	— Névroses ganglionnaires (Hystérie, gastralgie, dyspepsie). (Obs. iv.)	235
	§ 12.	— Névralgies de la tête et de la face (Tic douloureux); céphalées; hémi-crânies. (Obs. v.)	250
Chap. VII.		—————— Maladies particulières aux hommes.	257
	§ 1.	— Névroses du système nerveux ganglionnaire (Hypocondrie).	id.
	§ 2.	— Asthénie nerveuse générale.	263
	§ 3.	— Anaphrodisie à divers degrés.	265
	§ 4.	— Excitabilité des organes génitaux.	266
	§ 5.	— *Profluvium seminis* nocturne et diurne.	267
Chap. VIII.		—————— Maladies communes aux deux sexes.	270
		A. Lésions purement fonctionnelles des centres nerveux et des nerfs sensoriaux.	271
	§ 1.	— Anomalies nerveuses du cerveau (Cérébropathie).	id.
	§ 2.	— Aliénations mentales.	276
	§ 3.	— Mélancolies sans aberration; désordres partiels de l'intelligence.	279
	§ 4.	— Névroses de la vue. (Observ. vii, viii.)	280
		B. Lésions matérielles des centres nerveux et des nerfs sensoriaux.	286
	§ 1.	— Hémiplégies.	id.
	§ 2.	— Paraplégies. (Observ. ix.)	288

§ 3. — Affaiblissement ou altérations variées de la vue. 296
C. Affections des bronches (Variétés de la toux, asthme, etc.). (Observ. x.) 297
D. Maladies chroniques du canal digestif. 302
§ 1. — Désordres variés des fonctions gastriques avec constipation. *id.*
§ 2. — Affaiblissement des forces digestives de l'estomac (Apepsie, bradypepsie, *faiblesse d'estomac*). 305
§ 3. — Gastralgies proprement dites. 306
§ 4. — Embarras gastro-intestinal. 309
§ 5. — Maladies des intestins. 310
E. Rhumatismes externes et internes; névralgie des membres. 312
§ 1. — Dispositions rhumatismales. *id.*
§ 2. — Rhumatismes musculaires et fibro-musculaires. (Observ. xi.) 314
§ 3. — Rhumatisme nerveux ou viscéral. (Obs. xii.) 319
§ 4. — Métastase rhumatismale. 322
§ 5. — Névralgies sacro-sciatiques. 325
§ 6. — Rhumatismes survenus pendant la saison. 327
F. Maladies de la peau. 328
G. Maladies chirurgicales. 335
H. Cas variés. 340
§ 1. — Affaiblissement des forces générales sous l'influence de l'obésité, d'une maladie grave, de l'innervation diminuée, etc. *id.*
§ 2. — Diabétès 343
§ 3. — Hyper-diaphorèse. 344
§ 4. — Absence de la perspiration cutanée. 345
§ 5. — Sécrétion morbide de quelques-unes des membranes muqueuses. *id.*
§ 6. — Engorgements viscéraux. 347

TROISIÈME PARTIE.

Chap. I. ——— Quelques résultats comparatifs des bains thermaux naturels et des bains de mer froids. 349

Chap. II.	Médications particulières usitées pendant les bains de mer.	352
Chap. III.	Cas qui contre-indiquent les bains de mer. (Observ. xiii et xiv.)	357
Chap. IV.	Intervention médicale dans l'emploi des bains de mer.	363

QUATRIÈME PARTIE.

Chap. I.	Effets hygiéniques et thérapeutiques des bains de mer sur chacune des fonctions de l'organisme.	365
Chap. II.	Effets hygiéniques et thérapeutiques des bains de mer considérés dans leur ordre de succession.	382
Chap. III.	Effets secondaires des bains de mer.	390
Chap. IV.	Coup d'œil général sur les éléments et le mode d'action des bains de mer.	397

CINQUIÈME PARTIE.

Appendice.	415

FIN.

www.ingramcontent.com/pod-product-compliance
Lightning Source LLC
Chambersburg PA
CBHW060931230426
43665CB00015B/1907